PALE KARE

DIZON AYISYEN
POU
TOUT OKAZYON

Rony Joseph

Pale Kare

Auteur: Rony Joseph
Couverture et mise en pages: Dario Philippe
© Copyright 2009, Educa Vision Inc. Coconut Creek, FL

Pour toutes informations, veuillez contacter:

Educa Vision Inc.
2725 NW 19 Street
Pompano Beach, FL 33069
www.educavision.com
954 968-7433

ISBN 13: 978-1-58432-572-7

Nan memwa dèfen grann mwen: Anelise Compère Mompremier ak pou kat lòt fannm vanyan: madanm mwen, Suze Réjouis Joseph, manman-m, Melia Mompremier, sè m, Marlène Joseph Dessources ak Odette Mompremier Charlestin, yon tant m ka rele manman.

Prenmye Koze

Lang kreyòl ayisyen-an se yonn nan richès pi enpòtan Ayisyen genyen. Lemonn antye rekonèt valè kreyòl ayisyen-an. Anpil gwo inivèsite ap fè rechèch sou kreyòl. Yo ap pibliye travay etidyan ekri pou doktora sou kreyòl. Nou pa dwe rete timid lè nou dwe pwopaje enpòtans ak valè lang-nou. Travay anpil ayisyen tankou etranje fè nan lang-nan epi ak lang-nan ann Ayiti ak nan dyaspora ayisyen-an pandan ven ane pase-yo ban nou anpil espwa. Liv-sa-a se yon kontribisyon tou piti nan jèfò pou bay kreyòl ayisyen-an plis jarèt.

Gen plizyè liv yo pibliye sou pwovèb ayisyen-yo. Men se premye fwa yon liv konsa parèt. Yon liv sou sa nou rele « Dizon oubyen Pawoli Kreyòl Ayisyen ». Dizon-yo pa pwovèb men yo difisil menm jan ak pwovèb pou moun ki pa konnen sa yo vle di. Nou ka di se yon liv nouvo. Men dizon oubyen pawoli-yo pa nouvo. Nou senpman ranmase yo epi mete yo sou papye. Sa ki nouvo se fason nou eseye eksplike yo.

Nou pa ka frape lestonmak nou pou di lis-la konplèt. Gen dizon anpil moun kap li liv-la ka konnen men yo ka pa jwenn yo nan liv-la. Gen anpil dizon nou pa konnen epi nou pa jwenn. Tout tan nap jwenn lòt ki pa nan liv-la nap ekri yo. Lè nou ap enprime liv-la ankò na ajoute yo.

Nou vle klè tou sou yon lòt kesyon. Gen moun ki gen dwa pa fin dakò nèt oubyen ka pa dakò menm ak esplikasyon kèk nan dizon-yo. Nou pa pretann nou konnen tout fason pèp-la sèvi ak tout dizon-yo nan tout peyi-a. Gen dizon ki ka gen yon siyifikasyon nan yon rejyon peyi-a ki diferan de fason nou eksplike yo nan liv-la. Sa se pa yon bagay nouvo. Li vre pou tout lòt lang. Chak rejyon ka gen fason pa li li sèvi ak yon mo

Pale Kare

oubyen yon gwoup mo. Nou pwomèt pou ranmase plis enfòmasyon epi rantre lòt siyifikasyon nou jwenn nan pwochen revizyon ak piblikasyon liv-la.

Gen anpil liv ekspè ak save nan lang, ayisyen tankou etranje, pibliye an kreyòl oubyen sou kreyòl. Liv-sa-a se pa yonn nan yo. Nou di sa pou de rezon. Premye rezon-an, nou pa yon ekspè nan lang. Nou konseye moun ki vle rantre nan fondamantal lang-nan pou chache konnen sa ekspè-sa-a yo gen pou di. Dezyèm rezon-an, liv-la se yon travay popilè pou nenpòt moun ki li li ka konprann sa ki ladan l. Pifò Ayisyen abitye ak dizon-yo. Nou senpman mete yo sou papye pou yo epi sèvi ak yo pou bay kèk ti istwa pou rann yo pi klè epi ki ka enterese plis moun li nan lang-nan.

Ki jan moun ka sèvi liv-la ? Chak kay ayisyen ann Ayiti tankou nan peyi etranje ta dwe gen yon kopi liv-la. Moun nan kay-la ka sèvi ak dizon-yo pou yo pase yon bon ti tan ansanm ap diskite siyifikasyon yo. Lekòl ka sèvi liv-la pou klas kreyòl epi klas lekti eksplike. Liv-la bon tou pou alfabezasyon. Lè yon moun fin aprann li, li bezwen bagay ki enteresan pou li kontinye li. Sa se rezon majè ki pouse nou ekri liv-sa-a. Anpil fwa moun aprann li an kreyòl men yo pa jwenn kont liv ki enterese yo pou yo li. Se nan entansyon-sa-a nou bay ti istwa kout ak kèk lòt ki pi long. Dizon-yo se bagay Ayisyen deja konnen. Nou eseye chwazi espliksyon ki sòti nan sitiyasyon kote yo ap viv chak jou. Nou sèvi kèk sitiyasyon ki pase nan peyi etranje tankou ti istwa pou « Trou nan manch » ak « Bab pou bab » pa egzanp. Men ti istwa-sa-a yo gen sans pou tout Ayisyen menm si yo ap viv ann Ayiti. Radyo ka sèvi liv-la pou fè emisyon. Magre gen anpil liv an kreyòl, kreyòl toujou rete yon lang moun pale plis pase yo li. Se sak fè radyo se yon mwayen kominikasyon enpòtan nan lavi

Ayisyen. Nou ekri ti istwa-yo nan yon fason ki ka fè tout moun ki li yo reflechi sou koze enpòtan nan peyi-a epi nan lavi. Yon pwogram radyo ka sèvi chak nan dizon-yo pou emisyon kout (ant dis a kenz minit) oubyen pi long (ant kenz minit jouk inèd tan).

Nou vle fè yon lòt remak enpòtan. Tout ti istwa-yo se pa bagay nou konnen ki pase nan lavi tout bon. Sa vle di, non ki nan liv-la se pa non moun kap viv vre yo ye. Nou chwazi non-yo konsa konsa. Si yon moun ta wè yon non ki ta menm jan ak non pa li epi yon ti istwa ki ta menm jan ak yon bagay ki te pase li, se ta va yon bagay ki ta rive sou chans. Non nan ti istwa-yo pa gen ankenn rapò ak moun nou konnen.

Nou swete yon jou yon moun va pran yon liv epi jwenn ladan-l tout dizon kreyòl li ka tande nenpòt kote gen Ayisyen. Annatandan sa rive, nou swete ti liv-sa-a va itil tout lektè-yo epi yo va li li ak anpil enterè epi kè kontan.

Rony Joseph

A

Aladeriv, lè yon moun oubyen yon bagay pa gen ankenn moun pou pran swen-l; sak rive rive. *Morilyen gen katrevenkenzan. Lap viv nan Plato Santral. Yon jounalis yonn nan pi gwo jounal peyi-a te fè yon entèviou ak Morilyen. Jounalis-la mande l: « Pè Morilyen, ou gen katrevenkenzan. Mwen swete retounen lè ou ap fete santyèm anivèsè ou. Men si ou pa ta rive gen santan, ki sa ki pi enpòtan ou ta renmen swete pou peyi-a ? » San li pa pedi yon segond, Pè Morilyen di : « Mwen ta swete pitit peyi-a sispann kite tout bon tè toupatou nan peyi-a aladeriv pou yo al viv nan mizè nan vil-yo. Yon peyi san agrikilti solid se yon peyi san sekirite. Mèsi pou tèt ou te pase wè m. Mwen swete pou nou wè ankò nan senkan lè map fete santyèm anivèsè m. »*

A sètsèzè, nan lè-sa-a. Yo sèvi pawoli-sa-a lè yon moun fè yon bagay pandan li koumanse ta nan lannwit. *A sètsèzè pou ap koumande pwa ! Ki moun ki pral manje repa-sa-a ?*

A tout boulin, a tout vitès. *Machin-nan rantre a tout boulin nan magazen-an. Li fè yon dega pou senk mil goud. Se mirak Bondye ki fè pa gen moun ki mouri.*

A tout ti vis, tout règ jwèt-la konte. *Timoun-yo dakò pou jwe oslè a tout tivis.*

Abitan dekore, yon moun ki abiye plis pase sa yon okazyon mande epi li panse se lè sa-a li vin enpòtan. *Dorelyen rantre Nouyòk. Li travay katòz è chak jou. Li achte tout kalite rad byen chè. Chak kote yo envite l, li abiye tankou yon Kongo Belizè. Gen yon moun ki di Dorelyen pa yon Kongo Belizè men se yon abitan dekore.*

Abiye an kazwèl, abiye ak rad ki òdinè, ki pa rad pou gran seremoni. *Jozefin ap fè yon fèt pou anivèsè pitit li. Depi alavans, li di tout moun pou yo abiye an kazwèl. Li di si li pa fè sa, anpil moun ap vini nan fèt-la abiye tankou Kongo Belizè.*

Abiye tankou Kongo Belizè, abiye ak rad pou gran seremoni; rad-la ka koute chè anpil tou. *Chacha di li ale mès katrè chak dimanch. Li di li pa ka nan konpetisyon ak moun mès dizè-yo. Yo toujou abiye tankou Kongo Belizè.*

About ak kò, lè yon moun panse li byen oubyen li gen otorite epi lap aji yon fason ki etone moun ki konnen-l. Afè moun-nan gen dwa pa twò bon pase sa tou men li chwazi pou li egzaje nan konpòtman-l. *1) Depi mari Flavi koumanse voye lajan pou li, Flavi about ak kò-l. Li pap achte pwodwi ki fenk sòti nan jaden. Li di tout moun se nan makèt li fè pwovizyon. 2) Depi yo monte Granvil kaporal, li about ak ko-l. Li panse li pi wo pase yon kolonèl.*

Abse sou klou, klou se yon enfeksyon ki fè yon ti pati tou piti nan kò yon moun anfle epi vin byen di. Abse se preske menm bagay men li pi gwo, pi laj epi li fè mal pi plis. Abse sou klou se lè yon moun gen yon pwoblèm epi yon lòt bagay rive ki fè pwoblèm-nan vin pi mal. *Grasin ak Inosan ap viv Miyami. Yo gen yon sèl pitit*

*gason. Li rele Dje. Li nan inivèsite Tanpa. Dje te vin
pase vakans ak paran-l. Pandan lap retounen, li fè yon
terib aksidan. Yon pye ak yon kòt kase. Nan de jou
Grasin rele yon sè-l ki Nouyòk. Lè sè-a wè nimewo
telefòn Grasin nan ekran telefòn-nan, kè-l kase. Li di:
« Grasi pitit, sak genyen? » Grasin reponn: « Doudou,
abse sou klou. » Doudou rele. Li di : « Kouman, Dje
mouri ? » Grasin di : « Non. Dje pa mouri. Ou pa
bezwen kriye. Men jodi-a Inosan sòt travay; li di yo
revoke-l san preyavi apre ventan nan djòb-la. »*

Achte figi, flate yon moun pou jwenn avantaj. *Pedris ap
pale ak yon zanmi. Li di zanmi-an : « Manman-m ak
papa-m te leve m pou m respekte tout moun. Men yo te
toujou di m tou pou m pa janm achte figi pèsonn. »*

Achte machwè, menm bagay ak « Achte figi ».

Adje Pòdjab oubyen **Adje Podjab**, pawòl pou montre
pitye pou move sò oubyen move sitiyason yon moun.
*Jazmina, pitit fi Jazmèn, te etidye sikoloji nan yon
inivèsite Afrikdisid. Yon jou yo tou de ale wè Kalin, yon
sè Jazmèn ki te sòt fè operasyon. Depi yo fin di Kalin
bonjou, Jazmèn koumanse plenyen sò Kalin. Chak sa
Kalin di Jazmin reponn : « Adje pòdjab ! » Yo pase inèd
tan nan kay-la. Jazmina konte manman-l di « adje
pòdjab » dis fwa. Lè yo sòti, Jazmina di : « Manman lè
ou tounen al wè matant-mwen, kite tout « adje pòdjab »
lakay ou. Se pou ou ranplase yo ak bagay ki ka
ankouraje malad-la. » Jazmèn reponn : « Moun-nan
malad pitit, ki sa ou vle pou m di ? » Jazmina di « Map
ba ou yon lis pawòl ou ka sèvi pou ranplase « adje
pòdjab ». Me kèk nan yo : « gwo pwogrè ! », « Kenbe la
pa lage ! », « Konpliman madam ! », « Figi ou
fwe ! » ; « Ta lè konsa wa reprann tout aktivite. » « Ou
gen tan ap manje bon bannann ou. » « Mayifik ! »*

« Bravo !» « Kenbe la kòmè ! » Manman Jazmina di :
« M gen anpil pwoblèm ak fason ou panse. Men piske se
lajan-m m te depanse pou pèmèt ou li tout gwo liv, map
eseye yo. »

Adwat agòch, toupatou. *Milouz pèdi bag maryaj-li nan
biwo-l. Li di mari-l li chache bag-la adwat agòch, li pa
janm jwenn ni. Mari Milouz pa di yon mo.*

Afè zòt, sekrè yon moun oubyen yon gwoup moun kenbe.
*Jina ak Klodin se de elèv Lise Tousen Louvèti. Yon jou
Jina di Klodin :* « Eske ou konnen Jinèt renmen ak
Simon ? » *Klodin reponn :* « M pa chache konnen afè
zòt. Si yon moun pa envite m nan koze-l m pa foure
bouch mwen ladan-l. Afè zòt se mistè. » *Pi devan Jina
vin dekouvwi Klodin te renmen Simon.*

Ak de tounen, lè yon moun ap eseye fè yon bagay men li
pa gen lajan oubyen lòt byen pou li peye pou sa li vle fè-
a. *Dèspavyen mande Lwi achete yon gazèl bèf. Lwi di
Dèspavyen:* « Gen lè se nan betiz ou vle pase m. Se ak ki
sa ou pral peye yon gazèl bèf ki vo mil doug? Ak de
tounen ou. »

Al bwachat, mouri. Sa vle di menm bagay ak « ale nan
peyi san chapo ». *Yon jounalis te di li pap janm di yon
moun ale nan peyi san chapo oubyen al bwachat lè lap
anonse lanmò yon moun. Jounalis-la panse se manke
konpasyon pou fanmiy mò-a kap koute nouvèl-la. Anpil
lòt jounalis pa dakò ak li. Yo di si yo koumanse fè sa yo
ap retire twòp bagay ki se richès lang ayisyen-an.*

Aladen twa degout, yon moun ki pap regle anyen serye ak
vi-l epi kap bay tout moun anpil pwoblèm. *Jilmis
renmen Sizana anpil. Papa Sizana di se defann. Li pap*

kite pitit fi-l renmen ak Jilmis. Li di li pa ka kite yon aladen twa degout tankou Jilmis rantre nan fanmiy-ni.

Alawonnbadè, tout moun san eksepsyon. *Yon atis popilè te pral fè yon konsè gratis pou fèt Endepandans. Li voye anons-sa-a nan tout radyo : « Nan inite ak tout zansèt-nou-yo, Mis Rosiyòl ap ofri yon konsè gratis nan sware premye janvye. Nou envite tout patriyòt konsekan nan peyi-a alawonbadè. »*

Alawonyay, 1) an kachèt ; 2) a rebò. 1) *Toma sòt lekòl. Li konnen papa l ap sòt travay byen ta. Li rete nan yon jwèt foutbòl. Lè li rive lakay, li wè machin papa l devan pòt-la. Bòs travay-la te voye tout anplwaye ale pi bonnen. Toma mache alawonyay jouk li rantre nan chanm-ni. Apre senk minit papa l frape pòt chanm Toma. Toma reponn. Papa Toma di : « Sanble ou ap pran yon ti repo. Lè ou fini, vin jwenn mwen pou rakonte m kote ou te ye ki fè ou te rantre lakay-la ta konsa. 2) Manman Joujou di Joujou : « Tout asyèt manje-a se pou ou. Poukisa ou ap manje l alawonyay ? »*

Ale wè!, sa se lè yon moun vle montre sa yon moun di oubyen sa yon moun fè pa gen twòp enpotans oubyen valè. *Depi Klovis rive Nouyòk lap chante kantamwa. Ale wè ! Se de djòb jennonm-nan ap fè pou-l viv.*

Alèz kou Blèz, lè afè yon moun bon. Lap byen mennen. *Se Franko ak mandanm-ni sèlman ki nan kay-la. Tout sèt pitit-yo fini lekòl. Yo tout ap travay. Ni Franko ni madanm-ni yo alèz kou Blèz.*

Alkalen twa degout, sa vle di menm bagay ak aladen twa degout; moun ki bay anpil pwoblèm. Moun ki pa regle anyen ak lavi-yo. *Alkalen twa degout-sa-a fini ak tout sa* *paran-l genyen. Li pap aprann metye. Li refize travay latè.*

Aran gwo sèl, yon aran yo byen asezonnen ak anpil sèl epi yo seche-l nan solèy. *Nounouch fè tansyon. Doktè di-l pou li pa janm manje aran gwo sèl. Depi lè-sa-a Nounouch chagren.*

Asyèt fayans, yon kalite asyèt espesyal Ayisyen te konn sèvi lontan. Yo te konn sèvi ak yo anpil kòm kado pou maryaj. *Mezilya te gen katrevendizan lè li mouri. Li te gen nèf pitit. Anvan li mouri, li kite yon asyèt fayans pou chak nan yo.*

Atoufè, yon moun ki fè nenpòt bagay pou li jwenn sa li bezwen oubyen pou fè yon bagay li vle fè. Li ka rive menm vyole lalwa. *Nan pwen moun ki ka jwenn bout Simoklès. Se yon atoufè.*

Atrap nigo, yon pyèj yo pare pou yon moun san-l pa konnen. *Yon demachè fè Poleyis siyen papye nan entansyon lap prete-l lajan pou-l repare kay-li. Lè yon pitit gason Poleyis pase lakay-la Poleyis montre-l papye-a. Pitit gason-an di : « Papa, ou pran nan atrap nigo. Ou siyen pou pase kay-la sou non demachè-a. » Poleyis di « woy ! » Li tonbe. Pitit la rele lanbilis. Paramedik-yo di pitit-la : « Papa ou fè yon kris kadyak. Men gen chans pou-l viv. »*

Avantaj bab e moustach, yon avantaj yon moun jwenn ki depase anpil sa moun-nan tap espere. *Sileyon achte yon kay. Li di yon zanmi konbe-l peye pou kay-la. Zanmi-an sezi. Zanmi-an di Sileyon : « Sa se yon avantaj bab e moustach. »*

Avyon dizè, yon avyon ki te konn ateri nan ayeropò Okap
chak dizè nan maten sòti Pòtoprens. Depi moun tande
bri avyon-an, yo tout konnen-l dizè. *Taniz ak Andre te
fèt Katyemoren. Yo te grandi ansanm. Yo te toujou ale
nan menm lekòl. Yo te renmen depi nan klas sizyèm
segondè. Yo te marye apre klas filo. Malgre yo
granmoun, yo toujou ap pale kouman lè yo te lekòl depi
yo te tande avyon dizè, yo konnen li preske lè pou
rekreyasyon.*

AN

Ann apate, lè de ou plizyè moun ap fè yon bagay nan yon
kote pa gen lòt moun kap koute oubyen kap gade yo.
*Danton ak Michou gen de pitit, Dann ak Michlin. Dann
gen dizan Michlin gen wit an. Danton ak Michou te
deside pou tou de ti moun yo konn pale kreyòl. Pou sa te
posib, yo pale kreyòl nan kay-la ak yo epi egzije yo pou
yo reponn an kreyòl. Sa te mache trè byen. Tou de te
rive pale kreyòl. Men Dann te dezòd anpil. Yon Jou tout
fanmiy-nan te ale nan yon fèt. Dann te about ak kò-l.
Danton al pran-l. Li mete-l chita nan menm tab ak li. Li
di-l « Na regle sa an apate. » Lè yo tounen lakay-yo li te
nevè di swa. Yo gen yon pwogram televizyon tout
fanmiy-nan te gen pou gade ansanm anvan yo dòmi.*

*Dann kouri louvwi televizyon-an. Li di papa-l: « Dad,
kote pate-a? » Michou di: « Ki pate? » Dann reponn:
« Papa-m te di-m nou gen yon bagay pou nou regle an
apate. » Michou ri jouk li kriye. Dann di : « Ou te fè
twòp dezòd nan fèt-la. Ou te anbarase ni mwen ni
manman ou. Ou pap gade program nan aswè-a. Rantre
nan chanm-ou epi fèmen pòt-la. Lè program-nan fini wa
sòti. »*

An bandisyon, parèt yon kote oubyen sou yon moun byen
move epi prèt pou batay. Loulouz gen de pitit, Tomalis
ak Amansya. *Tomalis renmen ak Mirèy depi dezan.
Tomalis nan filo. Mirèy nan reto. Tomalis te fò anpil
nan lang. Li pale angle. Li pale panyòl. Li te byen anpil
ak Islin, yon lòt elèv filo. Islin te maton nan matematik.
Islin chwazi kòm pwofesyon enjenyè pon ak wout.
Tomalis pa te fò nan matematik. Islin di Tomalis: « Si ou
dakò pou ede m ak klas panyòl-la, map ede ou ak
matematik . » Tomalis dakò. Depi lè-a, yo pase anpil tan
ansanm. Yonn ap ede lòt. Simòn, yon elèv nan klas
twazyèm te renmen Tomalis. Li fè tout elèv nan lise-a
konnen Tomalis renmen ak Islin. Mirèy, mennaj
Tomalis, rive kwè pawòl-la. Yon jou, apre lekòl, Mirèy
bay Tomalis yon lèt. Tomalis te tèlman kontan, li louvwi
lèt-la touswit. Li li lèt-la byen vit paske li te gen sèlman
de fraz-sa-a yo :*

> *« Mwen swete ou ak pwofesè matematik ou bòn
> chans. Lè oumenm ak li ap marye, ou pa bezwen
> ezite envite m nan nòs-la. » Mirèy*

*Lè Tomalis fin li lèt-la, li chache Mirèy nan tout lekòl-
la. Mirèy fonn kou bè. Lè Tomalis rive lakay-li, li voye
tout liv sou yon tab. Li rantre nan chanm-ni. Lè
Amansya rive apre Tomalis, manman l mande : « Ak ki
moun Tomalis gen kont ? » Amansya di : « Poukisa ou*

poze kesyon-sa-a ? » Loulouz di : « Tomalis rantre nan kay-la an bandisyon. Menm bonswa li pa di pèsonn. »

An brenzeng, sa vle di menm bagay ak an bandisyon.

An chimerik, sa se lè yon moun toujou fache ; lòt moun pa vreman konnen poukisa. *Jwazilya bèl epi li entelijan. Men li pa ka jwenn yon jenn gason ki nan nivo edikasyon-l pou li marye. Anpi-l moun panse mesye yo pè abode-l paske-l toujou an chimerik.*

An degraba, nan move kondisyon. Sa se sitou lè afè yon moun te bon, tout bagay tap byen mache epi mizè mete pye; oubyen yon bagay kap deteryore. 1) *Papa Vandervil ap pale-l tout tan pou-l sispans depanse lajan tankou moun fou. Li pa janm koute. Papa-l te toujou ap di-l se pou li fè epay pou move jou paske biwo leta se tè glise. Piske papa-l te apenn konn li, Vandervil te refize koute konsèy papa-l. Yo nonmen yon nouvo minis. Nouvo minis-la revoke Vandervil. Li pase ennan san travay. Vandervil tonbe an degraba. Sa te sitan mal, se kay papa-l li pase manje chak jou. 2) Peyi-a an degraba malgre li chaje ak richès.*

An denmon, lè yon moun fache epi li vle pase kòlè-a sou tout moun. *Jodeyis ak Mariya gen sizan maryaj. Yo gen de pitit, Jodèl ak Anamari. Yo ap viv Òlando, nan Florid. Sa gen ennan depi yo achte yon kay twa chanmakouche. Yon vandredi apremidi Jodeyis rantre lakay li. Li pa di pèsonn bonswa. De timoun yo pwoche bò kote-l. Li repouse yo. Li move kou konk. Anamari retounen kote-l. Jodeyis di-l : « Al chache kote mete kò ou. » Mariya remake Jodeyis gen yon pwoblèm grav. Li renmen Anamari anpil. Se premye fwa Mariya wè Jodeyis repouse Anamari. Mariya mande-l : « Jode, ou rantre nan kay la an denmon. Sak pase ? Jodeyis frape*

men-l sou yon ti tab kote-l te chita. Li reponn :
« Machè, al regle biznis ou. Kite-m an repo. » Jodeyis
leve. Li rantre nan chanm-nan. Li frape pòt la tèlman fò,
foto maryaj li ak Mariya ki te sou yon mi pre pòt-la
tonbe. Ankadreman-an ak tout glas ki te kouvwi foto-a
kraze. Mariya ranmase foto-a ak tout moso glas-yo. Li
rantre nan chanm-nan dèyè Jodeyis. Li voye-yo sou
kabann nan blooo!. Mariya di : « Non sèlman ou rantre
lakay-la an denmon, ou deside pou rann ni mwen ni
timoun-yo fou. Gen lè ou gen yon lwa bitasyon kap
pouswiv ou. » Jodeyis gade Mariya. Jodeyis ri byen fò.
Li sonje Mariya te toujou ap repete anpil Ayisyen bay
lwa responsab tout sa yo pa konprann. Jodeyis di :
« Cheri-m nan, m pa gen ankenn lwa bitasyon kap
pouswiv mwen. Se lwa konpayi bò isit kap fè ravaj. »
Mariya pa te ka konprann pawòl Jodeyis. Li di Jodeyis :
« Gen lè tèt ou ap pati vre. Ki sa ou vle-m rele, moun
legliz oubyen yon sikyat ? » Jodeyis di : « Mariya, an
nou pale pawòl serye. Konpayi-an elimine senkant
pozisyon. Trantsenk anplwaye pèdi djòb yo. Mwen se
yonn nan yo. » Mariya pase de minit silans. Apre sa li
anbrase Jodeyis. Li di: « Ou pèdi yon djòb. Ou gen yon
madanm ak de pitit. Ou konnen yon bagay... » Jodeyis
di : « Ki sal ye ? » Mariya Kontinye. « Ou pap pèdi
yo. »

An fondetren, parèt yon kote a tout boulin san avètisman.
*Granm Sese gen vennsenk pititpitit. Li renmen yo tout.
Men li toujou ap plenyen fason anpil nan yo konpòte yo.
Li di menm lè lap pran yon ti repo nan lajounen, kèk
nan yo rantre andedan kay-la an fondetren.*

An gran panpan, gran zafè. Gran jan. *Ameliz gen yon sèl
pitit fi. Li rele Manyeliz. Manyeliz pra-l marye. Li di
manman-l: « Man, nap fè yon bèl ti maryaj men byen
senp. Nou pap fè ankenn dèt pou maryaj. » Ameliz te*

chita. *Li leve kanpe. Li mete de men nan ren. Li di:*
«Kisa! Yon sèl pitit fi pou ma-l fè ti maryaj byen senp !
Ou konn sa wap fè pou mwen pitit, ban-m yon kat
blanch pou maryaj-la. Pa fatige ou pou anyen. Tout
bagay ap sou kont mwen. » Chòz di chòz fèt, Aneliz fè
yon maryaj an gran panpan. Yon mwa apre, Manyeliz
vin jwenn manman-l te depanse ven mil dola pou
maryaj-la. Manman l te dwe douz mil dola nan kòb-la.

An katimini, ti moso pa ti moso. *Nou nan sezon lapli. Ou*
pa ka rekòlte diri-a an katimini. Se pou fè yon konbit.

An konngout, bay yon moun yon likid ti gout pa ti gout
oubyen yon kantite tou piti. *Jozefin envite tout moun*
legliz-li nan maryaj premye pitit fi l. Desansenkant nan
yo vin nan maryaj-la. Jozefin te prepare yon ji espesyal
pou maryaj-la. Pandan resepsyon-an, moun kap sèvi yo
remake yo ka pa gen kont pou tout moun. Yo bay chak
moun mwatye vè. Lè Jozefin remake sa, li rantre nan sal
kote moun kap distribye ji-a te ye. Li di : « Poukisa nou
ap bay moun yo ji-a an konngout ? Gen kont ji pou tout
moun. Pa fè m sa mezanmi ! » Jozefin retounen nan sal
resepsyon-an. Nastazi, yon ansyen manm legliz-la ki
gen katreventwazan, tap obsève tout bagay. Li di moun
yo : « Si nou koute Jozefin, mwatye nan envite-yo pap
jwenn ji. Nou ap oblije kouri al achte soda pou yo.
Chanje vè-yo. Olye nou bay mwatye vè, kontinye ak vè ki
pi piti epi plyen yo. » Yo te swiv konsèy Nastazi. Piske vè
yo tap sèvi moun-yo te plen, Jozefin te satisfè epi tout
moun te jwenn ji.

An mal makak, yon kondisyon yon moun ye tout moun
deja wè moun-nan pa byen oubyen li gen yon pwoblèm.
Dezilis an mal makad depi maten. Li pa vle di pèsonn
sa-l genyen. M pap sezi si demen li pa vin travay.

An pán de vitès, sa se lè yon moun tap fè yon bagay epi li sispann oubyen li ralanti akòz mank materyo oubyen lajan. Yon lòt pwoblèm ka lakòz sa tou tankou maladi. *Andre ap bati yon kay chanmòt. Depi twa mwa travay-la kanpe. Tout moun ki mande Andre sak pase li senpman reponn : « Mwen an pán de vitès. » Konsa, pesonn pa ka ede-l oubyen ofri-l konkou. Paske pèsonn pa konnen ki pwoblèm li genyen.*

An pidjama, yon gason kap pran alèz kò-l paske tout bagay ap mache byen pou li oubyen paske li vag sou tout pwoblèm. 1) *Petris tap travay nan yon faktori Kanada. Yon jou maten machin ni an pán. Li rele yon zanmi ki tap travay nan menm faktori-a pou mande-l yon woulib. Zanmi-an di Petris: « Map kite travay- la paske gen twòp nèj pou map leve bonnè konsa chak jou. » Petris di zanmi-an: « Sa se pawòl moun an pidjama. Mwen pa ka fè tankou ou. Si-m kite travay-la menm yon chanm kay m pap ka peye. » 2) Zemelès fini bakaloreya ansanm ak Patso. Yo tou de konpoze nan lekòl agronomi. Yo pase men yo pa rantre paske lekòl-la pa gen kont plas pou pran tout elèv ki pase egzamen-an. Patso di Zemelès: « Jan sa ye la-a, nou ka jwenn yon lòt chans jouk ane prochenn nan lekòl agronomi-an. Papa- m gen de karo tè. Li dakò pou li ban-m yonn pou-m fè sa-m vle ak li. An nou mete tèt nou ansanm pou nou fè kèk esperyans plizyè kalite kilti ladan-l. » Zemelès pa dakò. Li di li fini klas li peyi-a sipoze bay opòtinite pou-l aprann pwofesyon ki enterese-l. Patso reponn : « Jan ou pale, sanble ou se yon nonm an pidjama. M pa ka fè tankou ou. Ma-p avanse san ou. »*

An plim de pan, yon moun ki byen abiye epi kap fè yon jan pou tout moun wè-l. *Lamarye poko rive men tout fidonè-yo devan legliz-la an plim de pan.*

An poulaou, lè yon moun ap aji yon fason lòt moun panse ka debouche sou pwoblèm. Yo sèvi ak pawoli-sa-a sitou pou jenn moun. *Tout moun katye-a te retire espwa sou Lizèt. Yo tout te di Lizèt twò an poulaou kòm jenn fi. Lizèt fè yo tout sezi. Li aprann yon pwofesyon epi li fè yon bèl maryaj.*

An releng, lè yon moun mete rad dechire. Lè afè yon moun pa bon epi tout moun wè sa dapre jan moun nan abiye oubyen konpòte-l. *1) Jakòt ap viv Noujèze. Li te voye chache manman-l ann Ayiti. Jakòt gen de pitit fi. Pi gran-an gen diznevan. Li rele Jaki. Yon jou Jaki abiye pou li ale nan yon ti fèt. Lè lap sòti, grann ni rele-l. Li di : « Jaki ou pa ka jenn fi pou ap soti an releng konsa pitit. » Jaki pale kreyòl men li pa te konprann sa grann ni vle di. Li retounen pou mande manman-l sa an releng vle di. Manman-l di : « Se paske bloudjin ki sou-ou-a twò mal okipe. Li sanble yon bagay ou te achte nan garaj sel. » Jaki di manman-l : « Manmi, di granni se sanven dola pantalon-an koute. » Jaki pase pa yon pòt dèyè. Li sòti san grann-li pa wè. 2) Madanm Konstanj mouri. Apre simwa, yon episri Konstanj te genyen boule ra pye tè. Li pèdi tout bagay. Apre ennan Konstanj te si tan an releng, sa te fè tout moun lapenn. Se moun li te fè bèl jès ak yo lè afè-l te bon kap pote-l sekou.*

An soudin, an kachèt. Fè yon bagay pou moun pa wè sa kap pase. *Konevil rantre nan kay-la an soudin. Tout moun panse li deyò poutan li deja ap dòmi nan chanm-ni.*

An ti Kouri, Lè yo penyen tèt yon moun ti très. *Joujou gen senkan Chikago. Li retounen Ayiti chak ane. Depi li rive se pou li fè grann-ni penyen tèt-li an tikouri.*

An ti pislin, piti piti, ti moso pa ti moso (pawòl moun nan lwès). *Patouch bati yon gwo kay nan Delma. Yon zanmi l sòti Naso. Zanmi-an se moun Okap. Zanmi-an di: « Patouch, kote ou jwenn lajan pou bati yon gwo kay konsa? » Patouch di zanmi-an: « Monchè m bati kay-la an ti pislin. » Zanmi-an pa koprann pawòl « an ti pislin » nan. Li mande Patouch: « Sa an ti pislin vle di? » Patouch reponn: « An nou chache yon bagay pou nou manje. Pandan nap manje, ma esplike ou sa-m vle di. »*

An zig de kontrayete, lè yon moun ap fè anpil aktivite, li rive yon moman li preske pèdi kontwòl sa lap fè. *Joujou an zig de kontrayete ak zafè maryaj-sa-a. Li vle fè tout bagay. Si li pa chache konkou, li ka pa menm ka kanpe pou rantre legliz jou maryaj-la.*

Anba anba, an kachèt. *Madan Frankvil fè premye pitit-li. Se yon ti gason. Di jou apre akouchman-an se fèt nesans madan-m nan. Frankvil fè yon gwo fèt pou li. Madanm-nan te sezi paske li pa te wè anyen ki montre Frankvil tap planifye yon gwo fèt konsa. Frankvil te regle tout bagay fèt-la anba anba.*

Anba chal, an sekrè: *Vwazen-an regle tout zafè vwayaj-li anba chal. Se jou lap pati-a nou konnen yo te bay li viza-a.*

Anba pay, lè yon moun pa patisipe nan sa kap fèt paske li pa vle mele nan bagay-la oubyen akòz move sitiyasyon. *Milyen rankontre Jeròm. Milyen mande Jeròm: « Sak pase ? Sa gen demwa depi ou pa vin nan reyinyon. » Jeròm reponn : « A ! Nèg anban pay. »*

Anfoudwaye tèt, lè yon moun fè yon bagay li panse ki pra-l bon pou li poutan rezilta bagay-la pa sa li tap

espere. Moun-nan rantre nan plis pwoblèm pase jan li te
ye anvan. *Tout moun te di Mileniz pou li pa marye ak
Jaja. Li pa koute pèsonn. Jaja bay Mileniz tout sa li
bezwen. Li mete-l nan yon bèl kay. Li achte yon gwo djip
randjwovè pou madanm-li. Poutan papa Mileniz di tout
moun Mileniz anfoudwaye tèt-li ak maryaj-sa-a. Li di
Jaja gen lajan, se vre. Men Jaja te fè lanjan-l nan move
kondisyon.*

Anlè anlè, esoufle. *Depi ou wè yon granmoun katrevenzan
anlè anlè se pou rele lanbilans.*

Antwann nan gonmye, yon moun ki byen plase pou
konnen tout sa kap pase. *Sa-m wè pou ou Antwann nan
gonmye pa wè-l.*

Anverite twa fwa, sèman pou ranfòse yon pawòl. *M
travay tout vi-m pou-m achte de kawo tè. Anverite twa
fwa, m pap kite vagabon fè-m pèdi yo.*

B

Bab alatranp, lè yon bagay mal rive yon moun oubyen yon kote lòt moun dwe prepare-yo paske bagay-la ka rive yo tou oubyen-l ka pase nan kominote pa yo tou. *Lè moun Tigwav tande dega yon rivyè fè nan Leyogán, depi lapli pase kèk èd tan ap tonbe yo tout mete bab-yo alatranp. Yo konnen sa ki pase Leyogán nan ka rive Tigwav tou.*

Bab mayi, flè ki sou tèt yon pye mayi. *Renelis plante twa karo tè an mayi. Depi-l gade bab mayi-yo li gen anpil espwa. Li prete yon kòb sou rekòt-la pou li voye de pitit gason-l genyen nan inivèsite.*

Bab pou bab, lè de moun rankontre fas a fas nan yon fason oubyen nan yon lè yo pa te espere rankontre. *Benevil prete senksan dola nan men Dezinò anvan li pati. Li di Dezinò kou li koumanse travay, lap voye kòb-la renmèt li. Apre senkan, Benevil pa jann voye kòb-la bay Dezinò. Dezinò te sipèvizè nan yon faktori Pòtoprens. Mèt faktori-a ede Dezinò jwenn yon viza. Dezinò te desann nan yon otèl Miyami. Anpoul limyè nan chanm otèl-la te brile. Dezinò rele ofis otèl-la. Yo voye yon moun touswit. Anplwaye-a frape pòt chanm otèl-la. Lè Dezinò louvwi pòt-la li rankontre bab pou bab ak Benevil. Benevil te etidye elektrisite. Se li ki te responsab tout pwoblèm elektrisite nan otèl-la. Li tèlman sezi lè li wè se Dezinò. Kè-l manke kanpe. Yonn ap gade lòt. Pèsonn pa vle koumanse yon konvèsasyon.*

Bale wouze, lè lapolis desann nan yon katye ki gen dezòd pou mete lòd. Polis yo ka fè plizyè arestasyon anvan yo ale. *Apwe bale wouze polis yo te fè nan zonn-nan senmenn pase-a, nou manyen gen repo. Pa gen kout zam kap tire tout lannwit ankò.*

Balize teren, lè yo fin prepare yon teren pou resevwa semans epi yo pase nan tout rebò teren- an pou fè si pa gen zèb ki rete. *Apre konbit-la, Antonyo peye de travayè pou balize teren-an anvan li koumanse plante diri-a.*

Bat ba, bay legen. *Ekip Mibalè-a fò tout bon. Men ekip Senmak-la refize bat ba devan-l. Senmak genyen match-la de bi a en.*

Bat bèt, etidye anpil. *Pitit vwazen-an bat bèt lajounen kou lannwit. Lap reyisi nan bakaloreya kanmenm.*

Bat chalbarik, fè tout sak posib pou fè yon moun kite yon zonn, yon kay oubyen yon kote yo pa vle li retounen. *Map mande pou jennonm ki te konn bay anpil pwoblèm nan katye-a. Yo di m tout moun te bat chalbarid dèyè-l. Kounye-a lap viv Pòtoprens.*

Bat do, bay yon moun afeksyon pou jwenn yon bagay. *Liknès bat do manman l jouk tan manman l kite l sòti ak machin-nan.*

Bat je louvwi je, san pèdi tan, byen vit : *Lè manman-m sòt travay, menm si li fatige, bat je louvwi je li fè manje pou tout moun nan kay-la.*

Bat kò, 1) fè anpil jèfò pou rezoud yon pwoblèm oubyen pou reyalize yon bagay san anpil siksè. 2) Lè yon moun vire nan kabann anpil tout lannwit san dòmi. *1) Jeftèl bat kò-l anpil pou fè edikasyon timoun-yo. Se regretan.*

Pa gen yonn ki fini klass segondè. 2) Madan Jan malad.
Sèm mande Jan pou madan-ni. Jan di : « Madanm-nan
bat kò-l tout lanwit. Se jouk devanjou-a li resi fè yon ti
dòmi. »

Bat lakanpay, sa vle di menm bagay ak bat kò.

Bat Lestomak oubyen **Bat Lestonmak**, fè gran dizè. Lè
yon moun ap montre ki jan li gen pouvwa. *Papa*
Dorelis se chofè majistra Makchanblon. Dorelis ap bat
lestomak kote li pase tankou se li ki majistra-a.

Bat vant, bay yon moun pawòl dous pou fè moun-nan di
yon bagay oubyen fè yon bagay li pa vle di oubyen li pa
vle fè. *Si yon moun kwè ou ka bat vant Janèt pou fè-l*
pale, se tan moun-sa ap gaspiye. Anvan Janèt te louvwi
pwòp biznis-li, li te pase dizan kòm polis.

Bat zèl, deplase, sòti yon kote pou ale nan yon lòt nan yon
moman oubyen yon fason moun pa tap atann.
Konvèsasyon-an enteresan se vre. Men fòk mwen bat zèl
mwen. Si-m pa fè sa, map rive an reta nan travay.

Baton gayak, yon baton yo fè ak bwa gayak; yon bwa ki
solid anpil. Li pa kase fasil. *Potan di tout moun li pa pè*
mache lannwit. Li fè tout moun konnen li gen poteksyon
envizib avèk li. Men Potan toujou gen yon baton gayak
nan men-l.

Baton machal, yon moun ki toujou ansanm ak yon lòt pou
ede lòt moun-nan oubyen pou ba-l pwoteksyon. *Si ou wè*
biznis moun-sa-a yo ap mache byen konsa se gras a
premye pitit gason-an. Se li ki baton machal papa-l.

Baton majik, yon bagay moun kwè ki ka rezoud tout pwoblèm. *Se travay mwen travay di pou m voye nou lekòl. Se pa yon baton majik m gen nan men-m.*

Baton monte, yon baton yo mete pwazon ladan-l. Depi yo bat yon moun ak li, moun nan gen anpil chans pou li mouri. *Nikozan pa respekte pèsonn nan katye-a. Li goumen ak tout jenn gason nan zonn-nan. Li fè yon batay ak yon jennonm ki we-l anba baton. Li pase senk jou lopital. Gen moun ki di baton-an se te yon baton monte. Gen lòt moun ki di non. Si baton-an te yon baton monte, Nikozan pa tap janm sòti lopital vivan.*

Baton vyeyès, yon pitit paran-l konte sou li pou sekou lè paran-an rive nan laj li pa ka travay ankò. *Se yon sèl gason m genyen. Map fè tout sa m kapab pou li etidye tout sa li vle. Se li ki baton vyeyès mwen.*

Batri kizin, tout istansil yo sèvi nan kizin. *Anpil moun ap kritike Patoucha paske li depanse twòp kòb pou yon batri kizin. Patoucha di li travay di pou fè kòb-li. Li gen dwa depanse-l jan ki fè-l plezi.*

Bay arèt, *lè yon moun teke pye yon lòt pou fè lòt moun nan tonbe. Gadyendbi-a bay atakan-an yon arèt nan kare-a. Atankan-an tonbe. Abit-la soufle yon pennalite.*

Bay batistè, lè yon gason rekonnèt yon bebe oubyen yon timoun kòm pitit-li epi li bay pote non-l nan batistè-a. *Felanò fè onz pitit ak twa manman. Men li bay tout timoun-yo batistè.*

Bawon Samdi, 1) lespwi ki chèf simityè nan relijyon vodou ; 2) yon moun ki konprann li ka fè sa li vle kote li pase. *1) Depi yon moun rantre nan yon simityè an Ayiti li fasil pou rekonnèt kote moun-yo onore Bawon Samdi.*

Toujou gen anpil bouji, chandèl ak anpil lòt bagay ankò nan plas-sa-a ; 2) Jwazilyen panse se li ki chèf katye-a ; li pran pòz bawon samdi l nan zonn-nan.

Bay baboukèt, 1) mare bouch yon bourik, yon chwal ouybyen yon milèt pou mennen-l pi byen; 2) anpeche moun pale. *1) Lè granpapa-m bay yon cheval yon baboukèt, nenpòt timoun ka mennen cheval-la bwè dlo nan rivyè-a. 2)Yon bò yo ap pale de demokrasi. Yon lòt bò yo ap bay tout moun ki vle kritike gouvènman-an baboukèt.*

Bay batri, yon bagay yon moun prepare epi mete-l atè oubyen nenpòt kote li konnen yon lòt moun li vle fè ditò ap pase. Depi moun nan janbe-l oubyen touche-l, apre kèk jou li koumanse malad. Maladi-a ka lakòz lanmò moun-nan. *Wozilyen malad byen mal. Bwi ap kouri se yon moun li konnen ki bay yon batri.*

Bay blòf, bay manti. *Sentenòl ap bay blòf tout kote li pase. Menm lè li vle regle yon bagay serye pa gen moun kap kwè sa li di.*

Bay bon jan, lè yon moun byen resevwa yon lòt moun. Li montre sa nan fason li resevwa moun-nan oubyen ak sa li bay moun-nan. *Rozán rankontre Esli nan yon inivèsite an Frans. Yonn tonbe damou pou lòt. Rozán sonje grann-ni te toujou di-l pa janm kouri marye ak yon jenn gason san li pa rankontre fanmiy jenn gason-an. Anvan Rozán vanse pi lwen nan mennaj-la, li deside pou li rankontre fanmiy Esli. Rozán sitan renmen Esli li rantre an Ayiti pou li fè konesans ak paran Esli. Paran Rozán se moun Lakil. Paran Esli ap viv Jakmèl. Li di Esli li pral an Ayiti men li pa di Esli si li pral Jakmèl. Rozán desann Pòtoprens. Anvan li ale wè paran-l Lakil li pran avyon pou Jakmèl. Li pase kat jou Jakmèl. Premye jou-a*

*li desann nan Otèl. Nan lendemen li ale kay manman
Esli. Lè li di manman Esli li nan menm inivèsite ak Esli
an Frans, manman Esli resevwa-l a debwa. Li fè li kite
otèl-la pou li vin lakay-li. Li mete Rozán nan yon bèl
chanmakouche. Tout fanmiy-nan resevwa Rozán tankou
yon prensès. Rozán rele Esli. Li di Esli li pral pase-l yon
moun. Esli panse se ak manman Rozán li pral pale. Lè
Esli tande se vwa manman-l ki nan telefòn-nan, kè Esli
manke rete tank li sezi. Paran Esli si tan bay Rozán bon
jan, Rozán koumanse planifye maryaj-la depi anvan-l
kite Ayiti pou retounen an Frans.*

Bay bouch pou pale, lè yon moun sispann pale pou pèmèt
yon lòt pale. *Man Niklès gen de pitit fi, Zazoun ak Niki.
Zazoun gen douzan ; Niki gen dizan. Yon jou apremidi
pandan Man Niklès ap pliye rad li te fin lave, Niki
rantre nan kay-la dlo nan je. Zazoun parèt toutswit dèyè
Niki. Niki rakonte manman-l sa Zazoun fè-l. Chak fwa
Zazoun vle pale, Niki kriye pi fò epi li kontinye pale.
Man Niklès di : « Niki, m tande tout sa ou di, men fòk ou
bay Zazoun bouch pou li pale tou. » Niki di : « Manmi
bouch Zazoun se pou li. Si li te vle pale li ta pale. »*

Bay bouden, twonpe moun. *Melanklo tèlman bay tout
moun katye-a bouden, jounen jodi-a pèsonn pa kwè
anyen Melanklo di.*

Bay boul, lè yon moun panse yon nimewo pral fè premye
lo nan bòlèt oubyen nan lotri epi li ankouraje zanmi-l ak
paran-l achte nimewo-sa-a. *Zaman genyen defwa swivi
nan bòlèt. Tout moun panse si Zaman bay yon boul pou
pwochen tiraj pa gen pèt. Tout sa Zaman fè pou li fè
moun-yo konprann se sou chans li te genyen tou de fwa,
yo pa vle kwè. Yo ensiste pou Zaman ba yo yon boul.
Zaman tèlman pa vle yo pèdi lajan sou kont li, li pa jwe
pou pwochen tiraj-la. Anpil moun jwe nimewo plak*

*machin Zaman. Gen moun ki achte nimewo laj Zaman.
Yon moun nan katye-a prete kòb sou kay li pou jwe tout
konbinezon nimewo ki gen rapò ak Zaman. Nan
pwochen tiraj, tout moun pèdi.*

Bay chaplèt, bat yon moun, kale ti moun. *Netòl te bay ti
moun-yo chaplèt sitan jouk yo granmoun yo pè pale ak
li. Erezman tan-an chanje. Paran-yo ap eseye lòt metòd
pou korije timoun.*

Bay demwatye, lè yon moun ki posede yon teren pèmèt
yon lòt moun fè jaden nan teren-an ak kondisyon pou lòt
moun-nan bay mèt teren-an yon pòsyon nan rekòt-la,
mwatye oubyen mwens. *Yon etidyan fakilte agronomi
te mennen yon ankèt nan yon zonn. Etidyan-an jwenn
pifò mèt tè-yo ap viv lavil. Yo bay peyizan-yo demwatye.
Etidyan-an pa te grandi andeyò. Li te tèlman vle byen
konprann sistèm demwatye-a ak tout konsekans-li sou
pwodiksyon agrikòl ak anvirònman nan peyi-a, li te
deside ekri yon liv sou kesyon-an.*

Bay devinèt, lè yon moun bay yon lòt moun enfòmasyon
sou yon bagay epi lòt moun nan devine sa bagay la ye.
*Loranklès di Pedro : « Eske ou vle m ba ou yon
devinèt ? » Pedro di « Nan pwen devinèt ou ban-m pou
m pa jwenn respons-la. » Loranklès di : « Abiye san
soti. » Pedro reponn : « Man Jisten. Jisten tèlman jalou,
se tout tan Man Jisten fin abiye pou li sòti, Jisten fè-l
rete. » Loranklès di : « Ou bwè pwa. Kabann. »*

Bay dèyè de tap, lè yon moun pran desizyon pou fè yon
bagay li dwe fè oubyen li vle fè apre anpil tan san fè
anyen pou li fè bagay-la. *Jozafa gen dezan depi li fini
klas segondè. Tout sa manman-l fè pou ankouraje l
kontinye etid-li, Jozafa refize retounen lekòl. Jozafa te
fini lise ansanm ak Milou. Li te enterese nan Milou*

anpil. Apre dezan nan lekòl medsin, Milou vin gen yon lòt gwoup zanmi. Se raman Jozafa wè Milou. Jozafa reyalize li ka pa janm gen chans rive renmen ak Milou. Jozefa bay dèyè-l de tap. Li rantre nan lekòl de dwa.

Bay gabèl, bay yon moun defi pou li fè yon bagay. *M ba ou gabèl pou rantre nan lakou-a. Map fè ou rankontre ak zo grann ou.*

Bay gagann, lè yon moun ap fè yon bagay ki bay moun-nan anpil pwoblèm. *Anslo se yon bon teknisyen. Li gen kenzan depi lap repare tout kalite aparèy. Yon telivizyon resi bay msye gagann. Li pase twa jou ap travay sou televizyon-an anvan li rive rezoud pwoblèm-nan.*

Bay gaz, kouri machin ak plis vitès. *Minouch ak Tanya gen diznevan. Yo ap viv Òlando. Yon jou, yo tap chache yon adrès nan aswè. Yo pèdi. Yo tonbe sou yon wout andeyò. Pandan yo ap eseye jwenn kouman pou yo sòti, yo wè yon machin ak vit filme ap swiv yo. Minouch tap kondwi. Minouch pran tranble. Tanya di : « Papa-m se polis. Fè sa m di ou fè. Mete fanm sou ou. Bay gaz. » Minouch bay gaz. Vwati-a kontinye swiv yo. Tanya wè yon ekrito estasyon gaz. Li di Minouch : « Rantre nan estasyon gaz-la. » Minouch rantre nan estasyon-an a tout boulin. Machin-nan rantre dèyè yo. Lè yo rive, te gen limyè men estasyon gaz-la te fèmen. Tanya di Minouch: " Pa kanpe. Retounen sou wout-la a tout boulin. » Minouch bay gaz. Apre ven kilomèt, yo wè yon lòt estasyon gazolin. Tanya di Minouch : « Detache senti ou. Rantre nan estasyon-an byen vit. Estasyonnen tou pre pòt-la. Nap sòti byen vit. Pandan wap sòti, take pòt machin-nan » Minouch fè tankou lap kontinye. Li vire rantre nan estasyon-an byen vit. Li rete dwat devan pòt-la. Yo tou de sòti byen vit rantre andedan estasyon-an. Machin vit filme-a vire rantre nan estasyon-an men*

chofè-a pa kanpe. Tanya rele polis. Lè polis vini, yo
esplike polis-la sak pase. Polis-la bay lòt polis nan
zonn-nan deskripsyon machin-nan. Polis-la esplike
Minouch ak Tanya sa pou yo fè pou yo rive kote yo vle
ale-a. Polis-la swiv yo jouk tan yo rive nan vil yo tap
chache-a.

Bay jarèt, ede, ankouraje. *Si ou vle pou jennonm-nan fini*
travay-la pi vit, fòk ou bay jarèt. Se pa kritike pou ou ap
kritike-l tout tan.

Bay Jezi san konfesyon, fè yon moun aksepte yon bagay
san li pa byen konprann sa lap aksepte-a. Yon granmoun
katrevenzan di : « *Gen kont resous pou montre tout pèp-*
la li ak ekri. Se volonte ki manke paske jou tout moun
konn li, yo pap ka kontinye ap bay yo Jezi san konfesyon
ankò. »

Bay jòf, lè yon moun aji yon fason moun pap atann pou
montre sa li posede oubyen sa li ka fè. *Mesye ak madan*
Plouto gen sis pitit fi. Chak nan yo pwofesyonèl nan yon
branch. Yon jou, yo tout te reyini pou anivèsè manman-
yo. Papa-a di yo : « Nou tout se pwofesyonèl. Sa fè ni
mwen ni manman nou fyè anpil. Nou pa leve nou pou
nou timid. Pa kite pèsonn betize ak kapasite
pwofesyonèl-nou. Nou pa bezwen nan bay jòf. Tout
moun dwe respekte nou epi rekonnèt valè-nou pa sa nou
fè ak sa nou ye. »

Bay kle kou, lè yon moun pase men-l toutotou kou yon lòt
epi li peze kou moun-nan ak men-an. *Yon bandi te pase*
dèyè yon polis fanm. Li detache revòlvè polis-la. Anvan
bandi-a gen tan mete men-l sou gachèt-la pou li tire,
polis-la frape bandi-a nan kò gason-l ak pye gòch li.
Bandi-a rele. Kou-a ralanti mouvman bandi-a. Polis-la
bay bandi-a yon kle kou ep li lage-l atè nan senk segond.

Bay kò bann, pati kite yon kay oubyen yon zonn pou evite yon pinisyon oubyen yon responsabilite. *Izidò tap kondwi. Li rantre dèyè yon machin polis ki te pake sou bò lari-a. Izidò sezi. Li tranble. Li kite machin-nan. Li bay kò-l bann. Lapolis ap chache Izidò depi de mwa. Pèsonn pa konnen kote Izidò ye.*

Bay kren, sa se lè yon moun pa pran swen kò-l ; li pa benyen chak jou ; li pa mete deyodoran ; kote li pase odè kò-l fè moun konn sa. *Gen de bagay Idoniz pa janm manke lakay-li : se manje ak deyodoran. Chak maten, li benyen pitit-li-yo. Li ba-yo manje epi li mete bon deyodoran sou yo anvan yo ale lekòl. Konsa li konnen figi pitit-li pap fennen epi yo pap bay kren menm si yo swe pandan rekreyasyon.*

Bay kòd, bay yon moun libète pou fè yon bagay nan entansyon pou sènen-l pi devan. *Viklè panse mwen se yon egare. Li kwè m pa konnen sa lap regle. Poutan se kòd map bay. Yon jou li gen pou ban-m regleman.*

Bay kout tèt, lè yon moun chita oubyen kanpe ap dòmi ; tanzantan tèt li plonje sa lakòz je-l klè rapidman. *Se yon bagay ki lèd anpil lè yon moun chita sou yon podyòm nan legliz oubyen nan yon sal konferans pou lap bay kout tèt.*

Bay kouray, ankouraje yon moun ki ap fè efò pou ede-l fè pi byen. *Si ou vle pou timoun-nan travay byen lekòl se pa pou ap joure-l tout tan. Yon lè se pou bay kouray tou.*

Bay koutlang, fè manti sou moun. *Pandan kanpay li pou majistra vil Bèl Vizaj, Klèmonvil di: « Moun mèt bay kout lang sou mwen tout jounen, map toujou fè sa m panse ki byen, ki dapre lajistis. » Gen moun ki di :*

« Menm si kandida-sa-a pase lap fè yon sèl manda.
Poutan moun Bèl Vizaj rive renmen Klèmonvil anpil pou
karaktè l. Li sou twazyèm manda.

Bay kout pitit, Yon fi ki fè yon pitit epi papa ki bay pitit-
la batistè se pa li ki papa pitit-la vre. Men fi-a pa janm di
mesye-a se pa li ki papa pitit-la. *Metanklo, Mari Liteliz,*
te Naso. Li rantre chak twa mwa vin wè Liteliz. Tout
moun te kontan lè yo wè Liteliz ansent. Li fè yon ti
gason. Ti gason-an te rive gen ennan. Metanklo te byen
kontan. Kote li pase lap fè toutmoun konnen li finalman
gen yon ti gason. Poutan li te klè pou tout moun nan
zonn-nan pitit-la pa pitit Metanklo. Pawòl-la ap monte
desann : « Liteliz bay Metanklo yon kout pitit. »

Bay kròchèt, lè yon moun takle pye yon lòt moun ak pye
pa-l pou lòt moun nan tonbe ; bay arèt. *Jenn ti mesye*
nan yon katye tap jwe foutbòl. Gen yonn ki bay yon lòt
yon kròchèt. Lòt-la tonbe. Abit jwèt-la rele yo tout. Li di
yo : « Afè bay kròchèt-la se pou nou sispann sa. Jwèt se
jwèt, kròchèt pa ladan-l. »

Bay lebra, 1) lè yon moun pèmèt yon lòt moun apiye sou
bra-l. 2) ede yon moun. *1) Mesye-a malad. Menm si li*
konprann moun pa dwe soutni gason, men fòk nou bay
lebra kanmenm. 2) Imo di madanm-ni : « Jovdèl pèdi
travay-li. Li pa rakonte nou pwoblèm-li. Men nou
konnen salè madanm-nan pa ka peye tout bil-yo. Se
pitit-nou li ye. Fòk nou bay lebra. »

Bay legen, Sispann fè yon bagay akòz difikilte oubyen
move rezilta. *Topòl se yon ansyen foutbolè. Li te jwe*
nan plizyè ekip entènasyonal. Fanatik-yo te rele-l
« To ». Depi li sispann jwe foutbòl, To ap mache
toupatou bay konferans pou ankouraje moun nan lavi
pèsonnèl-yo oubyen nan travay-yo. Li travay anpil ak

jenn moun tou. Li toujou di : « Toutotan abit-la ponkò bay dènye kout souflèt-la, pa jan-m panse ou pèdi. Pa janm bay legen. Janmen !»

Bay leson, 1) lè yon pwofesè oubyen yon moun ki konnen yon matyè byen ap travay ak elèv ki pa twò fò nan matyè-a. 2) Lè yon moun pran aksyon oubyen anonse li pra-l pran aksyon pou pini yon timoun oubyen yon granmoun ki fè yon bagay mal. *1) Oze fini etid-li nan lekòl enjenyè. Nan yon ti diskou li te fè, li prezante manman-l bay tout moun. Li di si li rive kote li rive-a se paske manman-l te peye pou jwenn pi bon pwofèsè matematik pou bay li leson. 2) Noralès refize etidye. Li pase tout tan-l nan ap gade televizyon. Lè Noralès pote kanè-l vini, li pa pase de klas. Manman-l di : « M pral bay Noralès yon leson. » Tout moun panse li pra-l bat Noralès. Li di yo : « Baton pap rezoud pwoblèm-nan. Depi jodi-a, m pral retire tout televizyon nan kay-la. »*

Bay madichon, yon deklarasyon yon moun fè pou swete yon bagay mal rive yon lòt moun. *Yon granmoun Lakoma, zonn nòdwès, gen katrevensenkan. Li rele Monplezan. Tout timoun respekte-l anpil pase tout lòt granmoun aje. Yo pè pou Monplezan pa ba yo madichon. Bwi kouri nan tout zonn-nan depi Monplezan bay yon moun madichon, sa li di-a ap rive.*

Bay malachonn, bay yon bagay ki pa reyèl. Di yon pawòl ki pa laverite. *Monyak mache di tout moun Tibiron li se yon ekriven. Tout tan yo mande-l ki liv li deja pibliye, li pa ka di. Finalman yo jwenn gen yon ekriven etranje ki gen menm non Monyak-la. Se konse Monyak ap mache bay tout moun malachonn kidonk li se ekriven.*

Bay monnen pyès, pran revanj. *Yon moun kap mache fè mechanste, yon jou lap rankontre ak yon lòt moun ki pi mechan pase-l pou bay monnen pyès-li.*

Bay non, di sa-k pa sa sou moun. *Ketaniz di do-l laj. Li pa okipe moun kap mache bay non. Sa lap fè se li lap okipe.*

Bay palavire, Bay kalòt, bay souflèt, bay sabò sitou nan yon moman moun ki bay sabò-a fache anpil. *Tamelya gen yon sèl pitit fi ak senk gason. Ti fi-a rele Tata. Se li ki te dènye pitit. Yon jou, Tata tèlman anbete Tamelya, Tamelya fache. Tamelya di : « Ti fi, si ou pa sispann anbete-m, map ba ou yon sèl palavire wap tankou yon kòk ki pran yon move swèl. » Tata di : « Manmy m ka konprann pouki sa Bondye te ba ou tout gason sa-a yo. » Pawòl sa Tata di-a fè yon bann lòt bagay pase nan tèt Tamelya. Tamelya sonje li te priye anpil pou yon pitit fi. Tamelya di : « Pitit, retire ou devan-m. »*

Bay panzoup, pran bagay yon lòt moun ak fòs. *Yon trajedi nan istwa peyi Ayiti se kesyon bay panzoup pou pran pouvwa, koudeta apre koudeta.*

Bay pakala, pran sa yon moun genyen ak fòs. *Si ou vle nan sa-m genyen, ou mèt mande-m, ma ba ou moso. Pa ban-m pakala.*

Bay pikèt, fè manifestasyon ak pannkat nan lòd e ladisiplin kont yon moun oubyen yon òganizasyon pou reklame yon bagay. *Mil moun rasanble devan lakomin pou bay majistra-a yon pikèt. Yo di pri tout sèvis vil-la bay ogmante poutan fatra tribòbabò.*

Bay piyay, kite moun pran sa ou genyen fasil. *Ou travay twò di pou sa ou genyen. Ou pa ka nan bay piyay pou tout moun monte sou abitasyon-an fè sa yo vle.*

Bay pataswèl, bay kalòt. *Si ou pa kite-m an repo, map ba ou yon pataswèl se nan simtyè wa va-l rekonnèt ou.*

Bay ponya, prete moun lajan ak yon enterè ki wo anpil. *Mildò prete lajan labank ak yon enterè byen rezonab. Li sèvi ak menm kòb-sa-a pou mache bay peyizan-yo ponya nan tout zonn nò-a.*

Bay poto, lè yon moun di yon lòt li pral fè yon bagay pou li epi moun-nan pa kenbe pawòl-li. *Makjis di lap pase chache-m. Li ban-m pote. Depi dizè map tann ni. Li pa janm vini.*

Bay replik, bay repons sitou lè moun kap bay repons-la fache pou sa lòt moun nan te di-a. *Chimèn di : « Se pa tout bagay yon moun di pou bay enpòtans. Men gen kèk bagay yon moun di, si ou pa bay replik, moun-nan ap pran ou pou yon djèdjè. »*

Bay serenad, lè yon mizisyen oubyen plizyè mizisyen ap mache chante epi jwe mizik soti yon kote ale nan yon lòt pou plizyè okazyon oubyen senpman pou plezi moun kap koute yo. *Twa jenn gason nan katye Tètbèf te bon zanmi. De te konn jwe gita byen. Lòt-la te yon bon chantè. Pandan yon vakans ete yo fè yon lis tout jenn fi nan katye-a pou pase bò kay-yo pou bay serenad. Gen madanm marye ki te enterese nan serenad-yo tou. Men gen yonn nan demwazèl sou lis-la yo pa janm pwoche bò kay-li paske papa-l se te yon otorite lou. Twa mesye-yo te pè pou otorite-a pa te ba yo pwoblèm. Poutan mesye-yo pral nan pwoblèm yon lòt jan. Demwazèl-la te rele Midlin. Lè Midlin aprann mesye-yo bay tout zanmi-l serenad epi yo pa janm pase bò kay-li, sa te bay Midlin anpil pwoblèm sikolojik. Kèk nan demwazèl-yo ki pa te zanmi Midlin sèvi ak sa pou fè tèt Midlin cho. Midlin te* *pèdi apeti. Li te koumanse vin piti. Manman Midlin nan konvèsasyon ak Midlin, vin detekte sous pwoblèm-nan. Manman Midlin esplike mari-l koze-a. Papa Midlin voye rele twa mesye-yo. Depi yo pran nouvèl-la, yo te koumanse tranble. Yonn nan yo gen dyare. Twa mesye-yo ale. Lè yo rive, papa Midlin di yo: « Mesye, m tande nap mache bay serenad nan tout katye-a. » Lè chantè-a tande pawòl-sa-a li tranble kou yon fèy bwa. Papa Midlin kontinye. Li di: « M tande nou toujou eskive kay-sa-a. M kwè sa nap fè-a li bon pou nou kòm jenn gason. Epi li bon pou moun kap koute serenad-la tou. Men si nou vle kontinye, apatandojoudwi, chak fwa nou deside sòti, premye serenad-la nap bay-li devan kay-sa-a. Eske sa klè pou nou? » Tout twa mesye-yo reponn « wi » ansanm tankou se lè yo ap bay serenad.*

Bay talon, lè yo fè yon moun kite yon zonn san li pa vle oubyen pa deside deplase. *Donelyen pa moun Pòmago. Li bay anpil pwoblèm nan bouk-la. Li fè arete de jenn gason san rezon. Se dènye gout ki ranvèse gode-a. Tout moun fè yon leve kanpe. Donelyen te oblije bay talon.*

Bay yon bwa long kenbe, yon bagay yon moun fè pou anpeche yon lòt jwenn avantaj li ta dwe jwenn nan sa kap fèt. *Elizabèt ak Inalya rete Florid. Elizabèt sezi lè li tande premye pitit fi Inalya ale lekòl Boston nan yonn nan pi gwo inivèsite nan peyi-a. Elizabèt pa janm vle nan ipokrit ak moun. Li rele Inalya nan telefòn. Lè Inalya reponn telefòn-nan, Elizabèt di : « Inalya se Elizabèt. Yo pa di m ou voye Joujou lekòl jouk Boston, eske se vre? » Inalya pran plizyè segond anvan li reponn. Li di : « Wi pitit. Se pa yon bagay mwen te vle fè men Inivèsite Havard te aksepte Joujou epi te bay li bous pou katran etid-yo. Nou pa te ka refize yon avantaj konsa. » Elizabèt reponn : « Pou di ou laverite, mwen te sezi lè m tande nouvèl-la. Inalya, se tout tan ou ap*

*preche tout fanm ayisyen nan Florid pou yo pa voye pitit
fi yo lekòl twò lwen kay-yo. Poutan plan ou se te pou
voye pitit fi pa ou la nan inivèsite gran renonmen men si
l te Ziltik. Ou pa ta fè nou sa machè. Ou ban nou yon
bwa long kenbe manman ! Male. Na pale plis sou
kesyon-an nan reyinyon dam dimanch. »*

Bay yon kanpe lwen, anpeche yon moun patisipe nan yon
bagay malgre moun-nan ta vle patisipe epi ranpli tout
kondisyon pou li patisipe. *Yon gwoup profesyonèl
ayisyen a letranje ki te diplome nan yonn nan fakilte ann
Ayiti te deside fè yon bagay pou fakilte-a. Yo deside pou
bay bibliyotèk fakilte-a demil liv nan dezan. Plizyè nan
yo refize patisipe nan pwojè-a. Yo di se gaspiye tan ak
lajan paske bat je louvwi je tout liv ap disparèt. Pifò nan
yo pa te dekouraje. Direktè fakilte-a te bay yo garanti
lap mete sekirite modèn nan bibliyotèk-la. Nan dezan yo
inogire pwojè-a ak twa mil liv. De nan pwofesyonèl ki te
kont pwojè-a te nan inogirasyon-an. Prezidan komite
pwojè-a te deside bay yo yon kanpe lwen. Trezorye
pwojè-a di prezidan-an: « Mwen konprann pozisyon ou.
Men bay kanpe lwen pap regle anyen. Si yo la se paske
yo enterese nan pwojè-a. Nou pa ka nan bay kanpe lwen
pandan yo menm yo chwazi pou yo pa kanpe lwen. » Lè
dwayen fakilte-a te envite tout pwofesyonèl lòtbòdjo ki te
patisipe nan pwojè-a pou monte sou podyòm-nan,
prezidan komite-a te fè tou de pwofesyonèl- ki pa te
sipòte pwojè-a monte.*

Bay yon rakle baton, bat yon moun. *Polis bay lòd pou
manifestan-yo pa travèse limit yo bay yo pou
manifestasyon-an. Anpil nan yo pa koute. Polis bay tout
moun ki travèse liy-nan yon rakle baton.*

Bay yon ti bourad, bay yon moun yon ti èd pandan yon tan kout. *Anpil elèv pa fini klas segondè paske yo pa te gen pèsonn pou bay yo yon ti bourad.*

Bay zoklo, yon madanm ki pa fidèl a mari-l oubyen yon fi ki pa fidèl a fiyanse-l. Yo nan zafè ak lòt gason. *Dolan renmen ak Nilya. Mariterèz, yon matant Dolan, renmen Nilya anpil. Bribsoukou Dolan kite Nilya. Mariterèz mande-l poukisa. Dolan di Nilya tap bay zoklo. Lè Mariterèz mande-l eske li gen prèv. Li di non. Li fè matant-la konnen lafimen pa janm sòti san dife. Matant-la di: « Lè moustik te bezwen al lasalin, li pran woulib ak nenpòt ti van. »*

Ban maryaj, lè yon pastè oubyen yon prèt oubyen yon ofisyedetasivil anonse yon maryaj ant de moun epi mande si gen moun ki konnen ankenn rezon ki ka anpeche de moun yo marye. Otorite-yo bay yon dat pou moun ki gen enfòmasyon pou anpeche maryaj-la pou pote-l ba yo. *Jemeyis rankontre yon kouzin-ni li pa wè byen lontan Nouyòk. Kouzin-nan di Jemeyis: « Eske ou konnen Tanya pral marye? » Tanya se premye pitit kouzin-nan. Jedeyis di : « Se vre ! ak ki moun ? » Kouzin-nan di : « Ak yon pwofesè lekòl ki sòti Wanament. Li gen trantsenkan. Pastè-a deja pibliye ban maryaj-la. » Jedeyis di : « M byen kontan. Men pou laj jennonm-nan, m ta konseye ou voye chache enfòmasyon Wanament pou konnen si jennonm-nan pa kite madanm ann Ayiti anvan dat pastè-a bay nan ban maryaj-la pase. »*

Ban-m moso, yon moun di sa lè yon lòt moun bay li yon nouvèl li pa tap atann epi li vle konnen plis sou zafè-a. *Patrisya rankontre Terèz nan yon premyè kominyon. Patrisya di Terèz : « Terèz, ou sonje jan manman Moniz tap priye pou Moniz jwenn yon moun pou li fè fen ? »*

*Terèz di : « Sa pa yon sekrè pou pèsonn. Dapre mwen se
sèl demand lapriyè manman Moniz. » Patrisya di :
« Pitit, lapriyè-l preske egzose. » Terèz di : « Kisa ou di
mwen ! Ban m moso ! » Patrisya di: « Jan ou tande-a
pitit. Yon jenn avoka sòti Kanada. Li bezwen yon fi de
famiy pou li marye. Apre yon senmenn nan bouk-la, li
tonbe damou pou Moniz. » Terèz di: « Alelouya! »*

Bannann gròsbòt, yon kalite bannann ki pi kout, pi gwo
pase bannann regilye-yo. Li yon ti jan pi blanch epi pi
mou tou. Nan nò Ayiti yo rele-l « bannann poban ».
*Bannann gròsbòt ak aran se manje Anayiz pi renmen.
Pa mande Bondye li jwenn yon bon zaboka. Se sa nèt.*

Bannann jete, lè yon pye bannann pouse yon rejim
bannann. *Kè Parizyen kontan. Li gen yon karo tè
bannann. Mwatye nan bannann-yo jete.*

Bannann peze, moso bannann yo plati epi fri-l nan grès
oubyen nan luil. *Bannann peze ak griyo se yon manje
popilè ann Ayiti. Men depi grann Nana ap fè yon fèt li
toujou fè yon ti taso kabrit tou paske gen kèk moun ki pa
manje griyo pou tèt relijyon yo.*

Bannann poban, menm bagay ak bannann gròsbòt. Se
konsa moun nan nò rele bannann gròsbòt. *Yon Ayisyen
fenk rive Miyami. Li rantre nan yon makèt. Li di li pa
gen anpil kòb. Li pap achete bannann jòn. Lap achte
yon pat bannann poban pito. Lè li vire bò bannann
poban-yo, li sezi pou wè bannann poban pi chè pase
gwo dwat bannann jòn nan Miyami.*

Bannann pouyak, yon ti bannann jòn men tou kout. *Yon
vwazin wè Medelis move. Li mande l: « Poukisa ou
move konsa vwazen? » Medelis reponn: « Vwazin,
maten-an madanm-nan banm yon labouyi lanmidon. »*

Vwazin-nan koupe lapawòl Medelis. Li di : « Gen lè ou fache tout bon vre si ou ap rele madanm-ou mandanm-nan. » Medelis di : «Kouman ou vle vwazin, m pase tout jounen ak ti labouyi-a. Lè m rantre, devine sa-m jwenn sou tab-la ? » Vwazin nan di : « Ki sa-l ye ? » Medelis di : « Senk ti grenn bannann pouyak ak detwa ti moso vyann nan yon ti bòl aliminyòm. Eske ou panse sa se manje gason vwazin ? » Vwazin nan di : « Sa depann de konbe kòb ou te kite nan kay-la. Mezi lajan ou, mezi wanga ou. » Mezanmi ! Medelis move pi rèd. Ak repons-sa-a, vwazin-nan mete abse sou klou. Medelis tchwipe. Li rantre nan kay-la. Li pran chapo-l ak yon parapli. Li sòti. Lè vwazin-nan wè Medelis ap sòti, li kouri rantre andedan. Li ri pou pa chape.

Bese leve, aktivite regilye yon moun fè pou li viv. *Samdi se jou enpòtan pou fanm andeyò. Yo tout ale nan mache pou vann rekòt yo oubyen achte sa yo bezwen. Yo di samdi se jou bese leve.*

Bèbè chòchòt, yon moun ki timid tèlman li pè pale. *Chalya se yon bèl demwazèl. Konsa li entelijan tou. Li sote klas defwa. Men li sitan timid, anpil moun rele-l bèbè chòchòt.*

Bèf chenn, moun ka-p travay nan kamyon oubyen otobis transpò ann Ayiti. Se yo ki chaje epi dechaje kamyon-an oubyen otobis-la. *Yon klou te pike pye Odilis. Apre twa jou Odilis mouri. Doktè di se tetanòs ki touye-l. Men anpil moun katye-a pa te vle kwè. Pou yo se malfetè ki touye Odilis. Apre dezan, madanm Odilis mouri ak tifoyid. Odilòm, yon sèl ti gason yo te genyen te oblije kite lekòl apre sètifika. Li debouye-l pou viv jan li te kapab. Finalman li te pran yon djòb bèf chenn. Anpil jenn medam nan katye-a bliye si li gen yon non. Yo tout rele-l bèf chenn. Men li te toujou repete yon fraz franse* *li te aprann nan sètifika: « Il n'y a pa de sots métiers. Il n'ya que de sottes gens. » Sa vle di « Gen moun sòt, pa gen move metye. » Odilis te tèlman gen bon kondwit, chofè otobis li tap travay ak li-a te montre l kondwi. Odilòm te vin chofè nimero de otobis-la. Li fè ekonomi. Li bati yon bèl kay. Mèt otobis-la te koumanse granmoun. Li ankouraje Odilòm achte otobis-la. Depi lè-sa-a tout medam nan katye-a te gen je sou Odilòm. Yo sispann rele-l Bèf chenn. Yo tout bay yon ti non gate « Odi ».*

Bèf kabrèt, yon moun kap travay anpil tout tan sitou pou lòt moun oubyen pou ede lòt moun. *Depi madanm li mouri, Pyèdò ap fè de djòb pou li pran swen kat ti moun li genyen. Li tounen yon bèf kabrèt.*

Bèf san ke, moun ki pa gen pitit oubyen ki pa gen moun pou ranplase yo lè yo pa la. *Jwarenvil se yon bèf san ke. Poutan li gaspiye tout sa li genyen nan banbòch. Tout moun ap mande ki sa li pra-l fè lè li pa ka travay ankò.*

Bèl lantèman, yon gwo lantèman ki koute anpil kòb. *Si bèl lantèman te ka leve mò, madanm minis-la tap leve kanpe kite sèkèy-la.*

BÈl ti fi, yon fi ki reyisi nan yon bagay oubyen ki jwenn yon bon bagay sanzatann. *Lidi di jaklin : « Jaki, depi marenn mwen pati m pa janm pran nouvèl-li. Avanyè m resevwa yon lèt. Devine ? » Jaklin di : « Li voye foto-l ba ou. » Lidi reponn : « De foto ak san dola. » Jaklin di : « Ou bèl ti fi ! »*

Bèl ti gason, yon gason ki reyisi nan yon bagay oubyen ki jwenn yon bon bagay sanzantann. *Toma di yon zanmi : « M fenk resevwa yon lèt. Kolèj-la aksepte epi yo dakò*

*pou ban-m mwatye bous. » Zanmi-an reponn : « Ou bèl
ti gason. »*

Bèt seren, yon moun ki mache ta lannwit oubyen pou pran
plezi oubyen akòz travay. *Mari Mazilya mouri Nouyòk.
Li gen yon pitit gason ki gen ventan nan kay-la. Li rele
Piton. Twa mwa apre lanmò-a yon kouzin Mazilya pase
wè-l. Kouzin-nan di: « Kouzen Mannwèl mouri. Men se
Bondye ki fè ou gen yon pitit gason pou kenbe ou
konpanyen nan kay-la. » Mazilya ri byen fò epi li
reponn : « Tande ak wè se de. Pito m te sèl nan kay-la.
Lòt moun ta pase wè-m pi souvan. Pafwa m pase yon
senmenn nan kay-la m pa wè Piton. Chak swa se a inè
dimaten li rantre. Li tounen yon bèt seren. »*

Benyen nan labou, lè afè yon moun pa bon menm. *Papa
Likès gen de bon karo tè Senjandisid. Tan pou li rete
andeyò ap travay latè, li prefere ap benyen nan labou
nan Pòtoprens.*

Biskèt tonbe, gen kèk sentòm yon Ayisyen genyen yon lòt
tcheke anban lestomak li ak men-l pou chache yon ti
pwent vyann yo rele biskèt. Si yo pa wè-l yo di biskèt
moun-nan tonbe. Lè biskèt yon moun tonbe se pou yo
chache wè doktè toutswit. Oubyen chache wè doktè fèy
ki konnen kijan pou leve biskèt moun. *Manman Jwazina
di: « Jwazina ap depafini sou pye. Yo di-m se biskèt-li ki
tonbe. Men m pa gen senk kòb pou m chache chimen
doktè. »*

Blan mannan, blan pòv nan lakoloni Sendomeng ; pita yo
sèvi ak ekspresyon-sa-a pou blan pòv tout kote. *Jozefin
tap vann fritay nan Pòtoprens. Li te gen twa pitit. De
gason ak yon fi. Premye ti gason-an te nan senkyèm nan
lekòl Senlwi. Jozefin pa te ka voye-l Lekòl Senlwi. Men li
te loreya nan egzamen sètifika. Pè Senlwi-yo te bay bous*

pou tout klas segondè-l. Ti gason-an te rele Melandye. Yon pwofesè inivèsite Etazini te menmen yon gwoup etidyan vizite inivèsite deta Ayiti. Pwofèsè-a tap vizite vil-la. Li wè Melandye kanpe bò bak fritay-la ak inifòm sou li epi plizyè liv tou nèf anba bra-l. Melandye te pase chache manje kote manman-l pandan rekreyasyon. Sa te atire atansyon pwofesè ameriken-an. Li mande moun ki tap entèprete pou li-a pou li mennen-l kote machann-nan. Li te vle chache konnen plis sou elèv-la. Istwa Jozefin te rakonte-a te tèlman touche pwofesè-a, li di Jozefin : « Èske m ka adopte Melandye. » Jozefin pa te bay repons lamenm. Li di pwofesè-a pou li retounen kote-l nan denmen. Yon lòt machann ki tap swiv konvèsasyon-an tann lè moun-yo ale epi li di Jozefin : « Jan m konnen ou se yon fanm entelijan, kouman ou fè kite blan-an ale san ou pa dakò pou li adopte Melandye ? Sa pou ki di ou lap retounen ? » Jozefin te gen twa pwoblèm. Li tande anpil istwa nan radyo konsènan moun ki adopte timoun nan peyi pòv pou fè tout kalite biznis ak yo. Li pa vle pou pitit-li tonbe anban men yonn nan yo. Dezyèmman, Jozefin te renmen premye pitit-li anpil. Li pa vle separe ak li. Twazyèmman, li pa ta vle pou lanmou li gen pou Melandye fè Melandye pèdi yon chans pou lavi miyò. Jozefin te pase tout nwit-la ap reflechi sou kesyon-an. Li pa dòmi. Nan denmen Jozefin te dakò pou li kite pwofesè-a adopte Melandye ak kondisyon pou pwofesè-a bay tan fè envestigasyon pa-l. Li te mande yonn nan pè Senlwi yo pou ede-l. Apre tout envestigasyon yo te jwenn pwofesè-a se yon moun ki gen gran repitasyon nan inivèsite kote li tap anseye-a epi tou nan tout vil kote li tap viv la. Yo te jwenn tou pwofesè-a pa te yon blan mannan.

Bonnèt chavire, lè yon bagay fè yon moun fache anpil epi aksyon moun-nan montre sa. *Choupèt pati. Kè-l ap* *dechire paske li kite twa pitit fi dèyè san papa. Li tonbe Giyán Franse. Apre simwa li rantre Lafrans. Simwa apre li retounen Gwadloup. Lè li sòti Gwadloup li rantre Pòtoriko paske li panse li ka pi fasil jwenn yon viza ameriken Pòtoriko. Chòz di chòz fèt, li rantre Etazini. Li debouye-l. Li jwenn papye otorizasyon travay. Li pran de djòb Nouyòk pou pran swen twa timoun-yo. Li lwe yon kay Pòtoprens pou mete yo. Li panse yo ka jwenn plis chans pou edikasyon nan Pòtoprens pase Ansafolè. Li fè yon sè-l rantre Pòtoprens tou pou rete nan kay-la ak timoun-yo. Yon bon maten, Choupèt resevwa yon lèt. Sè-a voye di Choupèt dezyèm fi-a rantre nan yon kay ak yon jenn gason ki nan menm inivèsite ak li san yo pa menm pase ak sivil. Bonnèt Choupèt chavire. Lamenm Choupèt rele tou de travay-yo pou mande yon senmenm konje pou ka ijans. Li achete yon tikè byen chè. Li plonje Pòtoprens.*

Bouch a lèlè, yon moun ki renmen pale anpil. Li pa ka kenbe sekrè. *Alisma ap plenyen pou jan li pa gen zanmi nan katye kote li rete-a. Tout moun di kouman Alisma sèvyab. Li gen kè sansib. Li toujou vle ede moun. Malgre sa pèsonn pa vle fè zanmi ak Alisma. Yon jou samdi apremidi, twa jenn gason kanpe nan yon bout kwen ap pale de mennaj-yo. Alisma vin parèt. Toutswit yo chanje konvèsasyon-an. Yo koumanse pale de foutbòl. Lè Alisma ale, yo ri pou pa chape. Yonn nan yo di : « Bouch a lèlè-a ale, nou ka retounen sou konvèsasyon-an. »*

Bouch chape, lè yon moun di yon bagay li pa te dwe oubyen pa te vle di. Pawòl-la sòti nan bouch moun-nan nan yon moman li pa te ap panse byen. *Lekna ak Toni fikse dat maryaj-yo men yo deside pou ponkò di anpil moun sa. Yon jou samdi yo pase kay yon matant Lekna. Lè yo prale, Toni di matant-la : « Ou deja achte rad* *nòs-la ? » Matant-la di : « Ki nòs ? » Lekna reponn byen vit : « Matant, ma tounen pou nou koze. » Lè yo sòti, Lekna di Toni : « Sa ou fè konsa ? M kwè nou te dakò pou nou ponkò di moun anyen sou maryaj-la ? » Toni di Lekna : « Bouch mwen ki chape » Lekna reponn : « Men wi ! Bouch chape ! Jan nou menm gason renmen di se fanm ki pa ka kenbe koze. »*

Bouch fobo, lè yon moun pèdi tout dan nan bouch li epi li pa ranplase-yo ak dan atifisyèl. *Yon jenn moun konsa pa te sipoze gen bouch fobo.*

Bouch madyòk, yon moun depi li bay yon moun yon madichon sa li di a ap rive moun-nan. *Granmoun-sa-a gen bouch madyòk. Pa janm fè-l fache.*

Bouch pwenti, Ayisyen ki renmen pale franse menm lè li ta bi bon pou yo pale kreyòl. Moun konsa fè pedan tou lè yo ap pale franse. *Toto te gen setan lè papa-l mouri. Apenn li fini klas primè, manman-l mouri. Li te oblije kite Pòtoprens pou retounen Saltrou kay grann-ni. Grann-nan pran angajman pou ede-l pran nenpòt diplòm li vle pran. Toto te fò nan matematik. Li chwazi pou li vin yon enjenyè. Apre li fin diplome, li pase ennan espesyalizasyon nan yon inivèsite Afrikdisid. Lè li retounen li rantre Saltrou. Li di grann ni li pra-l marye. Grann-nan mande-l nan ki fanmiy. Li di grann-nan se yon pitit dwayen inivèsite kote li te etidye Pòtoprens. Grann-nan ensiste pou Toto di-l ki fanmiy. Lè grann-nan tande se nan fanmiy Nikestan, grann-nan reponn : « Fanmiy Nikestan-sa-a se yon bann moun bouch pwenti. M konnen yo byen. Se Jakmèl yo tout sòti. Moun Saltrou fè anpil move eksperyans ak moun Nikestan bouch pwenti-sa-a yo. M pa ka di ou sa pou fè. Se ou ki pral viv ak mandanm ou. Se pa mwen. Men m pa kwè moun bouch pwenti-sa-a yo ap aksepte yon granmoun*

*malere Saltrou nan mitan yo. » Pawòl-sa-a te tranche kè
Toto an de. Li renmen grann-ni amò. Li renmen mennaj
li amò. Fi-a rele Louzmèn Nikestan. Toto rele-l Loulouz.
Lè Toto rantre Pòtoprens li di Loulouz sa grann-ni di.
Loulouz gen yon metriz nan sosyoloji. Sa pa te yon
sipriz pou li. Li di Toto : Sa se yonn nan pwoblèm
ekwasyon matematik pa ka rezoud. Kite pwoblèm-nan
sou kont mwen. Map rezoud-li anvan nou marye. »*

*Nan yon mwa Loulouz di Toto li pral Saltrou. Li di Toto
li pral pase yon senmenn kay grann Toto. Li di Toto pou
li rete Pòtoprens pandan tout senmenn-nan. Toto di
Loulouz : « Sa pa fè sans pou m Pòtoprens epi pou al
pase tout yon senmenn Saltrou sèl. » Loulouz di Toto :
« Tèt ou tèlman plen ak matematik gen bagay ou bliye.
M vle pou rete Pòtoprens pou de rezon. Premye rezon-
an, si ou la, grann ou pral panse tout bon jan m fè se
paske ou la. Dezyèm rezon-an, si nou tou de al pase tout
yon senmen Saltrou kay fanmiy-ou, anpil moun pral di
Louzmèn, pitit fi Madam Nikestan-an ap mache dèyè
yon jenn gason. » Toto dakò. Li fè grann-ni konn sa.
Lè Loulouz retounen Pòtoprens, Toto desann Saltrou
pou chache konnen sa grann-ni ak lòt moun nan fanmiy-
nan panse. Grann Toto di Toto : « Sa se yon jenm fanm
totalkapital. Gen lè Bondye reponn lapriyè-m. Li ban-m
yon pitit fi pou ranplase manman ou. Sanble dezyèm
jenerasyon Nikestan-yo pa menm jan ak Nikestan bouch
pwenti m te konnen Jakmèl-yo. » Toto di : « Se pou
koumanse peye-m pou sa. Fè yon bonjan ji korosòl ak
lèt evapore pou mwen. »*

Bouch sal, bouch yon moun ki toujou ap di pawol
devègonde ; li toujou ap di mo sal. *Jennonm-sa-a sèvyab
anpil. Men li gen bouch sal. Apre chak bon pawòl li
voye yon pawòl devègonde dèyè-l.*

Bouch sirèt, lè yon moun kap pale oubyen li franse pa ka pwononse tout mo yo byen. Kòm egzanp, mo ki fini ak lèt "u" li pwononse yo tankou mo ki fini ak lèt "i". Tankou lè pou li di « Tu fus » li di « Ti fis». *Yon pwofesè literati franse tap koute yon parenn maryaj ki tap fè yon diskou an franse. Li di madanm-li : « Tout moun konprann kreyòl. Tan pou jennon-nan ap fè bouch sirèt lè lap li franse, poukisa li pa te ekri epi li sa lap di-a an kreyòl ? » Madanm-nan di mari-l : « Gen lè ou bliye nan ki peyi ou ap viv. »*

Bouden vyann, Trip bèt. *Sizèt di : « M rive kay bouche-a twò ta. Li fin vann tout vyan-nan. Se bouden vyann-nan sèlman ki rete. M byen renmen bouden vyann men m pa ka achete-l. M gen de moun nan kay-la ki pa manje bouden vyann. Mari-m se yonn nan yo. »*

Bougon mayi, Ti mayi tou piti. *Mayi moun-yo tèlman donnen, yo pa ranmase bougon mayi-yo. Yon granmoun ki wè sa li di: « Bougon mayi se mayi. » Li mande moun-yo si li mèt ranmase bougon mayi-yo. Yo di-l wi. Li ranmase tout bougon mayi-yo. Li degrennen-yo. Li vann senk manmit mayi.*

Bougon patat, patat tou piti. *Jantilis ap travay yon tè demwatye. Li prese rekòlte yon patat li te plante. Li vann tout bon patat-yo. Li kite tout bougon patat-yo pou mèt tè-a.*

Boukannen dlo, lè yon moun ap fè tout sa li kapab pou amelyore kondisyon lavi-l malgre tou anyen pa mache pou li. *Joujou te fèt Kanada. Manman-l ak papa-l te montre-l pale kreyòl. Yon jou, yon kouzen manman-l pase wè yo. Manman-an mande kouzen-an: « Ban-m nouvèl ou non. Kouman ou ye ? » Kouzen-an reponn : «Mwen la. Map boukannen dlo. » Joujou kouri kote* *manman-l. Li di : « Manmi, ou montre-m pale kreyòl. Ou di ou ap prepare-m pou-m yon Ayisyen totalkapital. Gen bagay ou pa montre-m. » Manman Joujou di : « Ki sa l ye ? » Joujou di : « Ou pa montre-m boukannen dlo. »*

Boul farin, dombrèy, bòy. Farin yon moun roule epi fè yon boul tou won oubyen an long ak li pou mete bouyi nan sòspwa oubyen nan bouyon. *Dina, madanm Petilis, ap mete boul farin nan yon bouyon. Petilis chita tou pre. Lè bouyon-an pare, Dina bay Petilis yon gwo bòl bouyon. Petilis konte li jwenn twa boul farin nan bòl bouyon-an. Li rele Dina vin pran bòl bouyon-an. Lè Dina mande-l poukisa, Petilis di: « Ou pa ka mete ven boul farin nan yon bouyon pou se twa pou mete nan bòl pa-m nan. » Dina di: « Kouman ou fè konnen se ven boul farin m te mete nan bouyon-an tandike mwen m pa menm konnen konbe m te mete? » Petilis reponn : « Dapre ou, lè m te chita nan kizin-nan m pa tap konte konbe ou te mete nan kaderik-la. ? » Dina chache senk lòt boul farin pote bay Petilis.*

Boul malachonn, boul bòlòt oubyen nimewo lotri yon moun di pral fè premye lo poutan nimewo-a pa jannm parèt nan tiraj. *Pelimon ap mache vann boul bòlèt nan tout Laplenn. Yon granmoun fanm di : « Gen yon bagay m pa ka konprann. Si Pelimon te konnen ki boul ki pral fè premye lo, poukisa li ap mache vann boul ak yon sapat nan pye-l pou bay pitit li manje? Tout moun ki gen bon konprann ta dwe reyalize se boul malachonn Polimon ap ofri yo. »*

Boul pik, yon moun ki enpòtan anpil pou yon lòt. *Zovilis gen 35 an depi li marye. Kote li pase li di tout moun mandanm-li se boul pik-li.*

Boul sirèt, yon bon moun. *Zovilis di pa gen de fanm sou tè-a tankou mandanm-li. Lè lap pale, li di tout moun madanm-li se yon boul sirèt.*

Boule rapyetè, lè yon dife boule yon bagay nèt. Anyen pa rete. *Yon kout zeklè boule kay-la rapyetè. Erezman pa te gen pèsonn la lè-sa-a.*

Bourik pòt, 1) yon ti bourik yo ponkò donte; 2) moun ki malelve anpil. *1) Pa kite pitit-la monte bourik-la. Se yon bourik pòt. Lap kouri nan tout savann-nan ak li jouk tan li lage-l atè. 2) Nèg-sa-a se yon bourik pòt. Yon moun ka fache. Men msye depi li fache se pou li kraze brize epi manke tout moun dega.*

Bourik mal donte, yon moun ki malelve men ki pa nan dregre yon bourik pòt. Manman Monik gen katrevenkenzan. Li rete kay Monik. Yon jou Izmari, madanm Temelis epi yon bon zanmin Monik, pase kay Monik. Manman Monik di Izmari : « *Temelis se yon bon travayè. Li respekte tèt-li tou. Men li renmen fache fasil epi lè li fache li pa kontrole sa lap di. Li manke tout moun dega. Se sa yo rele yon bourik mal donte paske gen espwa chanjman pou li.* » *Monik di Izmari : « Tèt granmoun-nan ap pati. Ki sa ou vle pou bwè ? »*

Bout pou bout, finalman. *Mesye dam-sa-a yo plase depi senkan. Yo gen de pitit. Bout pou bout, yo deside pou marye nan desanm.*

Bouton chalè, ti bouton ki parèt nan figi jenn moun pandan yo ap grandi. *Feliniz tèlman gen bouton chalè nan figi-l li pa vle ale lekòl. Manman-l di-l se pou li ale lekòl epi pa okipe jenn moun kap pase-l nan betiz.*

Bouton tete, Pwent sen fi. *Zazoun sòt fè tès. Yo jwenn li gen kansè nan sen gòch-li. Doktè di-l li gen chans. Yo detekte kansè-a bonnè. Se bouton tete-a sèlman ki atake. Yo bay trètman. Kansè-a pa pwopaje nan rès sen-an. Depi lè-sa-a, li koumanse yon kanpay pou tout fanm fè mamogram chak ane. Li ede fanm pòv jwenn lajan pou peye mamogram-nan.*

Bouyi vide, 1) lè yon moun oubyen yon gwoup moun ap fè yon bagay san yo pa gen yon plan pou li, san yo pa planifye bagay-la. Yo ap fè bagay-la vaykevay ; 2)fè yon bagay byen, men fè-l byen vit san pedi tan. 1) *Yon gwoup Ayisyen te reyini pou planifye yon pwojè develòpman. Apre plizyè reyinyon, yonn nan moun-yo deside pou li pa kontinye asiste reyinyon-yo. Lè yon zanmi mande-l poukisa, li reponn : « M pap tounen ankò paske se yon bagay bouyi vide moun-yo ap fè, li pa gen ni pye ni tèt. » 2) Lè fèt Sentán nan Limonad, chofè kamyonèt yo kontan. Lè yon chofè di yon zanmi kantite kòb li fè, zanmi-an sezi. Li mande-l : « Kouman ou fè rive fè tout kòb-sa a ? » Chofè a reponn : « M pa pedi tan nan bay blak, nan manje griyo. Se bouyi vide. »*

Bouyon pechè, yon bouyon yo fè ak pwason fwe yon pechè fenk pran. *Yon gwoup moun legliz te sòti Okap pou ale vizite yon legliz Bodmèlimonad. Apre sèvis-la, yon sè legliz-la di vizitè-yo : « Anvan nou ale m pral ban nou yon bouyon pechè. » Yon tifi douzan ki te nan gwoup-la mande manman-l : « Manmi, sè-a se moun legliz kouman li fè pral ban nou bouyon pechè ? Sa se yon fason lap ankouraje peche. » Manman-l di : « Ann tann pou nou wè sa li ye. » Lè bouyon pechè-a pare, se ti fi-a ki bwè premye bòl-la.*

Bouyon mini, Lè yon gwoup moun ap pale anpil sou lòt moun oubyen sa yo ap pale de li-a pa gen anpil sans oubyen enpòtans. *Anatanya kite asosyason-an. Li di gen twòp bouyon mini nan reyinyon-yo.*

Brib sou kou, toudenkou, sanzatann: *Loulouz se yon medsen. Li ap viv Pòtoprens. Li deside fè yon ti vizit tou kout Mòlsennikola, kote li te grandi. Lè li rive, li pase wè Matilda, marenn-ni. Matilda sezi lè li wè Loulouz. Li di : « Loulouz pitit ou pa ta debake nan kay-la brib sou kou konsa. Se pou te rele-m di ou ap vini m ta gen tan fè manje kite pou ou. »*

Bwa dan, 1) ti moso bwa tou piti moun sèvi pou netwaye dan apre yon repa ; 2) yon bagay yon moun posede men ki pa gen anpil valè oubyen enpòtans. *1) Lè yon moun fin manje li bon pou li netwaye dan-l ak yon bwa dan. Men li pa dwe fè sa nan mitan moun. Se malelve. 2) kandida-a depanse tout lajan kanpay-li pou reklam nan televizyon. Li bay komite lokal-yo yon ti monnen. Li lage yon bwa dan nan men yo.*

Bwa fouye, kannòt Ayisyen fè ak pòsyon mitan yon gwo pye bwa. Yo fouye l epi prepare tout pati deyò-yo jouk tan bout bwa-a rive pran fòm yon kannòt. *Klerinò ak Mago gen sèt pitit. Gen nan yo ki nan lise. Gen de ki fini inivèsite men ki pa ka jwenn travay. Mago di Klerinò: « Tan pou tout timoun-yo rete san fè anyen, poukisa ou pa vann de karo tè pou ede omwens de nan yo al pran chans-yo nan peyi etranje? » Klerinò di : « Mwen konnen ki jan ou renmen timoun-yo. Se lanmou ou gen pou yo ki fè ou fè yon pwopozisyon konsa. Mwen pa kont pati. Men nou pa ka depanse lajan pou voye ankenn nan timoun-yo monte lanmè nan yon bwa fouye pou reken manje yo. Ou tande istwa sa ki reyisi rive yo men ou pa konnen istwa sa reken manje yo paske yo pa ka retounen pou vin di nou sa ki te pase. »*

Bwa Kayiman, abitasyon nan nò Ayiti kote Boukmann te fè yon seremoni relijye pou lanse revolisyon esklav Sendomeng-yo kont kolon blan-yo. *Mèt Degran, yon istoryen ayisyen tout moun respekte, tap fè yon emisyon radyo. Pandan emisyon-an, li di: « Kèlkeswa sa yon moun panse de Bwa Kayiman, nanpwen moun ki ka pale de Tousen Louvèti, Desalin, Kapwalamò, Petyon, Kristòf ak tout lòt Ewo Endepans-yo pou li pa mansyonnen Boukman ak Bwa Kayiman. Plas istorik-sa-a ta dwe yon gwo sant kap rale touris epi mete lajan nan pòch moun zonn-nan. »*

Bwa pran nan moulen, lè yon moun antrave akòz yon bagay li tap fè ki pa kòrèk.*Glorilya rive Nouyòk ak manman-l. Li te gen sèzan. Apwe simwa manman Glorilya about ak Glorilya. Glorilya di tout moun li pa rele Glorilya. Non-l se Glory. Depi pa gen lekòl tout lajounen Glorilya deyò ak zanmi. Manman Glorilya di : « Glorilya peyi isit se yon gran peyi ; Se yon peyi tou ki gen anpil opòtinite pou jenn moun. Men m pa renmen kalite zanmi ou ap mennen lakay-la. Lè bwa-yo pran nan moulen, depi ou la, lapolis ap tou mete men sou ou tou. »*

Bwa pi wo, moun ki nan pozisyon pou konnen anpil bagay kap pase anvan rès pèp-la. *Teyo te fèt Pòmago. Li te rive dwayen fakilte agronomi. Yon jou Teyo pase wè Melan, yon gran paran l. Melan mande Teyo : « Yo di m Premye Minis-la chwazi pitit gason Tentilyen-an pou minis lagrikilti. Kòm ou menm se bwa pi wo, eske se vre ?*

Bwè dlo manyòk, lè pwoblèm fè yon moun pran aksyon pou touye tèt li. *Mari silvani mouri. Li kite-l ak de pitit. Mari-a pa te gen ankenn asiransvi. Silvani di tout moun lap mare ren-l pou li grandi pitit-li. Ni mizè pap fè-l bwè dlo manyòk.*

Bwè lwil, lè yon moun kwè li jwenn sa li tap tann oubyen sa li tap chache poutan se yon lòt bagay li jwenn sitou lè se yon lòt moun ki lakòz sa rive. Li pa satisfè tou ak lòt bagay-la. *Pit di yon zanmi : « Mwen te konprann mwen te fin jwenn djòb-la. Mwen fè yon premye entèvyou. Lè m rive nan dezyèm entèvyou-a dapre kesyon manadjè-a poze, m te deja wè m bwè lwil. Chòz di chòz fèt, yo bay yon lòt moun pozisyon-an.*

Bwè mo, chanje pawòl akòz intimidasyon oubyen lachte. *Jilme, yon peyizan Vèrèt, tap fè kanpay pou Analwiz Zemonvil, yon kandida pou senatè. Yon jou nan yon gwo rasanbleman, li di tout moun : « Mwen kanpe dèyè Mèt Zemonvil. Mwen ap envite nou tout pou nou mete men ansanm pou voye Mèt Zemonvil reprezante nou nan Sena-a. Mwen konnen Analwiz depi li te tou piti. Nou ka konte sou li. Pa gen ankenn sikonstans kap fè Mèt Zemonvil chanje pawòl depi li kwè sa li ap defann nan kòrèk. Li pa nan bwè mo. »*

Bwè pwa, lè yon moun eseye rezoud yon pwoblèm oubyen reponn yon kesyon men solisyon oubyen repons li jwenn-nan pa bon. *Geramo mande Leyon: « Nan ki peyi Eme Sezè (Aimé Césaire) te fèt? » Leyon di : « Ayiti. » Geramo di : « Ou bwè pwa. Matinik. »*

Bwi sapat, yon bagay yon moun fè pou entimide yon lòt men ki pa fè lòt moun-nan pè. *Ou pa bezwen okipe Jwazilyen. Tout demonstrasyon-sa-yo se bwi sapat.*

Byen boule, 1) de oubyen plis moun kap viv byen antre yo. 2) kondisyon mounn afè bon. 1) *Tout pitit Dorisma-yo ap byen boule. Nou pa janm tande yonn ap joure ak lòt.* 2) *Plezantòl ap byen boule. Li fenk bati yon kay twa etaj ak tout konfò modèn.*

Byen jwenn byen kontre, Lè yon moun konprann li pral
pran avantaj sou yon lòt oubyen li pral ranpòte viktwa
sou yon lòt men sa li te kwè-a se pa konsa sa rive. Lòt
moun-nan te byen prepare pou defann tèt-li. Sa ka fèt ant
de moun oubyen ant de group moun. *1) Jounalis-yo pare
ven kesyon pou de kandida, Leknò ak Pòl. Leknò panse
li pral kraze Pòl paske li gen plis eksperyans politik
pase Pòl. Men se byen jwenn, byen kontre. Moun-yo bat
plis bravo pou repons Pòl-yo. 2) Ekip Senmak-la pa
janm pèdi yon match depi chanpyona-a koumanse. Jwè
Senmak-yo konprann yo pral manje ekip Saltrou-a ak
yon grenn sèl. Byen jwenn byen kontre. Saltrou bat
Senmak de bi a en.*

Byen konekte, lè yon moun konnen oubyen byen ak moun
ki gen anpil enfliyans yon kote. Lè lap regle yon bagay,
moun sa-a yo ka ede-l regle bagay-la pi fasil. *Mèt
Premonvil se yon ansyen pwofèsè lise Jeremi. Li gen
senk pitit nan peyi etranje. Li resevwa nouvèl premye
gason-an malad grav Tekszas. Yo voye yon lèt pou li ale
chache yon viza ameriken. Li pa gen paspò. Li rantre
Pòtoprens pou fè yon paspò ann ijans. Li rive nan biwo-
a. Yon ansyen elèv li wè-l. Li esplike elèv-la sal bezwen.
Elèv-la di-l : « M gen yon zanmi ki byen konekte. Map fè
ou jwenn paspò-a demenmaten. » Mèt Premonvil di
elèv-la: « Ou sonje jan m te konn anseye nou Jeremi ?
Sikonstans pap fè m pase pwensip anba pye. M bezwen
pase pa vwa nòmal pou m jwenn paspò-a. » Elèv-la di :
« Vwa nòmal ! Vous n'avez vraiment pas changé
Monsieur le Professeur. »*

Byen mennen, lè afè yon moun bon. Lè tout bagay ale
byen pou yon moun. *Mesye dam sa-a yo ap byen
mennen. Yo fèk bati yon gwo kay senk chanmakouche.*

Mari-a fenk achte yon gwo djip tou nèf. Anvan yo rantre nan kay-la, yo meble-l ak mèb tou nèf.

Byen san swe, byen yon moun benefisye san-l pa travay pou li. *Papa mesye-yo mouri kite de karo tè pou yo. Tan pou yo travay tè-a epi kontinye viv sou li menm jan papa-yo tap fè, yo pito vann etranje-l epi gaspiye kòb-la. Tout sa rive paske pou yo tè-a se yon byen san swe.*

CH

Chache chimen doktè, ale kay doktè. *Jennonm-nan malad ; poutan li refize chache chimen doktè.*

Chache kont, anbete yon moun jouk tan sa rive fè kont. *Pa chache timoun lekòl kont. Lè batay pete, yo ap mete nou tout deyò.*

Chache kote mete kò, yon moun di sa lè li vle repouse yon lòt moun kap anbete-l oubyen pou nenpòt lòt rezon. *Dovik ap viv Miyami. Li gen de pitit, Dov ak Naliz. Dov gen sèzan. Dovik pale angle men li pa twò maton nan angle. Dovik achte yon etajè nan yon bwat pou li mete nan garaj kay-li. Etajè-a vini an trantsenk moso ak yon gwo sak vis ak tout zouti. Dovik pa okipe papye li jwenn nan bwat-la. Li koumanse monte etajè-a. Lè Dov wè sa, li di Dov : « Papa, se pa konsa pou koumanse. Ou ta* *dwe li sa yo di nan papye-a anvan. Si ou pa fè sa, ou pral pèdi anpil tan. » Dovik di : « Se premye fwa map monte etajè ? Chache kote mete kò ou ! » Dov rantre nan chanm-ni. Dòmi pran-l. Apre inèd tan, Naliz frape pòt-la. Li di : « Papa-m bezwen ou. » Lè Dov rive nan garaj-la, papa-l di : « Gen lè sa ou te di-a se vre. Me papye-a. Manyè li sa yo di ladan-l pou-m wè si m ka fini ak traka-sa-a. »*

Chaje kou legba, lè yon moun oubyen yon zannimo pote plis chay pase sa moun ap espere pou li pote. *Lidya di: « Jodi-a se dimanch. Pa gen mache. M wè Oktavya pase desann chaje kou legba. M ta renmen konnen kote li prale. »*

Chape poul, ale byen vit. *Si m pa chape poul mwen kounye-a map pèdi vòl-la.*

Chapo ba, 1) konpliman pou yon moun ki fè yon bon bagay ; 2) respè pou yon moun enpòtan. *Chapo ba pou pitit Vledilòm-nan. Li fini tout klas-li. Kounye-a lap etidye medsin. 2) Chapo ba pou Bondye.*

Chapo panana, yon gwo chapo pay. *Klenò pa janm mete chapo panama lè li pral nan maryaj. Li toujou mete yon chapo lenn.*

Charite tè, pase traktè nan yon tè. *Anpil peyi pòv gen bon tè. Men kiltivatè-yo pa gen traktè pou charite tè-yo. Sa fè tè-yo pa bay menm kantite danre ak tè kiltivatè nan peyi rich-yo.*

Chat a pè, yon moun ki byen pòtan. Li byen fre epi byen gwo tankou se yon chat kap viv nan yon presbitè. *Belina gen senkan depi li rantre Etazini. Li vin pi piti pase lè li te ann Ayiti. Li deside fè yon ti vizit ann Ayiti. Lè li rive,* *moun-yo te sezi wè kouman li te vin piti. Yo pa ka konprann sa. Yon kouzin-ni mande-l ann apate: « Sak pase pitit. Kouman ou fè retounen piti konsa ? »* Belina *di : « Mwen ka konprann poukisa ou poze kesyon-sa-a. Mwen sòt Etazini. Tout moun tap atann pou m tounen gra tankou yon chat a pè. Si m ta di ou ou pap janm vle kwè. Sa map pase lòt bò-a pa gen bouch pou pale. Gen manje se vre. Men m pèdi tout apeti ou konnen m te genyen anvan m te pati. »* Medam-yo te sispann *konvèsasyon-an brib sou kou. Senk jenn ti demwazèl te rantre nan kay-la. Se senk fiyèl Belina. Yo tande marenn yo rantre. Yo vin chache sa marenn yo pote pou yo.*

Chat maron, yon vòlò pwofesyonèl. *Jennom-sa-a sanble yon moun debyen. Anpil fi ka tonbe damou pou li. Men si yo te konnen, yo tout tap kanpe byen lwen-l. Se yon chat maron.*

Chatre kochon, yon kochon yo chatre epi yo ap angrese pou vann. *Chak ane, Melan vann de chatre kochon pou li peye lekòl pitit-li.*

Chanjman dè, lè yon moun kite zonn kote lap viv pou ale pase yon ti tan yon lòt kote. *Zimèmann ap anseye nan senk lekòl segondè Pòtoprens pou li pran swen fanmiy-li. Li tèlman fatige, lap mache lap dòmi. Madanm-ni se moun Leyogán. Li rele Fèfelouz. Yon jou yon tonton Fèfelouz pase lakay Fèfelouz. Li di nyès-la: « Louz, mwen wè Mèt-la ap depafini sou pye. Ou pa ka rete chita san fè anyen. Lemal egzis. Se pou manyè leve pye ou. Si ou pa ka ale, se pou voye wè.» Lè Zimèmanm rantre, Fèfelouz esplike-l sa tonton-l di. Zimèmann di : « Pa gen kesyon leve pye ni voye wè. Ou konnen pwoblèm-nan. Mwen konnen pwoblèm nan. Se fatig kap wonje-m. »* Fèfelouz di : « *Se pou nou fè yon chanjman dè.* » *Fèfelouz pran Mèt Zimèmann ak de pitit fi yo. Li*

*monte Mabyal, yon mòn bò Jakmèl. Li pa kite Mèt
Zimèmann pran yon moso papye. Ale wè pou liv. Yo
pase yon senmenn-la. Lè yo tounen tout moun felisite
Fèfelouz. Yo di chanjman dè-a fè mèt-la tounen yon lòt
moun.*

Chanm gason, chanm kay kote yon gason ki pa marye ap
viv. *Jazmèn ak Pedris byen anpil. Yo tou de nan lekòl
dedwa. Petris malad. Li pase de jou li pa sòti. Jazmèn
pase wè Petris. Lè nouvèl vizit-sa-a tonbe nan zòrèy
Vikmelyen, papa Jazmèn, bonnèt li chavire. Li di
Jazmèn : « Ou pa ta fè nou sa. Ki sa manman ou ak
mwen pral di lè tout moun aprann pwòp pitit nou rantre
nan chanm gason pou kont li pou al wè zanmi ? »
Jazmèn di : « Papa, di yo Jazmèn se pitit mesye ak
madanm Vikmelyen. Se yon fanm ki gen tèt-li sou zèpòl-
li. Se yon fanm ki gen konpasyon pou tout moun sitou
pou zanmi-l. » Repons-sa-a fè papa Jazmèn fache pirèd.
Si manman-l pa entèvni, papa Jazmèn tap mete Jazmèn
deyò.*

Chante chalbarik, sa vle di menm bagay ak « Bat
Chalbarik » ; fè tout sak posib pou fè yon moun kite yon
zonn, yon kay oubyen yon kote yo pa vle li retounen.

Chante kantamwa, fè grandizè; lè yon moun toujou ap
pale ki moun li ye ak ki sa li posede. Lap chante
kantamwa. *Si yon moun koute Velyaniz wap kwè se yon
moun ki gen anpil mwayen. Tout lasent jounen lap
chante kantamwa.*

Chante kantik seredan, lè yon moun ap pale men li pa
vle di verite. *Felouz gen de pitit fi. Foniz ak Ivòn. Foniz
gen dizwitan. Li nan klas filo. Li byen anpil ak Ganye.
Ganye nan seminè pou vin pè. Zanmitay-la koumanse
bay manman Foniz pwoblèm. Foniz toujou di manman-*

l Ganye ap ede-l ak grèk, literati epi matematik. Felouz ap poze tèt li kesyon. Lap mande « Men kouman yon moun kap etidye pou vin pè ka ede Foniz ak matematik. Si Ganye te bon konsa nan matematik, poukisa li pa etidye enjenyè pito? » Felouz ka konprann yon seminaris ka ede Foniz ak grèk epi literati. Men zafè matematik-la pa te fin klè pou Felouz. Kòm Felouz te fè de pitit fi-l yo konfyans anpil, li pa mande Ganye pou koupe pye devan pòt-la. Men mesye dam yo vin tèlman zanmi, Felouz deside poze Foniz kesyon sou sa. Yon jou dimanch, twa medam-yo chita nan salon-an. Felouz mande Foniz: « Eske ou renmen ak Ganye? » Foniz koumanse rakonte manman l yon bann istwa zanmitay li ak Ganye. Felouz di : « Pitit m poze ou yon kesyon. Ou koumanse chante yon bann kantik seredan ni ou pa reponn kesyon-an. » Ivòn di : « Bon manman, kouman yon moun kap etidye pè ta ka nan fè mennaj ? » Felouz di : « Gen lè nou tou de pran m pou yon egare. Ki fè, m pa konnen diferans ant yon pè katolik ak yon pè episkopal ? » Foniz ak Ivòn ri pou pa chape.

Chante lèvenn, pandan tout senmenn apre yo fin tere yon moun, anpil moun reyini nan kay mò-a chak swa pou chante kantik, bwè kafe ak dite. Ya p chante lèvenn pou defen-an. *Madanm-nan pa te ka kanpe pandan fineray mari li. Pandan yo tap chante lèvenn-nan, li pran kouray. Anpil moun te ankouraje-l pandan tout senmenn-nan.*

Chante libera, mès pou mò nan relijyon katolik. *Madanm Popo fè chante yon libera pou Popo. Te gen plis moun nan okazyon-an pase lè fineray-la.*

Chemen dekoupe, 1) Yon wout akote yon gran wout ki pèmèt yon moun rive kote li prale pi vit. 2) Lè yon moun di yon bann pawòl pou li esplike yon bagay li ta

ka di nan de mo. *1) Toma ak Kalistèl ap viv Grangwav.
Men Toma pa konn zonn nan twò byen. Yon jou yo gen
pou rantre Tigwav. Yon machin gazolin fè yon aksidan
sou wout-la. Pou evite dife, otorite yo fè tout machin
kanpe. Toma deside fè rès wout-la apye. Li kite Kalistèl.
Lè li rive Tigwav, li wè Kalistèl te gen tan fini regle tout
sa li te gen pou regle epi pare pou tounen Grangwav.
Lè-li mande Kalistèl kouman li fè rive anvan-l, Kalistèl
reponn : « Sa ou pa konnen pi gran pase ou. » Toma te
panse Kalistèl gen yon fason envizib pou li deplase.
Kalistèl di Toma : « Lè ou fenk rive nan yon zonn, se
pou mache ak moun ki konn wout. Si ou pa konnen
chemen dekoupe bò isit, non sèlman ou gen pou pèdi
tan, men anpil malè ka rive ou. 2) Yon kandida ki ap
pase pa yon bann chemen dekoupe pou li reponn yon
kesyon, se yon kandida ki pa gen yon pwogram.*

Cheve grenn, cheve ki fè boul jiwòf. *Yon moun mande
Mèt Destòl poukisa li pa kale tèt li tan pou li ap mache
ak cheve grenn. Mèt Destòl reponn : « Bondye kreye
cheve-yo konsa pou plezi pa-l. »*

Cheve siwo, Cheve swa. *Se cheve siwo li genyen. Se pa
maladi ki fè tèt li konsa.*

Chèf kanbiz, yon moun ki responsab yon bagay yo ap
distribye. *Premye chèf kanbiz-la se te yon chat maron.
Tout moun te sezi lè yo te bay jennonm-sa-a djòb-la.
Nouvo chèf kanbiz-la se yon moun nou tout ka fè
konfyans.*

Chèmèt chèmètrès, yon moun ki sèl propriyetè yon
bagay. Li ka fè sa li vle ak bagay-la depi sa li vle fè-a pa
kont lalwa oubyen pa mete lavi lòt moun an danje. *Yon
jounalis te ale Tigwav yon jou ki te kenz daou, jou fèt
Nòtredam. Pou relijyon katolik, Nòtredam se manman*

vil Tigwav. Jounalis-la te remake anpil moun ki te vin nan fèt-la pa te la pou anyen ki wè ak relijyon. Li te deside poze enpe moun kesyon. Li tap chache konnen poukisa yo te la. Li te deside poze kèk moun ki tap sòti legliz-la kesyon tou. Li te rankontre yon dam ki te fenk fin lapriyè. Dam-nan te mare tèt-li ak yon mouchwa plizyè koulè. Li te gen yon bèl chenn nan kou l. Chenn-nan te gen yon imaj Nòtredam nan pwent-li. Li te mare ren-l ak yon lòt bèl mouchwa wouj e ble. Apre Jounalis-la fin di dam-nan bonjou, jounalis-la di : « Mwen rele Djonn. Mwen se yon jounalis radyo Endepandans. Eske m ka poze ou yon kesyon ? Madanm nan reponn : « Baboukèt ki te nan bouch pèp-la kase. Pa gen ankenn fòs ki ka anpeche nou pale ankò. Poze m nenpòt kesyon ou vle. » Jounalis-la di-l : « Kouman ou rele? » Li reponn: « Mwen rele Analwiz. Mwen se moun natifnatal Tigwav men depi dizan map viv Petyonvil. » Jounalis-la di : « Eske ou ka di m poukisa ou vin nan fèt Nòtredam-nan ? » Analwiz reponn : « Pou m di ou laverite, mwen vini pou de rezon. Mwen vini pou onore Notredam. Mwen pa gen bouch pou m pale tou sa Notredam fè pou mwen. Men mwen vini tou pou chache lavi. » Jounalis-la di : « Chache lavi ! Ki jan ? » Analwiz di jounalis-la : « Swiv mwen. » Yo deplase. Li rive devan yon kamyonèt. Li di : « Ou wè kamoyonèt-sa-a, se pou mwen-l ye. Li rele chèmèt chèmètrès. Li gen dimil goud machandiz ladan-l. M gen konfyans Notredam ap ede m vann tout anvan fèt-la fini. »

Chèz boure, chèz nan Palè Nasyonal ann Ayiti pou Prezidan-an chita. *Yon granmoun katrevendizan tap pale ak yon gwoup jenn gason ki enterese nan politik. Li di yo : « Pandan tout istwa peyi Ayiti sanble depi yon prezidan rive chita sou chèz boure-a li bliye tout rès peyi-a. Poutan pandan li chita sou chèz-la tout peyi-a ta dwe repoze sou do-l. »*

Chen ak chat, de ou plizyè moun ki pa ka viv ansanm nan amoni yonn ak lòt. *Sa se yon bagay ki tris. Depi papa mesyedam-yo mouri, yo ap viv tankou chen ak chat.*

Chen cho, moun ki renmen rantre nan yon bagay san yo pa envite yo epi ki prese pou pase pou chèf bagay-la. *Msye parèt tankou yon chen cho. Li konprann pou tout moun fèmen bouch yo pou li sèl gen lapawòl.*

Chen manje chen, lè de ou plizyè moun gen pwoblèm antre yo epi yonn ap atake lòt. Pafwa atak-la ka vini sou fòm jouman, sou fòm malefik oubyen sou fòm lòt atak. *Wilbon pa vle pou pitit fi-l rantre nan fanmiy Zòtoli. Li di moun sa-a-yo viv nan chen manje chen.*

Chen san dan, yon moun kap fè anpil bwi lè li gen yon ti kont oubyen yon pwoblèm ak yon lòt moun. Li aji tankou yon bandi. Poutan se yon kapon. *Menm si ou tande Alkès ap pale anpil, pa okipe-l. Se yon chen san dan. Tout moun nan katye-a konn sa.*

Chen san mèt, yon moun san fanmiy, san zanmi. Li pa gen pèsonn pou pote-l sekou nan ka bezwen. Lòt moun ka pran avantaj sou li tou. *Ti gason-an grandi nan katye-a tankou yon chen san mèt. Li aprann li pou kont li. Pèsonn pa te janm panse li ta ka rive yon direktè lise jodi-a.*

Chimen dekoupe, Sa vle di menm bagay ak chemen dekoupe.

Chimen detounen, yon mwayen ki pa legal ou byen ki pa dapwe prensenp moral yon moun sèvi pou li rive reyalize yon bagay. *Plyzè sektè relijye nan peyi-a te dakò pou yo te kreye yon komisyon pou aksyon devwa* *sivik. Yonn nan objektif komisyon-an se pou revize tout pwojè lwa pou wè si pwojè lwa-a gen bagay ladan l ki ka difisil oubyen enposib pou yo respekte. Yon jounalis te mande prezidan komisyon-an pou esplike-l rezon ki pòte gwoup divès relijyon sa-a yo pou fòme komisyon-an. Prezidan-an reponn : «Nou pa ka pase pa chimen detounen pou nou fè travay nou. Depi yon lwa pase, nou oblije obeyi-l. Si nou jwenn gen bagay nan yon pwojè lwa nou pap ka obeyi, se devwa komisyon-an pou mete tout gwoup-yo o kouran pou yo pran aksyon pou pwojè lwa-a pa pase san revizyon.*

Chimen jennen, Yon sitiyasyon difisil anpil. Yon pwofesè lise di yon gwoup elèv : « *Pou teste karaktè yon moun se tann pou wè sa lap fè pou li vanse lè li rive devan yon sitiyasyon difisil, sa granmoun andeyò rele « yon chimen jennnen.* »

Chire chemiz, diskite nèt ale san rive nan yon konsantman. Depi twa jou d*elege-yo ap chire chemiz-yo nan sal konferans-nan. Yo pa ka rive vote sou pwojè-a.*

Chire pit, anpil joure, anpil diskisyon ant de ou plizye moun. *Twòp chire pit. Bay chak moun senk minit pou di sa li panse sou kesyon-an. Apre sa nap vote sou pwojè-a.*

Chita Degrennen, lè moun pa chita kole yonn ak lòt nan yon sal oubyen yon klas oubyen nenpòt lòt kote moun reyini. *Pastè Penelis ap dirije yon gwo legliz Pòtoprens. Chak dimanch anvan li koumanse sèvis, li mande tout moun nan ban dèyè pou yo pase devan. Yon dimanch maten apre yon sèvis, yon vizitè te poze-l kesyon-sa-a : « Pas, legliz-la gen yon bon sistèm opalè. Moun ka tande trè byen nenpòt kote yo chwazi pou chita. Poukisa ou mande moun dèyè pou pase devan ? » Pastè Penelis*

*reponn : « Se vre yo ka tande sa map di menm si yo
chita dèyè. Men lè moun-yo chita degrennen li pa bèl. »*

Chita sou sa, lè yon moun rete san pran aksyon pou fè yon
bagay li dakò pou-l fè. *Ou di mwen pa bezwen peye pou
yo ranpli aplikasyon-an pou mwen ou ka fè-l. Jou-a fin
rive ou pa fè anyen. Si ou chita sou sa, map pèdi
randevou-a.*

Chita sou tab, lè yon moun ap manje atab. *Se pa tout
timoun ki konnen kijan pou yo chita sou tab. Si paran-yo
pa montre-yo sa, se lè yo vin gran yo ka aprann prensip
chita sou tab pou kont yo. Yo ka fè anpil erè tou nan
sosyete anvan yo rive konnen tout pwensip pou chita sou
tab.*

Chita sou yon bit, lè yon moun nan yon pozisyon epi li
sèvi ak pozisyon-an pou fè kèk bagay ki bay anpil moun
pwoblèm oubyen pou anpeche yo fè sa li pa vle yo fè.
*Chalandye chita sou yon bit. Li konprann li se sèl rwa.
Se pou tout moun mache sou zòd li. Gen yon bagay
Chalandye dwe konprann. Kounye-a je tout moun nan
katye-a louvwi. Pèsonn pap achete chat nan sak ankò.*

Chita sou yon blòk glas, lè yon moun refize pran aksyon
pou fè yon bagay moun ap atann li fè. *Direktè-a refize
ekri rapò-a pou pèmèt ouvriye-yo touche. Li bay tout
eskiz. Li chita sou blòk glas li. Li pa prese paske li gen
lòt mwayen pou li pran swen fanmiy-ni. Men se sou ti
kòb-la ouvriye-yo depann pou bay pitit-yo ak mandanm-
yo manje.*

Chita tande, yon konvèsasyon ant de ou plizyè moun ki
ka byen long. *Premye Minis-la ap fè yon chita tande ak
delege Bank Entanasyonal Devlòpman-an sou yon
pwòje agrikòl pou Latibonit.*

Cho devan bann, lè yon moun rantre nan yon aktivite oubyen nan yon òganizasyon epi li vin popilè ladan-l akòz aksyon-l oubyen tanperaman-l. Sa ka fè kèk lòt moun pa kontan epi yo sèvi ak ekspresyon-sa-a pou montre sa. *Yon nouvo asistan chèf kontabilite nan Depatman Edikasyon deside pou tout pwofesè resevwa chèk-yo alè chak mwa. Sa te mete plis presyon sou anpil anplwaye. Pifò nan yo te byen kontan ak refòm li te pote. Men gen yon ansyen anplwaye ki pa te renmen fason li tap dirije kontabilite-a. Yon jou lap pale ak yon lòt aplwaye. Li di : « Jennonm-nan fenk rive. Li ta tann yon ti tan anvan li boulvèse tout bagay nan fason lap fè la-a. Li cho devan bann nan. Fòk li sonje pa gen lèt ki monte ki pa desann. »*

Chode pwa, kuit yon pwa ademi. *Anvan m ale, m te di ou pou chode pwa-a. Ou kite-l bouyi twòp. Se pa sòs pwa m pral fè. Jodi-a se diri ak pwa kole m pral kuit.*

Chòz di chòz fèt, lè sa tout moun ap pale de li-a rive fèt. *Depi nan klas sètifika jouk rive nan filo, Analwiz ak Opon se de bon zanmi. Mesye dam-yo pa te renmen men papa Opon ap mache di tout moun Analwiz se bèlfi-l. Chòz di chòz fèt, mesye dam-yo te marye anvan menm yo te fini inivèsite.*

Choukèt lawouze, 1) asistan yon chèf seksyon; 2) sèvitè yon moun ki gen anpil mwayen epi ki toujou la pou rann lavi bòs-la pi fasil. 1) *Chèf seksyon-an pa ka vini. Li voye choukèt lawouze-l. 2) Zotan se choukèt lawouze mèt Korival. Kote mèt Korival ye, se pou wè Zotan.*

Choute sou moun, atake yon moun oubyen yon gwoup moun nan radyo oubyen nan jounal. *Jovtèn achte inèd tan nan radyo chak jou pou li choute sou yonn nan*

*kandida pou magistra vil-la. Poutan li pa janm envite
kandida-a nan emisyon-an pou pèmèt li defann tèt li.
Anpil oditè sispann koute emisyon-an. Yo di si yon mèt
emisyon radyo ap choute sou yon moun, li ta dwe bay
moun-nan chans pou defann tèt li.*

Chwal batay, yon moun ki enpòtan anpil pou yon lòt. *Pitit
gason-sa-a se chwal batay manman-l.*

Chwal malen, moun ki pa kite moun trompe yo fasil. Yo
rele moun konsa tou « pentad mawon ». *Paske vwazen-
an pa te fini klas li tout moun vle pran avantaj sou li.
Mwen m konnen msye trè byen. Li se yon chwal malen.
Pèsonn pa ka tronpe-l.*

Chwal maron, moun ki pa kite lòt moun pran yo nan riz
oubyen nan pèlen. *Jwavilyen kritike move zak kap pase
nan plizye depatman ministeryèl-yo. Li kite kapital-la. Li
ap viv nan provens. Kèk patizan gouvènman-an eseye
pou arete-l. Yo pa janm ka rive mete men sou li. Yo bliye
si Jwavilyen se yon chwal maron.*

Chwal pòt, 1) Yon chwal yo ponkò donte; 2) yon moun ki
malelve anpil. *1) Yo di Kozèl pou li pa monte chwal-la
paske se yon chwal pòt. Li pran pòz gwo nèg. Li pa
koute. Li apenn pase pye sou chwal pòt-la. Chwal-la bay
Kozèl yon so kabrit. Doktè koud tèt li twa kote. 2) Zikès
gen bon ti mwayen se vre. Men pa gen ankenn jenn fi ki
vle marye ak li. Yo tout di Zikès se yon chwal pòt.*

Chwichwi chwichwi, anpil pale anba anba sitou pou fè
medizans. *Pa gen yon konpayi ki pa gen chwichwi
chwichwi ladan l. Men konpayi ki pa bay anplwaye
bonjan enfòmasyon regilyèman ankouraje chwichwi
chwichwi.*

D

Damsara, 1) machann detayan an Ayiti; 2) yon ti zwazo tou piti. Lè plizye santèn ti zwazo sa-a yo atake yon chan diri, yo ka manje tout diri-a nan de tan twa mouvman. *1) Polina te gen disetan lè li rantre Etazini. Manman-l se te yon damsara. Se konsa manman-l te grandi senk pitit nan Pòtoprens. Polina te rive fè yon metriz nan biznis epi te vin manadjè jeneral nan yon gwo magazen. Li toujou di tout moun li se yon damsara. Li gen menm pwofesyon ak manman-l. 2) Si nou pa fè yon konbit pou rekòlte tout diri-yo nan de jou, damsara ap manje mwatye nan rekòt-la.*

Dan brèch, lè gen yon vid ant dan devan-yo. Tout dan yo la men espas ki nan mitan yo pi laj pase jan-l ta dwe ye. Sa vle di menm bagay ak dan ekate. *Kodilis gen dan brèch men tout dan-l byen bèl.*

Dan devan, pòsyon dan moun wè lè yon lòt moun ri. *Lè madanm-nan ri ou ka wè figi ou nan dan devan-l yo tank yo blan.*

Dan dèyè, pòsyon dan moun pa wè lè yon lòt moun ri. *Jòjina gen katrevensenk an. Preske tout dan nan bouch li la. Li pèdi yon dan dèyè sèlman.*

Dan degrennen, se preske menm bagay ak dan brèch men lè yon moun gen dan degrennen espas-la ka nan tout dan nan bouch li. *Salina gen dan degrennen. Li santi li pa alèz ak yo. Li mande dantis-li pou bouche espas-yo. Dantis-la di-l tout dan nan bouch li anfòm. Yo tout an bon eta. Li pa bezwen fatige-l si yo degrennen.*

Dan ekate, sa vle di menm bagay ak dan brèch men espas ant dan ekate ka pi piti. *Sanble dan ekate-yo fè Anamari pi bèl pase tout lòt pitit fi man Pepe-yo.*

Dan kristal, Dan blan. *Lè Latrisya pale tout moun ki gen konprann deja wè se yon jenn fanm entelijan. Lè li ri tou dan kristal li yo envite tout moun patisipe nan kè kontan, nan lanmou pou lavi ak pou tout moun lap simaye tout kote li pase.*

Dan pike, dan yon pòsyon landan-l gade akòz manke swen. *Anpil moun gen dan pike paske yo pa gen lajan pou ale kay dantis. Sa pi tris lè se timoun piti ki gen dan pike.*

Dan pilon, pòsyon gwo dan moun pa wè lè yon lòt moun ri. *Emilyen pase twa jou ak yon maldan. Lè yon dantis fè radyografi dan-yo, li di Emilyen li ka rezoud pwoblèm-nan san li pa rache dan pilon kap fè Emilyen mal. Dan-an te pike. Dantis-la repare dan pilon-an. Depi lè-sa-a doulè-a sispann.*

Dan rachòt, yon moun ki pèdi kèk oubyen tout dan devan yo. Yo di sa sitou lè timoun ap chanje dan. *Tina pran pòz malad pou li pa ale lekòl. Gran sè Tina di Tina pa malad. Li pa vle ale lekòl paske timoun yo ap rele-l dan rachòt.*

Dan zòrèy, de dènye dan dèyè nan bouch yon moun. *Dan zòrèy se dan ki pi difisil pou doktè rache.*

Danmi jann, yon gwo galon nan yon panye espesyal yo trese toutotou-l. *Chak peyizan nan katye-a gen yon danmi jann lakay-yo.*

Danse patchatcha, vire won pou chache yon bagay oubyen pou rezoud yon pwoblèm san rive jwenn solisyon. *Maladi pitit-la fè manman l danse patchatcha tout nwit-la. Finalman se lopital li oblije menmen-l byen bonnè nan maten.*

De bwa balanse, sanzavwa, malere nèt. *Depite-a di jennonm-nan se yon de bwa balanse. Li pap kite pitit fi-l marye ak yon moun konsa.*

De je kontre, de moun ki rive nan yon degre yonn pa ka bay lòt manti sou yon bagay yo ap regle. *De je kontre. Ou te di m ou pa renmen ak Marilya. Poutan dimanch-la li di-m li kite ou paske ou bay twòp manti.*

De jou toujou, tan anplis yon moun gen pou kontinye viv. *Monès se premye pititpitit Eklezyas. Monès renmen bay blak anpil. Yon jou li ale wè granpapa-l ki te malad. Eklezyas gen katrevendizan. Lè Monès rive li tande granpapa-l kap mande de moun legliz ki te vin wè-l pou priye pou li pou li leve kanpe. Monès di granpapa-l : « Granmpa, se tout tan wa p di ou pare pou ale rankontre mèt ou. Ou pi vle ale pase ou rete. Apa ou ap mande lapriyè pou kanpe. » Eklezyas reponn : « Ala ou sa ! Atò si Bondye vle ban m de jou toujou pou m di non. »*

De ki prevyen ? kesyon pou montre gen dout nan yon bagay ; moun ki poze kesyon-an montre li pa kwè nan bagay-la oubyen nan moun ki reyalize bagay-la. *Mak te fèt Trou Bonbon, pa twò lwen Jeremi. Li te òfelen depi li te gen dizan. Li pase anpil mizè. Li debouye-l li rantre Jeremi. Li fè filo nan lise Jeremi-an. Li tonbe damou pou pitit fi yon gran negosyan nan vil-la. Negosyan-an imilye Mak. Li retire pitit fi-l nan lise-a. Li voye-l Pòtoprens. Mak te bon nan matematik anpil. Li jwenn yon bous pou la-l etidye nan yon gwo inivèsite Etazini. Li rive fè yon doktora nan fizik nikleè. Yon kondisip Mak ale Jeremi. Lap rakonte negosyan-an tout sa Mak rive akonpli. Apre negosyan-an fin tande kondisip-la, li di : « De ki prevyen ? » Kondisip-la pa te di anyen ankò. Li leve li ale.*

De kiyè, yon pòsyon manje. *Paran Lizèt ap viv Klivlenn, yon vil nan eta Oayo. Se la Lizèt te fèt epi grandi. Apre Lizèt fini lise, Yon inivèsite Eta Florida aksepte l pou yon lisans nan jounalis. Inivèsite-a gen yon asosyasyon etidyan ayisyen. Nan kèk reyinyon asosyasyon-an, tout moun dwe pale kreyòl. Sa te anbarase Lizèt. Ni manman l, ni papa l se Ayisyen. Lizèt pa ka pale kreyòl. Lè Lizèt retounen Klivlenn, li reproche manman-l pou tèt li pa te montre-l pale kreyòl. Manman Lizèt rele Tanya. Lizèt di Tanya : « Man, ou konnen sak pase ? » Tanya reponn: « Sak pase ? Di m non. » Lizèt kontinye : « Depi m nan kay-la pèsonn moun pa dwe pale angle. Se kreyòl sèlman pou tout moun pale. » Tanya ri. Li di Lizèt : « Ou ap entèdi angle nan kay-la epi se an angle ou bay lòd-la. » Men Tanya byen kontan nan kè-l paske li gen chans pou li pwofesè yon elèv inivèsite.*

Nan landemen, Tanya fin kwit yon diri ak djondjon. Li toufe diri-a epi lap pliye rad li te lave lavèy. Li tande Lizèt nan kizin-nan. Tanya rele Lizèt. Li di : « Liz », se ti non gate li te bay Lizèt. Lizèt ale kote manman l. Tanya di : « Mete de kiyè diri nan yon asyèt pou mwen. » Lizèt

retounen nan kizin-nan. Apre twa minit, li pote asyèt-la bay manman l. Tanya gade sa ki nan asyèt-la. Li di :
« *Pitit, apa se de grenn diri ou mete nan asyèt-la ?* »
Lizèt reponn : « *Man sa pa de grenn diri. Ou mande de kiyè, mwen mete de kiyè.* » *Tanya di :* « *Ayisyen toujou di* « *Kreyòl pale kreyòl konprann* ». *Men nan ka pa ou : Kreyòl pale, kreyòl pa konprann.* »

De paman, lè de bagay ki fòme yon pè pa menm jan. Yo pa matche.Tankou soulye de paman. Chosèt de paman. *Andris te renmen Beniz a mò. Zafè Andris pat twò mal. Beniz te kòmanse byen enterese nan Andris. Men lè Beniz obsève, li wè Andris plizyè fwa ak chosèt de paman. Pafwa yon grenn ble, yon grenn nwa. Pafwa yon grenn maron fonse, yon grenn maron pal. Beniz di si se konsa sa ye anvan Andriz marye, li pa kwè li ta dwe rantre nan yon kay ak yon gason dezòganize konsa. Li pa janm reponn Andris.*

De ti pijon, yon gason ak yon fi kap viv ansanm epi ki sitan renmen yonn lòt tout moun konsidere yo tankou de ti pijon. *Pwatil ak madanm-ni gen karantsenk an maryaj. Yo toujou ap viv tankou de ti pijon.*

De tou nen, sa yon moun ki malere nèt genyen. *Yon jennonm parèt ak de tounen-l vin mande maryaj epi ou pra-l lage yon sèl pitit fi ou genyen an nan men-l. Gen lè li rantre nan kay-la ak yon bagay ki fè tout moun avèg.*

De twa, kèk, enpe. *Patrik te fèt Arizona. Manman-l ak papa-l te vle pou Patrik rete konekte ak Ayiti epi patisipe nan tout richès levasyon ak istwa peyi-a. Se pou sa chak ane yo voye Patrik pase yon mwa ann Ayiti lakay grann ak gran papa ni bò manman ni bò papa. Patrik te pale kreyòl. Yon lè Patrik te kay Koulanj, papa manman-l. Yon peyizan rantre nan lakou-a. Li di :* « *Pè*

Koulanj! » *Se konsa tout moun nan zonn-nan te rele
Koulanj akòz laj-li epi respè yo tout gen pou li. Koulanj
di: «Sak pase?» Mesye-a reponn: « Mwen gen yon
konbit senmenn pwochen. M ponkò gen zaboka pou
manje konbit-la. Eske ou ka banm de twa zaboka?»
Koulanj reponn : « Me pye zaboka-a la ou mèt keyi de
twa.» Mesye-a monte pye zaboka-a. Li keyi zaboka ki
plen yon gwo sak li te vini ak li. Patrik tap tande
konvèsasyon-an epi admire ki jan peyizan-an tap monte
pye zaboka-a. Lè peyizan-an ale, Patrik di granpapa-l :
«Granmpa!» Pè Koulanj di: «Sak pase Patrik?»
Patrik di: « Mesye te mande de twa zaboka. Li ale ak
yon gwo sak. Sa pa byen. Li mande de twa se pou li te
pran de twa.» Koulanj reponn : « Patrik, pa fatige ou.
Chak Ayisyen gen chif pa-l pou de twa. »*

De vityelo, yon pè soulye. *Yon peyizan pral legliz. Lapli te
fenk fin tonbe. Li pa vle mouye de vityelo-yo. Li retire yo
nan pye-l epi mete yo nan yon chase plastik.*

Dejene kòpyèz, yon gwo dejene. Tout moun jwenn kont
pou yo manje. *Agronòm-nan pran yon dejene kòpyèz
anvan li sòti. Li pase tout rès jounen-an san manje
anyen ankò.*

Demele cheve, pase peny nan tèt yon fi pou detrese cheve-
l. Tout cheve yo lage epi moun-nan prèt pou penyen-yo.
*Tout ti fi nan katye-a vle pou matant Nanouz penyen yo.
Yo di lè matant Nanouz ap demele cheve-yo, yo pa
menm santi si yon moun ap pase peny nan tèt-yo.*

Depafini sou pye, lè yon moun pa malad kouche nan
kabann poutan lap pèdi anpil pwa. *Aselina gen yon sèl
pitit fi. Li rele Selina. Men manman-l bay yon ti non
gate Lina. Lina nan klas filo. Lap depafini sou pye.
Aselina panse se paske Lina ap etidye anpil. Li fè bon ti*

bouyon krab zouba pou Lina. Chak swa li bay Lina yon bannann graje ak lèt. Anyen pa mache. Lina kontinye ap vin pi piti. Aselina mennen Lina kay doktè. Doktè di Lina pa malad. Anpil moun di Aselina se pou li fè yon sòti al chache konnen sa pitit-la genyen. Aselina di li se moun legliz. Li pap fè yon pa. Yon kouzen Aselina di Aselina : « Kouzin, ou pa ka gen yon sèl pitit fi pou kite-l ap depafini sou pye konsa. Ou pa ka kite-l mouri. Si ou pa vle sòti, ban-m pèmisyon pou m ale chache wè sa kap pase Selina. » Aselina refize. Li di kouzen-an : « Si Bondye vle pran Selina, map reziye-m. M pap sòti ni m pap voye wè. » Selina koumanse pa vle manje. Aselina mande tout moun legliz li pou lapriyè pou Selina. Selina gen yon bon zanmi ki nan menm klas ak li men yo pa rete nan menm katye. Li rele Tama. Yon jou Manman Selina di Tama: « Oumenm ak Lina byen anpil. Lina ap depafini sou pye. Tout doktè nou wè di Lina pa malad. Eske Lina di ou ki pwoblèm li genyen? » Tama di: « Tant Nana, kouman ou pa konnen si mennaj-la kraze? » Aselina sezi. Li mande Tama: « Ki mennaj? » Kenz segond pase Tama pa di anyen. Aselina di: « Di m non pitit, ki mennaj? » Tama di: « Tant Nana, m gen yon devwa pou ma l fini. Ma retounen pou nou koze. »

Dezòm Pèdi, yon avètisman yon moun voye bay yon lòt pou fè l konnen li pa p kite lòt la pase dwa-l anba pye oubyen fè sa li vle ak li. Kleman di : « *Papa-m mouri pòv men li kite de karo tè pou mwen. Anvan li mouri li di m pou m pa janm vann yo. Se pou m mouri kite yo pou pititpitit li. Nenpòt moun ki konprann pou vin pèsekite m sou de karo tè-sa-a-yo, mwenmenm ak li se dezòm pèdi.* »

Dèyè pye pou pye, lè yon moun ap mache dèyè yon lòt epi yon distans tou kout separe yo. *Amelya te nan klas twazyèm nan lise. Benn, yon gran frè-l te nan segond.*

Yon jou Amelya sòt lekòl. Li rantre nan chanm ni.
Manman-l te nan kizin-nan. Manan-l mande-l byen fò:
« Kote Benn? » Amelya reponn byen fò: « Ou konnen
Benn se pitit papa-l. Lap bay odyans kote-l pase. M kite-
l. » Poutan Benn te deja rantre. Li te nan salon-an. Ni
manman-l, ni Amelya pa te konnen. Benn ale nan kizin-
nan. Li bo manman l. Manman-l mande Amelya :
« Benn te dèyè ou pye pou pye epi ou di li rete nan bay
odyans. » Benn di : « Si se konsa, Amelya pa ni pitit
manman-l ni pitit papa-l. »

Di mo sal, lè yon moun ap joure epi li di pawòl
   devègonde. *Depi Chalevwa fache ak yon moun li*
   koumanse di mo sal.

Dife bwa, dife moun fè ak bwa pou fè manje oubyen kèk
   lòt bagay. *Yon vwazin Monèz ap pale ak yon zanmi. Li*
   di zanmi-an : « Monèz achte yon ti recho a gaz. Li panse
   li siperyè pase tout moun nan katye-a. Kote li pase lap
   fè grandizè. Li di tout moun li sispann fè manje nan dife
   bwa. »

Dife pay mayi, yon bagay ki byen koumanse, ki bay anpil
   espwa epi ki disparèt apwe yon tan tou kout. *Yon*
   agronòm ap esplike yon zanmi kouman sa difisil pou li
   koumanse yon pwojè agrikòl nan Plato Santral. Poutan
   li gen lajan pou pwojè-a. Li di zanmi-an lè li esplike
   peyizan-yo pwojè-a, yo tout di se dife pay mayi. Zanmi-
   an di agronòm-nan: « Nou pa ka blame yo paske yo wè
   anpil konsa deja. Pwojè koumanse. Pwojè disparèt.
   Poutan tout bagay rete menmman parèyman pou yo. »
   Zanmi-an di : « M konprann sitiyasyon-an. Lajan-an
   deja labank. Nan ka-sa-a, ki sa ou konseye m fè pou m
   retire lide pay mayi-a nan tèt yo? »

Diri degrennen, yon diri yon moun kuit ki manke dlo.
*Yon Ayisyen te rive direktè rejyonal nan yon bank
Etazini. Li vwayaje anpil. Sa fè li pase anpil tan ap
manje deyò. Pou sa, lè li lakay se manje ayisyen li
toujou vle manje. Madanm li, ki se yon Ayisyen tou,
anplwaye yon Ayisyen pou fè manje pou yo. Kizinyè-a se
te yon kòdonble. Men okòmansman li te gen yon gwo
pwoblèm. Madanm-nan renmen diri pat. Mari-a renmen
diri degrennen. Finalman li rezoud pwoblèm-nan. Chak
fwa li kuit diri, li mete de kalite diri sou tab. yon bòl diri
pat, yon bòl diri degrennen.*

Diri Madan Gougous, yon diri espesyal yo te plante
Latibonit. Grenn diri-sa-a byen gwo. Ayisyen te vin
renmen achte l anpil. *Klivani di si li pa kuit diri Madan
Gougous, moun kay-la pap manje lòt diri. Lè Klivani pa
gen kont kòb pou m achte diri Madan Gougous, li bay
moun kay-la mayimoulen.*

Diri pat, yon diri yon moun kuit ak twòp dlo. *Jak marye
ak Lwiz. Nateliz, manman Jak, pa te twò dakò maryaj-
la. Jak renmen Lwiz amò. Jak konnen limenm ak Lwiz
pral viv Pòtoprens. Manman-l ap viv Okap. Li panse
manman-l pa p gen anpil chans pou rantre nan zafè-l ak
Lwiz. Nateliz te ale pase twa jou Pòtoprens ak
mesyedam-yo. Jak te ale chache manman-l nan estasyon
otobis-la. Lè Nateliz rive, kouvè te deja ranje. Pandan
yo sou tab ap manje, Nateliz di : « Jak pa te abitye
manje diri pat konsa non. » Jak reponn touswit pou Lwiz
pa gen tan pale. Li di : « Manman se pa Lwiz ki kuit
diri-a. Se yon moun nou peye pou fè manje pou nou ki
kuit li. » Lwiz di : « Manmi cheri-m nan, anvan ou ale
map kuit yon bon ti diri pou ou. Ki jan ou vle-l, ak pwa
kole oubyen djondjon ? »*

Djak sou djak, yon festivite kote yon moun depanse anpil pou bay tout moun manje epi fè plis pase sa envite-yo tap atann. *Maryaj Mnemoniz ak Djonnsonn se te yon maryaj djak sou djak.*

Djobolobosou, tout sa yon moun posede epi ki pa anpil oubyen gen anpil valè. *Ranmase tout djobolobosou ou yo epi renmèt mwen kay mwen.*

Djòl alèlè, yon moun ki pale anpil. Li pale sou sa li konnen. Li pale tou sou sa li pa konnen. Sa vle di menm bagay ak « Bouch a lèlè ». *Lè de moun nan katye-a ap pale, depi yo wè Filiklès ap vini yo sispann. Tout moun konnen Filiklès se yon djòl alèlè.*

Djòl bòkyè, yon moun ki lèd anpil. *Manman Klèvilya vle pou Klèvilya marye ak yon jennonm ki sòti Naso. Klèvilya refize. Klèvilya di jennom nan gen ti mwayen se vre, men li pap marye ak yon djòl bòkyè.*

Djòl loulou, yon bagay ki bon anpil; ki bay anpil satisfaksyon; yon manje pa egzanp. *1) M te asiste maryaj mesyedam-sa-a yo. Se te bèl maryaj; se te yon maryaj djòl loulou. 2) Telemon ap manje yon mango. Mitelya di: « Jan m wè ou ap manje mango-sa-a, gen lè se yon bon mango. » Telemon reponn : « Se djòl loulou. »*

Dlo beni, yon dlo yon otorite relijye beni. Moun ka sèvi ak li pou fè plizyè bagay. Tankou anvan yo antere yon kadav, yo ka voye dlo beni sou li. *Analya te tèlman travay anpil nan legliz, prèt-la mache apye dèyè konvwa-a pou voye dlo beni sou tonb Analya.*

Dlo chita, yon basen dlo ki pa koule. *Apre yon inondasyon, plizyè moun neye paske yo rantre nan dlo* *chita yo panse ki pa fon. Se pou sa yo toujou bay chofè konsèy pou yo pa janm rantre nan dlo chita anvan yo chache konnen pwofondè-l.*

Dlo desann, lè yon rivyè debòde epi lakòz inondasyon. *Dlo desann epi li ravaje jaden tout peyizan.*

Dlo grèg, kafe klè. Kafe ki pa fò. *Sa pa kafe. Sa se yon dlo grèg.*

Dlo viv, yon bouyon ak viv tankou bannann, yanm, malanga ki pa gen vyann ni anpil legim. *Nikòl renmen ak Sam. Sam ap etidye nan seminè biblik paske li chwazi pou vin pastè. Yon jou samdi apremidi, Sam pase kay Nikòl. Nikòl konnen Sam te grangou. Manman Nikòl te fin fè yon bouyon. Nikòl ale nan kizin-nan. Li di manman-l : « Manmi cherim-nan, Sam grangou. Nap bay nan bouyon-an? » Manman Nikòl di : « Ki bouyon pitit ? M te deja di ou se yon dlo viv manje-a ye se pa bouyon. Ou gen kouray pou ofri mennaj ou yon dlo viv? Li pral di si se sa manman ou rele bouyon, sa pou li espere nan men ou. » Nikòl reponn : « Manman, se pa premye fwa Sam ap manje nan kay-la. Jennonm-nan grangou. Banm yon bòl pou m mete enpe bouyon pou li. »*

Do laj, lè yon moun pa kite sa lòt moun ap di mal de li bay pwoblèm. *Konstansya ak Kikin rankontre nan yon premyè kominyon. Konstansya di Kikin : « Kikin pitit, kouman ou fè anfòm konsa. Jan moun zonn-nan pale ou mal ? » Kikin reponn : « M pa bay pèsonn regle anyen pou mwen. Yo mèt kontinye pale anpil. Do m laj. »*

Dodo meya, yon moun di sa pou montre satisfaksyon l lè li fin fè oubyen jwenn yon bagay ki bay li anpil satisfakson. Pafwa li ka di sa tou pou eksprime

kontantman l pou yon lòt moun ki reyalize yon bakay ki
bay lòt moun nan anpil satisfaksyon. *1) Valena te
responsab resepsyon yon maryaj. Lè li retounen lakay li
apre resepsyon-an manman l mande: « Nana, kouman
sa te pase? » Valena reponn : « Dodo meya! » 2) Yon
gran atis te fin fè yon bèl tablo. Yon zanmi te rantre nan
atelye travay atis-la. Atis-la montre zanmi-an tablo-a
sou yon mi. Li mande zanmi an: « Kouman ou wè l? »
Zanmi-an pa pale anpil. Li admire travay atis-la. Apre
yon minit li reponn: « Se dodo meya! »*

Doktè de men, doktè ki etidye epi pratike medsin men ki
   kwè tou nan vodou ak sa vodou ka fè pou trete moun.
   *Tout moun konnen doktè Lwivil se yon doktè de men.
   Anpil moun di li konnen ki maladi ki maladi natirèl epi
   ki maladi ki pa maladi natirèl.*

Doktè fèy, moun ki gen konesans anpil fèy epi ki sèvi ak
   yo pou trete malad. *Gran papa Tatoun se te yon doktè
   fèy. Se sak fè malgre Tatoun ap viv Etazini, li toujou
   gen fèy pou tout maladi lakay li. Tout bon zanmi-l rele-l
   doktè fèy.*

Dòmi ale avèk, dòmi depase. Lè pou moun-nan te reveye
   depase. *Nestò se pi gwo bòs ebenis nan Kafoufèy.
   Madanm Nestò gen rezidans Etazini. Li rele Lizmèn.
   Nestò pa vle kite Ayiti. Li di tout moun li pa renmen
   Etazini. Men Nestò renmen Lizmèn amò. Finalman,
   Lizmèn bay Nestò yon iltimatòm. Li di Nestò oubyen li
   rantre oubyen chak moun ap fè chimen pa yo. Nestò te
   konprann sa Lizmèn te vle di trè byen. Nan twa mwa,
   Nestò kite tout kliyan, tout atelye. Li rantre Noujèze nan
   mwa desanm. Kou li rive, li rankontre yon blan li te fè
   yon travay pou li an Ayiti. Blan-an fè li jwenn yon
   travay toutswit nan yon gwo magazen ki vann materyo
   konstriksyon. Nestò ap travay nan depatman pou enstale*

kabinèt nan kizin kliyan magazen-an. Men chak maten pou Nestò leve sòti nan fredi mwa desann nan Noujèse se yon traka. Epi Nestò gen yon lòt pwoblèm tou. Li debouye-l nan angle men li pa maton nan lang-nan. Yon jou maten, Nestò rive an reta. Ekip li te gen pou sòti ak li-a deja ale. Manadjè-a mande Nestò: « What happened? » Sa vle di « sak pase? » Nestò reponn: « Sleep went with me. » Manadjè-a konprann tout mo angle yo men li pa fin konprann payòl-la. Li rele yon Ayisyen ki pale angle byen pou tradwi pou li. Lè Ayisyen-an rive, li mande Nestò : « Sa ou te di blan-an ? » Nestò di ayisyen-an : « Monchè di blan-an dòmi te ale avè m. » Ayisyen-an di blan-an : « He overslept. » Blan-an di Ayisyen-an: « He said sleep went with me. » Ayisyen-an ri pou pa chape.

Dòmi kò pèdi, dòmi nèt ale san konnen sa kap pase. *Pyè ap viv Wèspalmbich, nan Florida. Tout moun rele l Peter. Peter ta pral marye. Senmenn anvan jou maryaj-la, Peter te gen yon egzamen Bawo Avoka Florida-a pou li te pran. Li te tèlman etidye pou egzamen-an, nan samdi, jou maryaj-la, li te fatige pou mouri. Nan maten li desann Miyami. Lè lap retounen vè midi, grangou te ajoute sou fatig-la. Lap fè move kout volan sou eksprèswe-a. Li kite eksprèswe-a. Li rantre nan yon restoran. Li achte yon sandwich san li pa desann machin-nan. Li deside pou li rete nan pakin-nan epi manje sandwich-la. Apre li fini, li deside pase yon kenz minit dòmi anvan li reprann wout-la. Maryaj gen pou koumanse a sizè. Vè twazè pèsonn moun pa wè Peter. Yo rele yon bon zanmi Peter. Zanmi-an di dènye fwa li te pale ak Peter se Miyami Peter te ye. Yo rele tout moun Miyami yo panse ki ta ka bay nouvèl Peter. Pèsonn moun pa konnen. Lè li te vè senkè, yo deside alète polis Wèspalmbich, polis Bwawòd ak polis Miyami. Yo bay nimewo plak machin Peter. Nan chache chache, polis*

Bwawòd detekte machin Peter nan pakin restoran-an ak motè-a ap mache. Lè polis gade anndan machin-nan, yo wè Peter kap dòmi kò pèdi.

Dòmi kote, aksepte yon bagay akòz sikonstans oubyen pou satisfè lòt moun. Pa gen mwayen pou chanje sititiyasyon-an oubyen bagay-la. *Lizmina renmen ak Nèlson. Lè Lizmina di manman l sa, manman l mete de men nan tèt. Manman l di : « Pitit ou konnen papa Nèlson te rantre byen fon nan gouvènman ki fenk tonbe-a. Papa ou te toujou di li pap janm nan lanmou bennen ak moun ki te nan gouvènman-sa-a. Pou trouve mwayen ou renmen ak Nèlson. Ou tou konnen papa ou pap dakò. » Lizmina di : « Man, se tout lajounen papa m ap repete « Zak papa pa zak pitit. Li pa ka refize Nèlson pou bofis akòz sa papa Nèlson te fè. Si li pa dakò, la dòmi kote-l. »*

Dòmi opye, dòmi yon kote oubyen yon pozisyon ki pa fèt pou moun dòmi. *Tan pou ap dòmi opye al kouche. Wa fè yon ti kabicha.*

Dòmi pote ale, lè yon moun dòmi pase lè li ta dwe leve. *Silya gen pou la l travay. Dòmi pote l ale. Li manke rive an reta.*

Dòmi sou pye, sa vle di menm bagay ak dòmi opye.

Dòmi tronpe, lè yon moun leve nan dòmi twò ta. Li pa gen tan pou li fè yon bagay li te gen pou fè oubyen li rive anreta nan yon randevou. *Zazoun rive an reta lekòl twa jou swivi. Chak jou li di direktris lekòl-la dòmi tronpe-l. Twazyèm jou-a direktris la di Zazoun : « Chak jou ou kite dòmi tronpe ou ; se pou chache yon fason pou tronpe dòmi tou. »*

Dòmi vole, sa vle di menm bagay ak dòmi tronpe.

Dwèt jouda, endèks. Dwèt ki tou pre dwèt pous. Depi yon
moun ap montre yon bagay se li moun nan sèvi. Se pou
sa Ayisyen rele-l dwèt jouda. Yo panse se dwèt sa-a
Jouda te sèvi pou montre ki lès nan mitan mesye-yo ki te
Jezi. *Pelimona gen twa pitit fi. Li te ale nan yon
reyinyon. Ti medam yo tap jwe ak yon boul nan kay-la.
Boul-la frape yon poflè ki te sou yon tab. Poflè-a kraze.
Lè Pelimona retounen, li mande ki moun ki kraze po flè-
a. Pi piti-a lonje dwèt sou dezyèm nan. Dezyèm nan
lonje dwèt sou premye-a. Premye-a reponn : « Pa lonje
dwèt jouda ou sou mwen. »*

Dwèt long, moun ki gen abitid pran sa ki pa pou li. Yon
vòlò. Sa vle di menm bagay ak men long. *Kleman ak
madanm ni gen dis pitit. Yo ap viv Senjandisid. Yon
kouzin madanm-nan te sòti Desalin pou pase nwèl ak
fanmiy-nan. Kouzin-nan te sezi lè li wè moun-yo pa
fèmen anyen ak kle andedan kay-la magre gen tout
timoun sa-a yo nan kay-la. Li fè kouzin-nan remak-la.
Man Kleman di l: « M pa mete anyen anba kle bò isit. M
pa gen moun ki gen dwèt long nan kay-la. »*

E

Eskanp figi, fòm natirèl figi yon moun, sitou fason zo figi-a aliyen. *Tina wè eskanp figi Silfaniz kraze. Li mande Silvaniz sa-k pase. Silfaniz di se tonbe li te tonbe. Tina se yon oksilyè. Li pa kwè Silfaniz. Li sèten mak li wè yo se mak kou. Apre travay, Tina pase nan yon òganizasyon dwa fanm. Li esplike direktris òganizasyon-an jan li wè eskanp figi Silvaniz kraze-a sa sanble se yon moun ki bay Silvaniz kou. Tina di li panse se mari Silvaniz ki ap maltrete Silvaniz. Li mande direktris-la pou fè yon bagay ak sa. Direktris-la di Tina: « Se regretan. Men si Silvaniz pa chache sekou, pa gen anyen nou ka fè. » Tina pase de minit li chita san di anyen. Dlo koule nan je l. Apre sa li frape men l sou tab bò kote li te chit- a. Li pran valiz li. Li sòti byen move.*

F

Farinay lapli, yon lapli ki tonbe nan yon tan tou kout epi grenn lapli-a fin. *Gen elèv menm si dlo desann, yo vlope liv-yo nan yon plastik pou yo ale lekòl. Men gen lòt tou, depi gen yon ti farinay lapli, yo rete lakay.*

Fanm deyò, sa vle di menm bagay ak fanm sou kote. Yon fanm kap viv ak yon mesye marye pandan mesye marye-a toujou nan kay ak madanm-ni. *Kotèl, premye pitit Fizelya gen kenz an. Li te toujou premye nan klas li. Li fò nan tout matyè-yo. Vildò, yon lòt ti gason ki te nan konpetisyon ak Kotèl, aprann manman Kotèl te fè Kotèl anvan l te marye. Kotèl se pitit yon lòt mesye marye. Vildò koumanse rele Kotèl « pitit fanm deyò ». Depi lè-sa-a, anpil elèv swiv Vildò. Yo bliye non Kotèl. Yo tout rele Kotèl « pitit fanm deyò. » Yon jou Kotèl di manman l lap kite lekòl-la. Fizelya sezi. Li mande Kotèl poukisa. Kotèl pa vle di poukisa. Se yon zanmi Kotèl ki te esplike Fizelya poukisa Kotèl vle kite lekòl-la. Sa te fè Fizelya mal. Li pase de jou san manje. Li pa ka dòmi. Finalman, Fizelya fè yon ti konvèsasyon ak pwòp tèt pa l. Li di : « Fanm vanyan, sa ou ap fè konsa ? Ou pa ka refè sak pase. Men ou pa ka kite pase kokobe prezan ak lavni. Bay dèyè ou de tap pou kontinye fè edikasyon pitit gason ou. » Menm jou-a, Fizelya fè yon gwo bonm bouyon. Tout moun manje vant deboutonnen. Fizelya bwè yon gwo bòl bouyon. Nan lasware, li rele Kotèl. Li esplike Kotèl nan ki kondisyon li te fè l. Li fè l konnen sa pa ka anpeche l vin yon nonm total kapital. Li di Kotèl : « Mete gason sou ou. Ou gen yon manman vanyan dèyè* *ou. Nou gen Granmèt-la kap veye sou nou. Anyen pa enposip.» Nan landemen, Fizelya ale nan lekòl-la. Li rakonte direktè-a sak pase. Direktè-a pran aksyon. Sa te sispann. Depi lè-sa-a, Kotèl pran anganjman pou defann dwa fanm. Li te vin yon gran avoka. Li te rive Minis Afè Sosyal. Li travay san pran souf pou chanje kondysyon fanm nan tout dimansyon : legal, ekonomik, sosyal, relijye, elatriye. Anpasan, li te vin bon zanmi Vildò.*

Fanm kay, madan-m marye. *Anplis fanm kay li, Olijèn gen de lòt fanm deyò. Chak fè twa pitit pou li.*

Fanm kreyòl, fanm natif natal. Nan tan lakoloni, fanm ki te fèt nan koloni-an ; fanm ki pa te sòti Ewòp. Fanm kreyòl vle di tou yon fanm ki brav; yon fanm ki konnen kijan pou li regle biznis li. *Yon jou gen yon prèt kap preche. Nan mitan sèmon-an li deklare mennaj-li se yon fanm kreyòl. Te gen yon dam ki te vizite legliz-la. Lè li tande prèt-la fè yon deklarasyon konsa, li pran chaplè ki te nan men l li mete l nan bous li. Li kite mès-la. Depi li kite legliz-la li koumanse joure prèt. Li di menm si prèt-la te gen mennaj li, men li pa ta bezwen ap pibliye sa nan mitan yon mès. Sa madanm-nan pa te konnen, prèt-la pa te yon prèt katolik. Se te yon prèt episkopal ki gen dwa fiyanse epi marye ak yon fanm kreyòl.*

Fanm sou kote, yon fanm ki ap viv ak yon mesye marye ki pa divòse epi ki toujou ap viv nan kay ak madanm li; sa vle di menm bagay ak « fanm deyò». *Jwazilya gen setan maryaj ak Lekmyèl. Yon jou Jwazilya pran de pitit fi yo genyen li kite kay-la. Lekmyèl te preske fou. Jwazilya te renmen manman Lekmyèl anpil. Lekmyèl soupliye manman l pou al pale ak Jwazilya pou eseye fè Jwazilya retounnen lakay-la. Jwazilya di manman Lekmyèl : « M renmen ou anpil. M gen anpil respè pou* *ou tou. Men m pap retounen. Lekmyèl gen de fanm deyò. M gen pou devwa pou m pwoteje tèt mwen kont maladi seksyèl tankou sida, gonore ak lòt ankò. Epi tou, m pa ka elve de pitit fi-m yo nan yon kondisyon konsa. »*

Fanm soutirèz, fanm ki kache bagay ki mal pou yon lòt moun. *Si Miltida pa te yon fanm sitirèz, yon sèl pitit gason li genyen pa ta nan prizon jounen jodi-a.*

Fanm vanyan, fanm ki pa pè vanse lè lap regle zafè l malgre anpil pwoblèm ak difikilte. *Yon travayè sosyal tap fè yon konferans sou fanm ayisyen. Apre li fin pale, li mande si gen moun ki gen kesyon oubyen ki vle fè kòmantè. Melani, yon etidyan lekòl dedwa pran lapawòl. Li di : « Nou ka di preske tout fanm ayisyen se fanm vanyan. Lavi ekonomik peyi-a chita sou do yo. Fanm andeyò tankou fanm lavil, yo tout travay di pou fè levasyon pitit-yo nan kondisyon difisil anpil. Fanm vanyan nou jwenn nan peyi-sa-a, pa gen tankou yo. »*

Fann fwa, 1) Yo sèvi sa pou montre ki jan yon bagay difisil ; 2) yo sèvi-l tou pou esplike kouman yon moun maltrete yon lòt moun. *1) Travay-sa-a se yon travay fann fwa. Plizyè travayè mouri ladan-l deja. 2) Fòk ou disipline yon timoun. Men ou pa bezwen bat timoun-nan jouk ou fann fwa-l. Sa pa disiplin. Se abi.*

Fè alevini, moun kap fè mouvman san konnen sa lap regle. *Pedervil fini inivèsite depi enan. Chak jou li abiye byen fèn. Lap fè alevini nan biwo tout depatman-yo. Men pa gen yon moun ki konnen sa lap regle. Li pa gen lajan pou li menm lwe yon bon kay pou mete madanm li ak pitit li.*

Fè bagay, fè sèks. *Madan Klo ap viv Miyami. Li gen de pitit, yon fi yon gason. Fi-a rele Klodya. Klodya fini*

Aiskoul. Plizyè inivèsite aksepte Klodya. Klodya chwazi yon inivèsite Boston ki bay yon bous katran. Tout moun di Madan Klo pou li pa voye pitit fi-l nan inivèsite lwen konsa. Madan Klo di : « Sa pou m te fè-a m fin fè l. Klodya mèt ale lekòl kote li vle. » Apre premye trimès lekòl-la Klodya retounen pou vakans nwèl. Yon vwazin pase kay Man Klo. Pandan li nan salon-an li di: « Vwazin ou se manman. Mwen se manman. Nou tou de gen je pou wè. » Man Klo di : « Pou wè kisa ? » Vwazin-nan kontinye : « M pa di Klodya nan fè bagay, men gwosè-sa-a li tounen ak li-a se yon gwosè sispèk. Sa pa sanble yon gwosè natirèl. » Kizin kay-la kole ak salon-an. Klodya te nan kizin-nan. Vwazin-nan pa te konn sa. Anvan Man Klo gen tan reponn vwazin-nan, Klodya parèt nan salon-an. Klodya te toujou rele vwazin-nan Man Te. Klodya di : « Man Te, kouman ou ye ? M te anvi wè nou anpil. Se sak fè m kouri desann byenke ti vakans-la kout. » Man te di : « Konsa nou kontan wè ou tou pitit. Se tout tan map mande Man Klo pou ou. Bon m pap rete non. Se yon vizit doktè. M kite yon pwa sou dife-a. Fòk mwen ale anvan dlo-a fini. » Klodya bo Man Te. Man Te bo Man Klo. Man Te ale. Lè Man Te fin sòti nan lakou-a, Klodya ak manman-l ri pou yo pa chape.

Fè banda, sa vle di menm bagay ak taye banda. Lè yon moun ap chache tout okazyon pou fè moun wè-l oubyen fè wè sa li posede oubyen akonpli. *Premye pitit fi Binouch diplome nan lekòl medsin. Binouch fè banda tankou se li ki te sòt pran diplòm-nan.*

Fè bann, lè moun rasanble yonn apre lòt jouk tan yon foul moun reyini sitou pou move aksyon. *Depi ou wè mesye-sa-a yo koumanse fè bann nan zonn-nan, ou mèt mete bab ou alatranp. Talè konsa se polis pou ki vin mete lòd.*

Fè bèbèl, lè yon moun pran tan pou li byen abiye epi byen pran swen kòl. Li pwofite tout ti okazyon pou moun ka wè-l tou. *Anpil moun te konprann Chacha pa te yon bèl fi. Li fenk jwenn yon travay. Li koumanse fè bèbèl ak tèt li. Anpil nan jenn mesye-yo koumanse gen je sou li.*

Fè bèk atè, bay legen, kite sa ; lè moun koumanse fè yon bagay epi ki sispann akòz pwoblèm oubyen difikilte. *Joujou te nan fakilte medsin. Apre twazan Joujou di manman-l etid-la twòp pou li. Joujou di lap kite medsin pou yon lòt pwofesyon. Manman Joujou di Joujou : « Se pitit Desalin ou ye, ou pa ka fè bèk atè. » Joujou te renmen Desalin anpil. Apre pawòl-sa-a, Joujou reprann kouraj epi deside pa gen anyen ki ka anpeche-l vin yon medsen.*

Fè bèl, lè yon ti moun fenk koumanse ap kanpe pou kont li epi ap eseye fè kèk ti pa. *Depi yon manman wè pitit li koumanse fè bèl, li bliye tout doulè akouchman.*

Fè bèl jès , ede moun. *Papa Ansèl toujou di Ansèl pou li toujou fè bèl jès ak tout moun depi li kapab. Li te toujou swiv konsèy papa-l. Gouvènman ayisyen te voye-l kòm konsil nan Chikago. Yon jou apre travay nan mwa janvye, te gen yon fredi 20 degre anba zero. Ansèl kanpe senkant minit li pa ka jwenn yon taksi. Tout taksi ki pase gen moun. Finalman, yon taksi kanpe devan Ansèl. Li etone paske li pa te menm leve men pou chofè-a te wè se yon moun kap tann taksi. Lè li rantre nan taksi-a, chofè-a di: « Se Mèt Ansèl Dezilmon ? » Ansèl sezi. Li di : « Wi. Se li. » Chofè-a di : « Ou pa konnen m. Men ou te konn fè bèl jès ak premye pitit gason m lè ou te pwofesè istwa nan lise Petyon. Li toujou ap repete sa. Li te fè yon doktora nan syans politik. Li ap anseye nan inivèsite Chikago. Map depoze ou kote ou prale-a. Apre sa m pral pran-l nan inivèsite-a. Mèt Dezilmon di : « Pase* *pran-l anvan konsa m ka gen jans rankontre-l. pandan li chita nan taksi-a, Ansèl ap repase nan tèt li tout sa papa-l te konn di-l sou kouman sa enpòtan pou fè bèl jès ak tout moun.*

Fè bezwen, pipi oubyen okabine. *Yonn nan pi gwo nesesite nan yon peyi kap devlope se pou anpeche popilasyon-an fè bezwen nenpòt kote. Sa mande yon kolaborasyon ant populasyon-an, gouvènman ak biznis. Sa mande anpil edikasyon tou.*

Fè bouch moun long, fè moun fache. *Ti jennonm-nan tèlman bay manman-l pwoblèm, se tout jounen lap fè bouch madanm-nan long.*

Fè chita, lè yon moun rive gen kont byen pou li viv pou tout rès vi-l. *Andrelyen ak madanm-li fè chita yo. Yo tou de gen pansyon nan travay yo. Tout pitit yo diplome nan inivèsite. Yo pa dwe senk kòb sou kay yo.*

Fè chiya, lè yon timoun ap kriye tout tan san ankenn rezon. *Li toujou enpòtan pou moun pran pasyans ak ti moun kap fè chiya. Anpil gran profesyonèl, anpil gran vedèt nan tout domèn te konn fè chiya lè yo te piti.*

Fè chiyapan, Sa vle di menm bagay ak fè chiya.

Fè dappiyan, pran yon bagay ak fòs. *Yon gwoup ame fè dappiyan sou yon depo machandiz. Yo devalize depo-a. Apre yon senmenn yo tounen pou yon lòt dappiyan. Yon ajan sekirite elimine de ladan-yo. Twa lòt-yo gen tan chape poul-yo. Lapolis ap chache yo.*

Fè deblozay, fè kont. Joure byen fò nan piblik ki ka menm lakòz batay. *Depi gen deblozay nan katye-a se pou*

Etaniz kouri al gade. Yon jenn fi pa fèt pou renmen deblozay konsa.

Fè de jou kay Koyo, lè yon moun gen chans pou ale lekòl an Ayiti. *Madanm nan konprann map achte chat nan sak. Li bliye si m te fè de jou kay Koyo.*

Fè dekabès, 1) genyen nan yon jwèt domino epi chak pwent nan liy domino ki sou tab-la koresponn ak yonn nan bò dènye bout domino ki nan men jwè-a. 2) jwenn yon gwo avantaj nan yon bagay anplis sa moun-nan tap espere jwenn. *1) Botan domine jwèt domino-a. Li fè twa dekabès swivi swivi. 2) Damo achte yon kawo tè. Li fè dekabès nan afè-a. Gen yon sous dlo sou tè-a kap bay senk mil galon dlo pa jou.*

Fè deran, joure oubyen goumen nan lari. *Ezmana se yon fanm entelijan anpil. Epi se yon fanm respektab tou. Ou pa janm tande Ezmana nan fè deran. Sa pa etone pèsonn moun lè majistra vil-la te bay Ezmana pri sitwayen modèl pou ane-a.*

Fè dewòk, lè Ayisyen kap viv Etazizi fè yon jounen travay yon lòt kote nan jou konje yo. *Vivyani ap travay kòm oksilyè nan yon lopital Miyami. Chak jou konje li al fè dewòk nan yon klinik prive. Se ak kòb dewòk-la li peye pansyon pou de pitit li kite ann Ayiti.*

Fè e defè, lè yon moun sèvi ak pouvwa oubyen otorite-l pou fè sa li pito. *Dapre nouvo konstitisyon-an, yon prezidan pa ka fè e defè nan peyi-a ankò. Se Premye Minis-la ki tèt Gouvènman-an. Anpil Ayisyen ponkò rive konprann chanjman sa-a epi kouman sa dwe mache.*

Fè fen, marye. Yo sèvi ak sa sitou pou jenn fi ki marye. *Metilya gen trantan. Li gen yon gwo restoran ki bay dis*

*moun travay. Tout moun rele l Mis Me. Maryaj ponkò
enterese Metilya. Men chak jou manman l ap mande
moun legliz pou lapriyè pou Metilya, pou Metilya fè fen.
Tout lasent jounen, moun legliz-la ap mande Metilya:
« Mis Me, ki lè ou ap fè fen ? » Sa te tèlman nwi Metilya
li kite legliz manman l nan. Li al mache nan yon lòt
legliz kote zafè fè fen-an pa yon pwoblèm pou li.*

Fè fent, lè yon moun pran pòz li ap fè yon bagay pou li
evite fè yon lòt bagay li dwe fè. *Msye ak madam Pepe
ap viv Bòston. Yo gen senk gason. Chak jou yonn nan
gason-yo dwe lave asyèt apre dine. Pateko, twazyèm
gason-an, toujou gen yon pwoblèm lè se jou pa l. Yon
jou li pran pòz ap dòmi. Man Pepe rantre nan chanm-
nan. Li pran l nan chemiz. Li menen l devan lavabo-a.
Man Pepe di l : « Kanpe lave asyèt-yo. Ou pran pòz ap
dòmi pou yon lòt moun lave yo. Map fè ou sispann fè
fent. »*

Fè fèzè. pale moun mal. Di sak pa sa sou moun. *Tout tan
Melena ap pleyen ki jan li pa gen zanmi. Li di li fè anpil
moun dibyen poutan yonn nan yo pa zanmi l. Tout moun
nan katye-a di Melani se yon moun ki renmen rann
sèvis. Men li fè fèzè sou tout moun. Se pou sa pa gen
moun ki nan zanmitay ak li.*

Fè filalang, fè tankou ou ap bay yon moun yon bagay epi
lè li lonje men-l pou li pran-l ou pa bay li. Oubyen yon
moun ki pwomèt plizyè fwa pou li bay yon lòt yon
bagay epi li pa janm kenbe pawòl li. Li fè moun-nan
filalang. *Jede pase kay Filidò. Lè li rive li wè Filiis,
premye gason Filidò kap montre papa-l kanè-l. Filiis te
premye nan tout matyè-yo. Jede di Filiis : « Konpliman
mon gason ! Pase lakay denmen. Map kite yon gwo
zaboka pou ou. » Lè Filiis rive nan denmen swa, Jede di
Filiis li regrèt paske se yon sèl zaboka ki rete. Se ak*

*zaboka-sa-a moun kay-la pra-l manje yon mayi moulen
ak pwa. Man Jede tap koute konvèsasyon-an. Li rantre
nan chanm-nan. Li rele Jede. Li di Jede : « Bay ti
gason-an zaboka-a. Nap manje mayi-a san zaboka. Se
yon bagay pou pa janm fè. » Jede di : « Ki sal ye ? »
Man Jede di : « Fè timoun filalang. Yon granmoun ap
bliye. Timoun pap janm bliye sa. » Jede sòti. Li bay
Filiis zaboka-a ak anpil konpliman.*

Fè fòlòp, fè yon ti vwayaj tou kout lè moun pa tap atann
akòz okipasyon moun ki fè ti vwayaj-la. *Yon papa te
gen senk pitit. Manman yo te ap viv Nouyòk. Li te aplike
pou rezidans pou fanmiy li men sa te pran anpil tan.
Papa-a tap travay Latibonit nan yon pwojè diri. Li te
lwe yon kay Pòtoprens pou mete timoun-yo. Manman
madanm-nan te rete nan kay-la ak timoun yo. Chak de
jou papa-a te fè yon fòlòp pou rantre Pòtoprens pou wè
timoun-yo.*

Fè fon, lè yon moun pèdi lajan nan yon bizniz oubyen nan
yon pwojè li panse te ka rapòte lajan. *Omizye pase
trantan ap travay nan yon faktori Etazini. Li pran tout
lajan pansyon-l. Li retounen Ayiti nan vil kote li te fèt.
Li louvwi yon gro episri. Sa te koumanse mache byen.
Men gen twòp difikilte pou machandiz rive jwenn
Omizye nan vil-la. Bizniz-la fè fon.*

Fè gam, lè yon moun pale anpil de yon bagay li te sipoze
kenbe sekrè oubyen yon bagay ki pa merite pou li tap fè
piblisite pou li. *1) Joli dakò pou li renmen ak Tenò. Li di
Tenò li pap gen pwoblèm ak manman-l. Men li pa sèten
ki jan papa-l va resevwa nouvèl-la. Li di Tenò, pa di
moun sa yon fason pou li ak manman-l gen tan pou
prepare papa-l anvan yo bay li nouvèl-la. Lamenm Tenò
koumanse fè gam ak bagay-la. Se nan bouch lòt moun
papa Joli aprann Joli renmen ak Tenò. 2) Perino mache*

*fè gam nan tout katye-a pou fè konnen li rive bati yon
kay. Tout moun kirye pou ale wè kay-la. Lè yo rive,
devine sa yo wè? Yon ti kay de pyès.*

Fè gran dizè, lè yon moun fè lòt moun konnen li gen plis
bagay oubyen plis konesans pase sa li genyen vre.
Oubyen moun-nan ka posede anpil vre epi li toujou ap fè
moun konnen kijan li genyen anpil bagay. *1) Milvil ap fè
yon bann grandizè paske li fè filo. Si li te diplome nan
inivèsite menm rwa pa tap kouzen-l. 2) Mouvlin travay
anpil pou li meble kay li. Men pa gen rezon pou lap
mache fè tout grandizè-sa- a yo.*

Fè je chèch, lè yon moun fè yon bagay ki mal epi yo
jwenn se li ki fè bagay-la poutan lap eseye konvenk tout
moun se pa li. *Gastrid gen twa pitit gason, Inoma, Jetan
ak Nasoul. Se Inoma ki pi piti. Yon jou, Gastrid sòti. Li
te gen yon gwo boutèy siwo myèl sou yon etajè. Pandan
Jetan ak Nasoul ap jwe foutbòl, Inoma anvi pran nan
siwo myèl-la. Li pran yon chèz pou men li rive kote siwo
myèl-la te ye-a. Pandan lap lonje men-l, chèz-la glise.
Li tonbe ak tout boutèy siwo myèl-la. Boutèy-la kraze.
Siwo myèl vole sou chemiz ak pantalon Inoma. Inoma
retire rad-yo. Li sere-yo anban kabann-li. Li rele lòt de
frè yo. Li di yo boutèy siwo myè-la tonbe. Li kraze.
Pandan yo ap ranmase moso boutèy yo, Gastrid rantre.
Lè li mande kouman siwo-a fè tonbe, tout moun bay
istwa pa yo. Yo ranmase siwo-a epi siye planche-a. Pita,
Gastrid ap ranmase rad pou la-l lave. Kòm li konnen
mesye-yo toujou gen abitid lage rad toupatou, li gade
anba kabann chak moun pou wè si li pa jwenn chosèt
oubyen lòt rad. Men Gastrid tonbe sou rad Inoma te
sere ak siwo myèl-la. Li pa di anyen. Li rele mesye-yo
ankò. Li di yo: « Se pou nou di-m ki lès nan nou ki kraze
boutèy siwo myèl-la. » Yo tout repete menm istwa yo te
bay anvan. Gastrid gade Inoman nan je. Inoma di :*

« Manman-m ap gade-m tankou se mwen ki te kraze boutèy-la. » Gastrid di : « Inoma, gade-m nan je. Sispann fè je chèch. » Li rale rad siwo myèl-la nan mitan rad sal yo. Li di Inoma : « Rad ki moun sa ye ? » Jetan ak Nasoul rele : « De je kontre manti kaba. »

Fè je dou, yon gason oubyen yon fi ki damou pou yon moun epi ki montre sa nan fason li gade moun-nan. *Jozevil tap travay nan yon faktori nan Pòtoprens. Tout anplwaye yo toujou ap felisite Jozevil kòm yon bon travayè. Soudènman, bòs-la revoke Jozevil. Lè yo mande bòs-la poukisa li revoke Jozevil, bòs-la di Jozevil tap fè pitit fi l je dou.*

Fè jako pye vèt, yon gason kap chache fè mennaj ak yon fi, men li klè pou tout moun fi-a pap janm rive renmen ak gason-an. *Sa gen plis pase ennan depi jennonm-nan ap fè jako pye vèt dèyè Patoucha. Men se tan l lap gaspiye. Li klè pou tout moun Patoucha pap janm reponn li.*

Fè jis pri, lè yon moun ap negosye ak yon machann pou desann pri ki sou yon machandiz. *Elizabèt gen yon pitit fi. Li rele-l Zabèt. Zabèt ap viv Atlanta. Li voye chache manman-l. Depi Elizabèt rive, li pa konprann kouman Zabèt fè peye pri ki sou nenpòt machandiz san-l pa fè jis pri. Zabèt di : « Manman si yon komèsan ap fè jis pri, li ka gen pwoblèm ak leta. » Elizabèt di Zabèt : « M pa ka konprann sa. Yo di Etazini se yon peyi libète. Sanble moun pa lib jan yo di-a. Kouman yon moun fè gen biznis-li pou li pa ka negosye pri ? Ki sa leta gen pou wè ak yon kliyan kap fè jis pri ? »*

Fè jouda pale moun mal. *Tan pou medam-yo chache travay pou yo fè yo pito pase tout la sent jounen ap fè jouda.*

Fè kalewès, fè parese. *Pèsonn moun pa ka anvye sò Meleyon. Se ak swè fron-l li achte tout sa li posede. Depi-l te jenn ti gason li pa jannm nan fè kalewès.*

Fè kazwèl, fè parès. *Rizmelyen pa janm fè kazwèl nan travay. Sa fè depi lap travay yon kote, menm si yo ap revoke moun, bòs-la toujou di Rizmelyen se dènye travayè pou li ta revoke.*

Fè kenken, yon bagay ki anpil ; ki plis pase sa moun tap atann oubyen bezwen. *Ane-sa-a zaboka fè kenken tout kote. Se domaj nou pa gen jan pou konsève-yo ni voye-yo vann lòt kote.*

Fè kèt, mande moun lajan pou yon kòz. *De ansyen etidyan fakilte-a pase dezan ap fè kèt pou konstri yon laboratwa nan fakilte-a. Finalman yo reyalize objektif-yo. Fakilte-a fenk louvwi pi gwo laboratwa nan vil-la.*

Fè kò piti, lè yon moun pran aksyon pou pa atire atansyon sou li. Se yon fason pou li pa bay pèsonn pwoblèm epi rive jwenn sa li bezwen. *Lemyèl fè kò-l piti nan travay-la. Lè tout anplwaye ap mande pou vote pou fòme sendika nan travay-la, li pa bay non-l. Se konsa bòs-la te rive bay Lemyèl yon pwomosyon. Men sa te bay Lemyèl anpil pwoblèm ak lòt anplwaye-yo.*

Fè kòd maltaye, fè konplo. Fè yon bagay pou rann lavi lòt moun difisil. *Yo mete Azetan sipèvizè nan faktori-a. Li tounen yon diktatè. Li fè kòd maltaye pou fè revoke tout moun ki pa dakò ak fason lap aji.*

Fè kokocha, refize pou pataje anyen. Sa se konpòtman moun ki chich anpil. *Si msye pa ede tout ti fanmiy, se pa lajan li pa genyen. Lap fè kokocha.*

Fè kont, menm bagay ak fè deblozay. Joure ki ka menm rive lakòz goumen. *Sensora prete Adelani senksan dola. Tout sa li fè pou Adelani remèt kòb-la Adelani refize. Sensora di tan pou li fè kont ak Adelani, li pito kite kòb-la pou li.*

Fè krab, lè yon moun kwè li pral genyen epi li pèdi. *Yon òganizasyon rafle yon televizyon pou ranmase lajan pou ede granmoun aje san sekou. Zemoklès achte tikè pou desan dola. Li te vle ede òganizasyon-an. Men li panse tou si li achte tout tikè-sa-a yo li gen anpil chans pou li genyen televizyon-an. Lè tiraj-la, Zemoklès fè krab. Se yon moun ki te achte yon sèl tikè ki genyen televizyon-an.*

Fè kout san, lè yon moun gen yon bagay ki pase-l toudenkou epi ki fè-l fache apil. *Neliz gen yon sèl pitit fi. Li rele-l Nelya. Nelya pral marye. Neliz mete tout zonn-nan anbranl. Sitou Neliz gen bon ti mwayen. Jou maryaj-la tout bagay pare. Nelya rive legliz-la byen abiye tankou pitit larenn Langletè. Trant minit apre lè maryaj-la fiyanse-a pa janm parèt. Tout moun koumanse enkyete. Inè apre, mesye-a pa parèt. Prèt-la di tout moun, li regrèt. Lap oblije fèmen legliz-la paske li gen yon lòt randevou nan inè. Neliz fè yon kout san. Li tonbe san lapawòl. Se lanbilans yo rele vin pran-l.*

Fè kwa bobo-l, lè yo fòse yon moun oblije pran desizyon pou sispann fè yon bagay li tap fè epi pou li pa janm fè l ankò. *Jemilò te òfelen. Papa-l te pran kanntè. Yo voye nouvèl gadkòt ameriken te jwenn moso kadav li bò yon ti zile. Lè madanm Jemilò pran nouvèl-la, li fè yon kriz kadyak. Li pa te mouri lamenm. Li pase senkèd tan ap bat lakanpay. Lè moun-yo te resi jwenn transpòtasyon pou mennen-l lopital li te deja twò ta. Kou li rive lopital*

*li mouri. Mederik, papa manman Jemilò, te pran Jemilò
lakay-li. Jemilò te gen sèt an. Mederik ak madanm-li te
fè tout sa yo kapab pou bay Jemilò sa li te bezwen. Yon
jou, grann Jemilò bouyi yon gwo bonm lèt. Li mete-l sou
yon tab nan kizin-nan pou-l fwèt. Li sòti al fè pwovizyon
nan yon mache ki te tou pre kay-la. Jemilò pa te la. Lè li
rantre li wè bonm lèt-la. Yon bon krèm te kouvwi tout
lèt-la paske lèt-la te gen tan fwèt. Jemilò gade agòch. Li
gade adwat. Li pa wè pèsonn. Li fè yon ti trou nan krèm
lèt-la. Li vide yon gwo gode. Li bwè. Lè li fini, li lave
gode-a. Li chavire-l menm kote-l te ye-a pou moun pa
konnen si li te sèvi ak li. Pandan tout tan-sa-a, granpapa
Jemilò te nan kay-la. Jemilò pat konn sa. Mederik tap
gade tout sa Jemilò tap fè nan yon fennèt ki bay bò
kizin-nan. Lè Jemilò rantre nan kay-la, granpapa-l
parèt. Jemilò sezi. Granpapa-l di : « Eske ou te gen
kasav oubyen pen lè ou tap bwè lèt-la ? » Jemilò di :
« Ki lèt. M pa sòt bwè lèt. M fenk rantre.» Nan mitan
konvèsasyon-an, grann Jemilòm parèt. Li te vini tou ak
Marikamèl. Li te rankontre Marikamèl nan mache-a.
Madan Mederik te konn fè anpil byenfè pou manman
Marikamèl lè Marikamèl tap grandi. Yon matant
Marikamèl kap viv Nouyòk te voye chache-l. Marikamèl
te diplome nan inivèsite epi li tap travay kòm yon
travayè sosyal pou Eta Nouyòk. Marikamèl tap pase de
senmenn vakans an Ayiti. Grann Jemilò mande : « Sa-k
pase ? Sa ou fè granpapa ou pou li move konsa ?
Mederik esplike medam-yo sa Jemilò sòt fè. Li di : « M
pral bay yon leson pou-m fè-l sispann pran sa ki pa pou
li san mande. » Li pran men Jemilò. Li ale nan kizin-nan
ak li. Li di Jemilò : « Gade bonm lèt-la. Se dènye bagay
ki pa pou ou ou pran ladan san mande. Li rale sentiron
l. Pandan lap bat Jemilòm lap konte kout senriton-yo.
Lè Mariloud tande jan Jemilòt tap kriye, li kouri ale nan
kizin-nan. Li soupriye Mederik pou l sipann kale
Jemilòm. Medirik kontinye. Lè Mederik lage Jemilòm,*

Jemilòm kouri. Pandan lap kouri li frape tab kote bonm lè-la te ye. Tout lèt-la tonbe. Dlo sòti nan je Marikamèl. Madan Mederik te fache tou paske li te gen plan pou bonm lèt-la. Mederik di : « M byen kontan madmwazèl-la kriye. Sa fè gen de bagay Jemilò pap janm bliye. Premye-a se rakle sentiron-an. Dezyèm-nan se dlo ki sòti nan je madmwazèl-la nan okazyon-an. M garanti-nou, apatidojoudwi, Jemilò ap fè kwa bobo-l pou li pa janm pran sa ki pa pou li. Se konsa nap gen yon sitwayen sosyete-a ka konte sou li. »

Fè lafon, fè tankou ou ap bay yon moun yon bagay. Lè moun nan pare pou li pran l se lè sa li reyalize moun kap bay bagay la pa serye ; li pa deside bay gabay la vre. Oubyen yon moun ki pwomèt yon lòt yon bagay men li pa gen ankenn entasyon pou li bay lòt-la bagay la vre. *Jaksen di yon zanmi : « M pa tolere pou pèsonn fè m lafon. Se pou sa map travay di depi m rantre Etazini. »*

Fè lagolago, fè anpil mouvman epi apre pou retounen menm kote-a. *Ou mèt rete chita la tann li. Se lagolago lap fè. Li gen pou li retounen kanmenm.*

Fè lajan travay, mete lajan labank oubyen sèvi ak lajan pou fè l rapòte entere. *Andèl ak Bovil nan menm travay Nouyòk. Yo ap touche menm kòb. Andèl toujou ap mande prete. Bovil toujou ap pale sou opotinite moun genyen nan Nouyòk pou fè lajan. Andèl mande yon zanmi Bovil kote Bovil jwenn lajan pou lap pale konsa. Zanmi an di Andèl : « Ou menm ou ap depanse lajan. Bovil limenm ap fè lajan l travay. »*

Fè lamayèt, fè ale vini sitou pou fè wè oubyen pou jwenn yon bagay. *Tout jenn mesye ou wè kap fè lamayèt nan katye-a se pa pou lòt bagay, se pou tèt ti medam Pè Klèmon yo.*

Fè lamayòt, menm bagay ak fè tenten, fè madigra. *Tan pou jennonm-nan chache yon travay serye pou pran swen fanmiy-ni, li pito chita sou plas-la ap fè lamayòt pou fè touris ri.*

Fè lasisin, pran anpil tan pou manje. Sitou lè yon moun pase anpil tan ap manje an ti miyèt yon bagay nan manje-a li renmen anpil, tankou vyann oubyen desè. *Tout moun fin manje. Eriko ap fè lasisin ak yon moso vyan. Pandan manman-l ap retire vesèl sou tab-la, yon vè dlo chavire sou moso vyann-nan.*

Fè latoubiyon, fè anpil mouvman san regle anyen. *Jozwavil fè latoubiyon men li pa ka janm jwenn you viza pou li pati.*

Fè lavironndede, vire tounen san regle anyen. *Klemansya fè lavironndede men li pa janm jwenn nouvèl mari-l.*

Fè lekòl, anseye. *Madmwazèl Alfonsin Montoban pase tout vi-l ap fè lekòl. Lè li mouri ansyen elèv-li sòti toupatou pou vin asiste fineray-li. Plizyè delegasyon te sòti a letranje, Kanada, Etazini, Lafrans, Afrik, Ameriklatin, elatriye.*

Fè lèp, *menm bagay ak fè krab. 1)lè yon moun pèdi nan yon jwèt; 2) lè yon moun pa reyisi nan yon bagay li antreprann. 1) Jaja fè lèp twa pati swivi. Finalman li sispann jwe. 2) Matacha ap achte manchdiz nan tout zonn nò-a pou li revann Pòtoprens. Li pase de mwa li pa vwayaje. Yon vwazen mande Matacha: "Vwazin m wè ou chita depi de mwa. Sak pase? Eske ou malad ? » Matacha reponn: « Non vwazin m pa malad. Mwen fè lèp nan jwèt-la. Tout kòb biznis-la fè fon. »*

Fè lizaj, patisipe nan yon bagay. *Izmon rantre nan yon koperativ pou devlòpman zonn kote li te sòti. Yon jou reyinyon, yon manm komite koperativ-la ofri Izmon kafe. Izmon di: « Non mèsi. M pa fè lizaj. » Yon lòt manm ofri-l yon sigarèt. Li reponn: « Non mèsi. M pa fè lizaj. » Yonn nan manm-yo di: « Izmon se yon sen legliz. Li pa fè lizaj anyen. »*

Fè lizay, sa vle di menm bagay ak fè lizaj.

Fè lobo, fè gwo kont. *De mesye te kòmanse joure devan kay Petrak. Petrak eseye fè yo sispann. Yo joure pi fò epi pi plis. Petrak mande yo pou deplase. Petrak di yo: "M pap aksepte pou nou vin fè lobo bò isit-la."*

Fè machwè moun long, sa vle di menm bagay ak fè bouch moun long. Fè moun fache. *Azna al nan mache. Li achte sèl, twa manmit diri, de manmit mayimoulen, twa manmit boulga, twa manmit pwa ak de manmit pititmi. Lè pou Azna peye, li di machann-nan li pa gen kont kòb. Machann-nan move. Li di : « Gade machè, pa fè machwè-m long. Kale-m lajan-m. »*

Fè madigra, aji nan yon fason dwòl ki pa dapre sa pifò moun tap atann. *Si pou jwenn yon fi serye, yon moun debyen pou marye, fòk ou sispann fè madigra.*

Fè malouk, refize kolabore epi san ankenn rezon ; lè yon moun refize fè sa lòt moun ap atann li fè san li pa di pou ki sa. Sa se konpòtman moun ki pa renmen rann lòt moun sèvis. *Ou pa menm bezwen mande vwazen-an pou li ede ou. Li fè malouk menm ak manman-l.*

Fè mannigèt, eseye rezoud yon pwoblèm oubyen jwenn yon bagay san pase pa mwayen nòmal. *Kostèn fè tout mannigèt pou wè si yo ta bay djòb-la. Yo pa bay Kostèn* *djòb-la paske nouvo direktè-a anplwaye moun dapre konpetans-yo. Li klè pou tout moun Kostèn pa kalifye pou pozisyon-an. Sa se prèv ak nouvo administrasyon-an mannigèt fini.*

Fè mètdam, fè kòken. *Toulanj ak Liso ap viv Miyami. Yon jou yo tap jwe bezbòl nan yon teren vid ki dèyè kay paran-yo. Yonn nan yo frape boul-la ak baton bezbòl-la. Boul-la frape vit yon fenèt. Vit-la kraze. Papa-yo sòti. Li di : « Ki moun ki voye boul-la nan fenèt-la ? » Toulanj di se pa li. Liso di se pa li. Papa yo di : « Si se konsa, nou te gen yon moun envizib nan jwèt-la. Boul bezbòl ki kraze fenèt-la toujou nan chanm-nan. » Yonn gade lòt. Toulanj di se pa li. Liso di se pa li. Te gen yon travayè konpayi elektrik ki tap ranje yon fil elektrik pou kay yon vwazen ki kole ak kay ti mesye-yo. Papa-yo mande mesye-a : « Eske ou te wè ki lès nan de ti mesye-yo ki te voye boul-la nan fenèt-la ? » Mesye-a reponn : « M wè lè boul-la kraze fenèt-la. Men m pa konnen ki lès nan yo egzakteman ki te frape boul-la. » Yonn gade lòt. Yo panse yo pap peye konsekans-la paske papa-yo te toujou di li pa jis pou kondane moun san prèv. Anplwaye konpayi elektrik-la kontinye pale. Li di : « Yon bagay m ka di ou, sanble moun ki te voye bou-l ki frape fenèt-la goche. Pozisyon m te wè-l kanpe-a se konsa moun goche kanpe lè yo ap frape yon bou-l bezbòl oubyen yon bou-l gòlf. » Papa-yo di : « M kwè nap sispann fè mètdam. Nou tou de pa goche. Pa bliye, verite nan fon lanmen jodi tounen sab bò lanmen denmen. »*

Fè move san, fache anpil. *Moniz ale kay doktè-l. Apre konsiltasyon-an, doktè-a di Moniz : « m trouve tansyon ou wo. Dapre kondisyon sante ou, tansyon ou pa te pou wo konsa. Fòk ou pa kite anyen ni pèsonn afekte sante ou. Sitou fòk ou pa fè move san. » Moniz di doktè-a : « Dòk, m gen twa pitit, de fi yon gason. Premye-a gen* *disèt an. Dezyèm-nan gen kenz an. Twazyèm-nan gen trèz an. Si ou ka ban-m yon preskripsyon ki ka ede-m pa fè move san, m ta kontan anpil. » Trant segond pase, doktè-a pa di anyen. Moniz di : « Dòk, ou pa di anyen, gen lè m mande yon bagay ou pa te etidye nan lekòl medsin ? »*

Fè pa, padonnen yon moun ki fè yon bagay mal. *Michou gen diznevan. Li toujou ap viv kay paran-l. Papa-l bay yon lis prensip pou li respekte si li vle rete nan kay-la. Yonn nan yo se pa pou minwi pran-l deyò. Yon jou Michou al nan yon fèt. Li rantre a inè di maten. Papa Michou fè move san. Li deside pou mete Michou deyò. Manman Michou mande mari-l pou fè pa Michou paske se premye fwa Michou te kite sa rive.*

Fè pase nan je zegiy, bay yon moun anpil pwoblèm. *Azneli gen ennan maryaj. Yon jou, yon zanmi rankontre Neli, manman Azneli. Li mande Neli : « Banm Nouvèl Azneli. Kouman lap boule ? Neli reponn : « M wè Azneli la. Lap plenn nan kè. » Zanmi-an di : « Kouman ou reponn konsa ? » Neli reponn : « Eben, nou tout pran nan twa wa. Tout moun te pran Bonèl pou moun debyen. Tout paran, tout zanmi Azneli te byen kontan maryaj-la. Poutan Bonèl se yon vagabon abiye. Depi mesyedam-yo fin marye lap fè Azneli pase nan yon je zegiy. »*

Fè piwèt, fè tout sak posib pou jwenn yon bagay oubyen pou regle yon bagay. *Depi Meksèn fin pèdi djòb ladwann-nan, chak jou se piwèt lap fè pou bay pitit-li manje.*

Fè polison, fè dezòd. *Ti moun yo ap fè polison sou tout wout-la. Yo tout rive lekòl an reta.*

Fè pòltron, fè kapon. *Yon gwo jenn jan konsa olye l trouse ponyèt-li pou li regle biznis-li, li pito chita ap fè pòltron.Chen gen pou tranpe kasav ba-l manje.*

Fè pri, menm bagay ak fè jis pri. *Fè pri patat-yo*

Fè priyè pa nonmen non, yon moun yo pa ka konte sou li pou anyen. Li pa ka bay oubyen li pa vle bay ankenn kontribisyon pou anyen, ni lajan ni bon lide. *Yon gwoup vensenk Ayisyen ap viv Kanada. Yo te deside rekonstri yon lekòl primè nan vil kote yo te sòti. Se nan lekòl primè-sa-a yo tout te aprann li. Pandan yon reyinyon pou pwojè-a, yonn nan di : « Kote Toleme? Li te pase nan lekòl-la tou.» Gen yon lòt ki reponn : « Lè nap regle yon bagay serye konsa, nou pa menm bezwen envite Toleme. Nou tout konnen Toto se fè priyè pa nonmen non. »*

Fè ra, lè gen yon moun yo pa wè lontan. *Sèjousi ou fè ra. Sa nou fè ou ? Eske ou gen kont ak yon moun bò isit-la ?*

Fè rondonmon, fè rebèl. *Tout moun bat bravo pou timoun obeyisan. Kanta timoun kap fè rondonmon, se nan pòtay pou yo kanpe.*

Fè similak, lè yon moun fè tankou lap fè yon bagay men nan reyalite se pa anyen lap regle. *Doklès pase tout jounen-an ap chante nan jaden-an. Tout moun konnen se sekle lap sekle poutan li pase tout tan ap fè similak. Li pa rache yon pye zèb.*

Fè tèt di, lè yon moun refize tande sa yo ap di-l menm si se pou byen-l. *Byen souvan malè rive jenn moun kap fè tèt di ak paran-yo.*

Fè ti kap, woule cheve yon moun ak de dwèt nan plizyè kote. *Jan de mesye dam-sa-a yo ap fè ti kap yonn pou lòt sanble se de moun ki renmen.*

Fè ti sousou, flate moun nan yon fason ki pa nòmal. *Levolis toujou ap fè ti sousou nan travay-la. Dapre limenm se sak pral fè bòs la bay promosyon.*

Fè tòtòt, lè yon moun fè yon trou nan yon mang epi li peze mang-la pou souse ji mang-la. *Wap manje yon gwo mang konsa. Ou ta koup-l epi bay chak moun moso. Pou pa bay pèsonn ladan-l, ou pito fè tòtòt ak li.*

Fè tripotaj, pale sak pa vre sou moun. *Nwèlmari pa gen zanmi nan travay-la. Tout tan lap plenyen yo pa vle wè-l. Poutan se li ki lakòz sa. Li fè tripotaj sou tout moun nan travay-la.*

Fè vant, 1) Lè yon moun pran pwa epi vant-li vin gwo. An Ayiti, yo konsidere sa kòm prèv moun afè bon. 2) Sa vle di tou lè yon fi ansent epi vant-li koumanse monte. *1) Sostèn ponkò menm gen si mwa nan travay-la li koumanse fè vant. Zafè-l koumanse mache. 2) Jilya ap fè vant. Sanble li resi ansent.*

Fè vye zo, rete anpil tan nan yon kote. *Milyen ap viv Etazini. Li retounen Ayiti chak ane. Men depi li rive, li toujou fè tout moun konnen li pap fè vye zo paske li gen pou retounen travay.*

Fè wè, se menm bagay ak fè gran dizè. *Nan fè wè, mesyedam-yo achte yon kay ki twò chè. Yo pa ka peye mògedj-la.*

Fè wòklò, rantre nan rebelyon. *Lwilin gen yon sèl pitit fi. Depi laj dizwitan pitit-la te koumanse fè wòklò.*

Finalman li marye lè li te gen vennsenk an. Manman ak pitit tounen de bon zanmi.

Fè woulman, lè yon moun degaje-l nan tout sans ki dapre lalwa pou-l regle yon bagay. *Tout moun panse Matilda gen anpil lajan. Poutan boutik li ap mache paske li konn fè woulman.*

Fè yon levekanpe, revòlte. *Apre trantan nan silans anba yon gouvènman tou pisan nan yon peyi Lafrik, popilasyon-an fè yon levekanpe. Prezidan-an te oblije bay demisyon-l.*

Fè yon ti kabicha, yon ti sonmèy tou kout. *Jak ap fè de djòb. Yonn pou pran swen fanmiy li nan Miyami, yonn pou ede fanmiy ann Ayiti. Lè li sòti nan premye travay-la, li fè yon ti kabicha epi li abiye pou li ale nan dezyèm djòb-la.*

Fè yon ti lonje, kouche pou pran yon ti repo tou kout. Fè yon ti kouche tou kout. Moun-nan ka dòmi men li ka pa dòmi tou. *Manman Liza mande Liza pou Liza lave cheve-l pou li. Liza di manman-l : « Mwen fenk rantre. M pra l fè yon ti lonje. Ma lave cheve-yo pou ou pita. Liza pase dezèd tan ap dòmi. Lè Liza reveye, manman Liza di Liza : « Si se sa ou rele fè yon ti lonje, sanble kreyòl ou pa menm jan ak kreyòl tout Ayisyen. »*

Fè yon ti rale, fè yon ti pale tou kout sou yon sijè. *Pwofesè Lwidò te depasaj nan Miyami. Li pa te gen anpil tan. Men anvan li retounen Ayiti, yon jounalis te òganize yon rasanble pou Pwofesè-a te fè yon ti rale sou kondisyon peyi-a.*

Fè yon ti rive, fè yon ti visit tou kout. *Map fè yon ti rive Pòtoprens. Voye je sou fanmiy-nan pou mwen.*

Fè zèv, ede moun ki nan bezwen. Sitou pou fè sa yon relijyon mande pou fidèl-yo fè. *Mè katolik Teresa fè anpil zèv. Sa fè lè li mouri, lemonn antye kanpe doubout pou selebre lavi-l ak travay-li.*

Fè zo pye Bondye, lè yon moun gen sant an oubyen tou pre santan epi li byen djanm. *Frè Montoban gen katrevendisètan. Li pi djanm pase yon moun ki gen senkantan. Jan sante-l bon, tout moun di lap fè zo pye Bondye.*

Fèt ak kwaf, yon moun ki rive jwenn yon bon bagay san li pa fè twòp efò pou li oubyen yon bagay lòt moun pa tap espere li te ka jwenn. Yon moun ki gen anpil chans nan lavi. *Yon komèsan te gen yon episri nan Marigo. Li louvwi yon lòt gwo episri Pòtoprens epi li vann Maryela episri Marigo-a pou yon ka lavalè. Maryela se yon jenn dam ki tap travay ak li depi li te koumanse nan biznis. Tout moun nan vil Marigo ap mache di Maryela fèt ak kwaf.*

Fèt e founi, yon moun ki gen anpil byen. *Mesèn ak Almoniz gen yon sèl pitit. Li rele Momoniz. Almoniz se yon machann kenkay. Li di tout moun tout sa lap fè se pou pitit li. Chòz di chòz fèt, Memoniz vin yon gran enjenyè sivil. Li deside achte tè; konstri kay sou yo epi vann kay-yo. Konsa li vin gen anpil lajan. Li rete nan yon kay senk chanmakouche ak de twalèt edmi. Adelya, yon granmoun fanm, mande Almoniz: « Ban m nouvèl pitit fi ou a. Depi li fini klas segondè m pa janm wè-l. » Almoniz di : « Memoniz trè byen. Li fè kè nou tout kontan dapre sa li deja reyalize. Kounye-a m pap vann nan mache ankò. M gen pwòp boutik mwen. Se gras a Memoniz. » Almoniz rakonte Adelya tout sa Memoniz deja reyalize ak tout byen li deja genyen. Adelya mande:*

« *Kouman, konbe pitit li genyen?* » *Almoniz reponn:*
« *Memoniz ponkò menm marye ou ap mande pou pitit!*
Chak fwa nou pale sou zafè maryaj, li di m li ponkò
jwenn moun li renmen epi ki kadre-l. » *Adelya koupe*
pawòl Almoniz. Li di: « *Kisa! Yon fanm fèt e founi konsa*
pou li pa ka jwenn yon moun pou li marye! » *Almoniz*
reponn: « *Sa ou tande a madanm. Dapre sa m*
konprann, se paske li fèt e founi an menm ki bay plis
pwoblèm chwazi yon moun. » *Adelya di:* « *Men se byen*
senp. Memoniz se yon fanm fèt e founi se pou li pran yon
jennonm ki fèt e founi menm jan ak li. » *Almoniz di:*
« *Janm tande Memoniz pale, zafè-a pa senp jan ou*
panse. » *Adelya di:* « *Enben, sèl sa m ka fè se pou m*
ede ou lapriye. »

Fig frans, yon fig tout dwat-yo byen long. *Yon vwazin bay*
Sizana yon pat fig frans. Grenn fig-yo tèlman long, se
yon bout fig li manje chak maten.

Fig ti filo, yon fig tout dwat yo byen kout. *Si yon moun*
gran manjè, li *mèt manje ven grenn fig ti filo vant li pap*
plen.

Fig ti malis, menm bagay ak fig ti filo

Figi fennen, lè figi yon moun montre moun-nan gen yon
pwoblèm. Moun-nan ka malad, fatige, fache, razè
oubyen plizyè lòt bagay ka fè figi yon moun fennen. 1)
Jedeyis ak Danyela gen twa pitit nan laj douz an, dizan
epi sèt an. Danyela toujou di timoun-yo : « *Lè nou*
grangou pinga nou janm fè figi fennen devan moun. »
Jedeyis toujou di Danyela : « *Timoun se timoun. Se pa*
yon kesyon fè figi fennen. Depi yo grangou tout moun ap
wè sa nan figi yo. » 2) *Eniz mande Fransin :* « *Kouman*
figi Woz fè fennen konsa ? » *Fransin di :* « *Kouman ou*
pa konnen si mari-l lopital depi twa jou ? »

File fi, pale ak yon fi nan entansyon pou rive renmen ak
li. *Gen anpil gason ki pa gen pasyans pou file fi. Men
Moklès pase ennan ap file Nezilya anvan yo te rive
renmen. Yo ap viv trè byen. Yo gen twa pitit.*

File lang, lè yon moun ap mete pwent lang-li deyò. *Se tout
tan Gedeis ap file lang. Fòk manman-l fè l sispann. Se
yon move abitid.*

File move fil, lè yon moun ap fè yon bagay ki ka bay
pwoblèm pi devan. *Si ou ap pèsekite yon moun ki inosan
epi respektab tankou Pè Oreyon, wap file yon move fil.
M ta ba ou konsèy pou sispann.*

Fin pran chenn, lè yon moun fache epi li pran aksyon pou
montre sa. *Ansyo ap viv Etazini ak madanm ni. Ansyo se
yon moun pezib. Yon jou yon moun kap travay nan yon
lopital rele yon zanmi Ansyo. Li di: « Sak pase Ansyo ?
M wè li fin pran chenn nan lopital-la. Sanble li malad.
Se premye fwa m wè-l an kòlè konsa. » Zanmi-an kouri
lopital-la. Lè li rive, li jwenn Ansyo te fin pran chenn
paske lopital-la te refize swaye madanm Ansyo poutèt yo
pa gen asisrans sante.*

Fin wè mò, lè yon moun about ak kò-l. *Wozali fin wè mò
nan fèt moun-yo. Moun ki pa konnen ap panse se li ki
mètrès kay-la.*

Fini lèd, 1) lè yon moun ki te ap byen mennen tonbe nan
afè pa bon anvan li mouri. 2) Lè yon moun ki te ap fè
anpil mechanste sibi menm sò li tap fè lòt moun pase
oubyen li fini nan mizè. *1) La vi di an nou ale men ou
pa konnen kote li pra-l lage ou. Manzè Terezya pèdi tout
sa li te genyen. Se yon zanmi ki lwe-l yon chanm kay. Li
pa te yon move moun pou li fini lèd konsa. 2) Montelis*

*te fè twòp moun soufri lè li te gen pouvwa. Sa pa etone
pèsonn moun pou wè jan li fini lèd.*

Fini sou pye, lè yon moun ap mache, li pa kouche malad
nan kabann men li vin piti anpil. *Nika rankontre Fani bò
yon rivyè. Yo pale sou tout bagay: lavi chè, dat premyè
kominyon, jaden ki pa rapòte, ouvèti lekòl, jenn fi ki pa
ka jwenn gason pou yo marye, bèl zwazo ak papiyon ki
fin disparèt, elatriye. Finalman, Nika di: « Ki dènye fwa
ou te wè Gabeton ? » Fani reponn : « Sa gen de mwa. »
Erika di : « M wè Gabeton Laplenn Samdi-a, m manke
pa rekonèt li. Gabeton fini sou pye. » Fani reponn : « M
ka konprann sa. Madanm li se te tout pou li. Sa gen si
mwa depi madanm-nan mouri san malad. »*

Fiyèt Lalo, yon fanm mistè nan tradisyon Ayisyen ki ap
mache pran moun lanwit sitou timoun. *Tout timoun
konnen lè lè rive pou yo dòmi, fòk yo nan kabann paske
yo tout pè Fiyèt Lalo.*

Flè dizè, yon flè ki parèt nan maten kou solèy koumanse
cho vè dizè, li mouri. Sa vle di tou yon moun ki
koumanse fè yon bagay epi nan yon ti bout tan li
sispann. *Mwen konnen Banbilo byen. Se yon flè dizè.
Senmenn-sa-a ou wè li cho nan yon bagay, lòt senmenn
tout moun ap chache-l yo pa wè-l.*

Flè sezon, yon flè ki parèt sèlman nan yon lè nan ane-a.
Yon moun ki zanmi yon lòt nan kèk okazyon.
*Choutanya mande Dyedòn : « Lè m te fenk vini nan
katye-a m te konn wè Etala chak jou lakay ou. Depi de
mwa m pa wè-l bò isit la, sak pase ? » Dyedòn reponn :
« Etala se flè sezon. »*

Fo manmit, lè yon machann pouse pati anba yon manmit
rantre oubyen li mete yon moso twal oubyen yon lòt

bagay andedan manmit-la anvan li mete machandiz-la. *Fofo ak Gabriyela ale nan mache. Yo tou de achte yon manmit diri nan men de diferan machann. Lè Fofo gade, li wè Gabriyela gen plis diri pase-l. Fofo di Gabriyela: « M pa konprann sa. Ou achte yon manmit diri. Mwen achte yon manmit diri. Men li klè ou gen plis diri pase m. Kouman sa ? » Gabriyela reponn: « Eske ou te enspekte manmit-la anvan machann-nan te plen-l ? » Fofo di « Non. M pa yon enspektè kontribisyon. » Gabriyela di Fofo : « Ou pran yon kout fo manmit. »*

Fonn kou bè, lè yon moun te yon kote, yo ap chache-l, yo pa wè-l epi pa gen pèsonn ki wè lè li ale. *Yon granmoun swantkenzan nan Senjandisid di manman Iklemon : « Iklemon sòt Etazini apre dizan. Se pitit tè-a. Nou tout ta byen kontan wè-l menm si li pa gen anyen pou ban nou. Li parèt epi li fonn kou bè. Lè nap mande pou li, yo di li deja pati. Li pa ta fè nou sa. »*

Foumi dou, yon foumi koulè maron ki mode moun. *Yon Ameriken tap aprann kreyòl. Moun ki tap travay ak li-a montre-l yon nich foumi. Li di: « Sa se yon nich foumi dou. » Ameriken-an gaye nich foumi-an. Foumi anvayi tout pye-l. Nan yon minit tou de pye-l tounen yon boukan dife tank foumi mode-l. Li di Ayisyen-an : « Kouman ou fè rele foumi konsa foumi dou ? »*

Foumi fou, yon foumi nwè ki ap mache toupatou tankou moun fou men ki pa mode moun. *Yon Ayisyen te montre yon Kanadyen yon foumi. Li di Kanadyen-an: « Sa se yon foumi fou. » Kanadyen-an mande-l: « Ou fenk montre-m yon foumi dou. Ki diferans ki genyen ant yon foumi dou ak yon foumi fou. » Ayisyen-an reponn: « Foumi dou mode moun. Foumi fou pa mode moun. » Kanadyen-an di: « C'est étrange! »*

Fouye zo nan kalalou, sa vle di menm bagay ak chache zo nan kalalou. *Pou jounalis-yo fè yon bon travay, fòk yo chache jwenn bonjan enfòmasyon. Se sak fè anpil moun pa renmen jounalis. Yo di yo fouye zo nan kalalou twòp.*

Frape bank, mande yon moun prete lajan. *Joulya rele Kamil nan telefòn. Li di: « Ka, ou pase tout jounen deyò. Depi timoun yo sòt lekòl m pa gen anyen pou-m ba yo. Li senkè edmi. » Kamil pase trant segond li pa di anyen. Joulya di: « Sak pase ? Eske ou la ? » Kamil di: « Joujou pa gen anyen ki rantre. M te vann de pè soulye kredi. Moun-nan te gen pou pote kòb-la jodi-a. Li pa janm parèt. M pral fè yon dènye piwèt. M pral frape bank Janjan, map rele ou pou-m di ou sak pase. »*

Frè de gad, moun ki travay nan menm pwofesyon epi ki vin zanmi. Sitou moun ki nan lame. De moun ki byen anpil yonn ak lòt. *Menm si ou wè de mesye-sa-yo gen yon ti kont, ou pa bezwen rantre nan koze-yo. Se frè de gad yo ye.*

Frè separe, se konsa fidèl legliz katolik rele fidèl legliz pwotestan-yo. *Yon moun ki pa nan relijyon kretyen epi ki pa konnen anyen sou istwa legliz, tap koute yon sèmon yon evèk katolik tap bay pou premye janvye. Nan koumansman sèmon-an, evèk-la di: « Nou swete nou tout kap koute, bòn ane. Nou swete tout frè separe nou yo bòn ane tou. » Apre mès-la, moun-nan mande evèk-la: « Ou pale fidèl-yo de frè separe, men ou pa di yo kouman pou yo al rezoud pwoblèm yo genyen ak frè separe-sa-a yo. Nan koumansman yon ane, se yon bon moman pou yon rekonsilyasyon konsa. »*

G

Gade ale, gade fason yon moun ap viv oubyen ap konpòte-l pou eseye fè menm jan. *Silvi ak Chacha ap achte rad pou yo ale nan maryaj yon zanmi-yo. Chacha achte yon wòb ki koute sansenkant dola. Silvi chwazi yon wòb ki koute senkant dola. Chacha di Silvi: « Ou pa ka achte yon wob senkant dola pou ale nan maryaj Natacha. Gen lè ou bliye ki moun fanmiy Natacha yo ye. » Silvi reponn: « Machè, M pa ka gade ale ou. Mari ou aletranje. Lap voye kòb ba ou chak mwa. Mwen se ak yon ti konmès map viv. Se li ki rele. Se li ki reponn. »*

Gason kanson, gason ki pa pè anyen lè li deside regle sa lap regle. Se menm bagay lè yo di gason vanyan. *Plemoren te fèt Kavayon. Li rantre Etazini lè li te gen diznevan. Li anrole nan lame nan laj vensenkan. Li te rive pran grad kolonèl. Prezidan Etazini te bay li plizyè dekorasyon militè. Manman-l toujou ap viv Kavayon. Manman an fè alevini ant Ayiti ak Etazini. Men li refize kite peyi-l nèt. Yon jounalis ameriken te mande-l kouman fè pitit gason-l nan akonpli gran bagay konsa, li reponn : « Mwen grandi de gason. Tou de se gason kanson. Se twa bagay m toujou ap di yo : Se pou yo renmen Bondye, se pou yo travay di epi se pou yo toujou onèt. Se sa ki fè Plemoren rive kote li ye jodi-a. » Moun ki tap tradi pou jounalis-la te gen anpil difikilte*

*pou li te jwenn kouman pou li tradi « gason kanson » an
angle.*

Gason lakou, yon gason kap travay lakay yon moun ki
gen mwayen epi mèt kay-la peye-l epi bay li yon ti kay
oubyen yon ti chanm nan lakou-a pou li rete. *Limektan
tap viv Pòtoprens. Li gen yon sèl pitit gason. Li rele-l
Liktan. Manman Liktan te konn fè konmès. Li te rele
Maniz. Yon jou Maniz fin vann. Li chita nan yon pwent
ban nan yon kamyonèt pou li ale lakay li. Chofè
kamyonèt-la derape a tout boulin. Maniz balanse. Li
eseye kenbe yon fè ki te bò ban-an men li pa gen tan. Lè
Maniz pral tonbe, yon lòt pasaje kenbe yon mouchwa ki
te nan tèt Maniz. Maniz tonbe. Mouchwa-a rete nan men
pasaje-a. Lè yo fè konsta, Yo jwenn Maniz mouri sou
plas.*

*Limektan tap fè ti degaje men se te Maniz ki te vreman
responsab kay-la. Liktan te nan segond nan Lise Petyon.
Limektan kite Liktan ak marenn-ni nan Kafoufèy. Li
pran yon djòb gason lakou nan Jakmèl kay Metouch,
yon gran komèsan. Li debouye l kou Mèt Janjak. Chak
mwa li voye kòb bay Liktan. Li di Liktan se li pou ki
rantre vin wè l Pòtoprens pou Liktan pa janm ale wè l
Jakmèl. Limektan pa janm di komèsan-an si li gen yon
pitit gason Pòtoprens. Li di Liktan pou li pa janm di
ankenn kondisip ni pwofesè ki moun ki papa-l. Chakfwa
Liktan sonje lòd-sa-a papa-l bay, dlo sòti nan je Liktan.*

*Apre anpil peripesi, Liktan fini lise. Li rantre nan lekòl
medsin. Li fini loreya pwomosyon-l. Li te responsab pou
fè diskou nan non tout pwomosyon-an. Nan mitan
diskou-a, li di : « Map pran de minit pou m fè yon ti pale
ak tout jenn moun kap koute. Pa kite sa nou wè anpeche
nou jwenn sa nou vle. Pa kite sa nou pa wè anpeche nou
wè sa nap chache. Mwen se pitit Maniz. Tout moun*

Pòtoprens epi anpil moun lòt vil-yo te tande nouvèl lanmò trajik Maniz. Mwen tou se pitit Limektan, yon gason lakou nan Jakmèl. Yon gason lakou onèt. Yon gason lakou serye. Si nou pa vle kwè m, ale Jakmèl epi mande Mesye Matouch ki moun Limektan ye. Yon gason lakou ki konnen sak rele fè sakrifis pou pitit. Map mande gason lakou-sa-a pou kanpe epi pou nou tout ede-m di-l mèsi. » Limektan kanpe. Tout moun bat bravo pandan trant segond. Mesye Matouch ak tout fanmiy-ni te la tou. Paske premye pitit fi yo te ap diplome nan menm pwomosyon-an. Yo menm tou te kanpe pou bat bravo pou Limektan. Limektan te enkonsolab. Li tap kriye sitan, li te oblije sòti kite seremoni-an.

Gason vanyan, sa vle di menm bagay ak gason kanson.

Gaspiye dlo, pipi. *Papa Dina gen katrevenkatran. Dina voye chache-l ann Ayiti ak tout rezidans. Men papa Dina gen yon pwoblèm. Li pipi dri. Chak fwa li pra-l pipi, li di : « M pra-l gaspiye enpe dlo. » Dina gen de pitit gason. Tout tan lap di yo pou yo pa gaspiye twòp dlo lè yo ap benyen, lè yo ap lave yon asyèt oubyen lè yo ap bwose dan-yo. Yon jou yonn nan yo di Dina: « Man se touttan ou ap di tout moun nou gaspiye anpil dlo nan kay-la. Depi granmpa vini, chak inèd tan li rantre nan twalèt-la. Li di li pra-l gaspiye enpe dlo. Ou pa janm di pèsonn granmpa gaspiye twòp dlo. » Dina ri pou li pa chape.*

Gate dlo, sa vle di menm bagay ak gaspiye dlo ; pipi.

Gate ploton, yon moun ki nan yon bagay men olye li travay pou ede bagay-la fè pwogrè lap anpeche bagay-la vanse. Moun-nan ka fè sa san li pa konnen. Li ka fè sa ak mechanste tou. *Pandan yon reyinyon yon asosyasyon plantè diri yon manm mande lapawòl. Li di : « Gen* moun ki nan asosyasyon-an se gate ploton yo ye. *Si nou pa mete yo deyò oubyen anpeche yo enfliyanse sa kap fèt, se lave men souye atè. Nou pap janm rive kote nou vle rive.* »

Gate ras, yon moun ki fè tout fanmiy li wont nan fason lap viv oubyen dapre sa lap fè. *Mèselis fè douz pitit ak madanm li. Onz ladan yo se gran pwofesyonèl ak pwopriyetè biznis. Nevyèm-nan te kite lekòl apre sètifika. Li pa janm aprann yon pwofesyon. Se sou sa manman-l ak papa-l te fè li depann pou li viv. Tout moun nan bouk-la rele-l « gate ras ».*

Gate san, fè moun fache. *Depi jennonm-sa-a rantre nan kay-la se pou li gate san tout moun.*

Gen bon do, yon moun yo bay responsab bagay ki mal poutan li pa konnen anyen nan sa kap pase. *Tout moun konnen nan ki kondisyon yo te revoke Nezilòm. Men piske Oktan gen bon do, se li yo bay pote responsabilite-a.*

Gen bon ten, lè yon moun gen anpil laj epi li toujou gen bon sante. *Danyèl te bezwen yon jèn fi pou li marye. Li di anvan-l pwopoze yon jenn fi maryaj fòk li chache konnen konbe nan gran paran nan fimiy fi-a viv oubyen te viv katrevenzan oubyen plis. Lè yo mande Danyèl poukisa, li reponn : « M bezwen marye nan fanmiy moun ki gen bon ten. »*

Gen brenn, entelijan anpil; konnen kouman pou fè bon desizyon. *Se pa konsa konsa yo bay Pòl djòb-la. Non sèlman li fè prèv-li men se yon nonm ki gen brenn.*

Gen bouch dou, konnen kouman pou pale ak moun pou jwen yon bagay oubyen fè moun fè yon bagay. *Rozlin* *gen bouch dou. Tout moun ki pase devan machandiz li se pou yo achte yon bagay menm si yo pa te bezwen anyen.*

Gen de lang, di yon bagay epi pita di yon lòg bagay diferan nèt de premye bagay-la. *Jaksen, yon ansyen pwofesè ekonomi di elèv yo: « Yonn nan bagay ki pi enpòtan pou fè biznis ak yon moun, fòk ou ka konte sou pawòl moun-nan. Wi se wi ; non se non. Ou pa dwe janm rantre nan asosyasyon oubyen fè biznis ak yon moun ki gen de lang. »*

Gen dlo nan bouch, pè pale. *Tout moun konnen Solina pa gen dlo nan bouch. Si li gen yon bagay pou di, lap di-l menm si gen moun ki fache.*

Gen fyèl, gen anpil kouray. *Anpil gran pèsonnaj ki akonpli gran bagay nan listwa se moun ki gen fyèl tankou Maten Litè, Tousen Louvèti, Abraam Lennconn, Maten Litè Kig, Madam Golda Meir, Nèlsonn Manndela, elatriye.*

Gen je sou yon fi, renmen yon fi san deklare-l oubyen fi-a ponkò di wi. *Vensan gen je sou Yoland. Yoland pa vle reponn Vensan paske Yoland konnen papa-l pap janm vle pou li marye ak Vensan.*

Gen lang, pale anpil epi di sak pa vre. *Jeminò tèlman gen lang, depi li nan yon travay, li gen pwoblèm ak tout anplwaye.*

Gen mwayen, gen lajan ak lòt byen. *Elifèt ap woule nan yon ti kamyonèt. Tout moun konprann se li ki pi malere nan Miyami. Poutan li gen mwanyen pase pifò Ayisyen nan vil-la.*

Gen nen nan figi, respektab. *Si jennonm-nan te gen nen nan figi-l, li pa tap kite lekòl pou li ap mache flannen tout la sent jounen.*

Gen parenn, gen moun pou ede regle oubyen jwenn yon bagay. *Toma gen parenn nan gouvènman-an. Li pa janm rete san travay.*

Gobe manje, manje vit san pran kont tan pou moulen manje-a byen. *Pran san ou. Pa gobe manje-a konsa. Nou gen tan. Nou gen dezèd tan ankò anvan bis-la rive.*

Gode wo, gason ki fè kont ak fanm pou manje. Li toujou panse madanm li pa bay li kont manje sitou kont ji. Se nan gwo tenbal oubyen gwo vè pou madanm li bay ji. *Jwavilya kite Morelyen apre dezan maryaj. Li retounen nan pwovens ak de pitit li. Lè paran-l mande-l sak pase, li di chak jou Morelyen gen kont ak li pou manje. Manje pa janmm ase pou li. Jwavilya di lè li te renmen ak Morelyen li pa te konnen se te ak yon gode wo li te annafè.*

Gran bebe, menm bagay ak gran jipon. Yon fanm afè bon epi ki pa kache sa. *Silvi di : « M pa frekante gran bebe sa-a yo. M pa gen mwayen pou m fè tout gran chire yo ap fè. »*

Gran dam, fanm ki gen anpil mwayen, anpil lajan. *Tout moun ap di kouman Klèvilya se yon gran dam. Se vre li gen mwayen. Men sa yo pa di se kijan li travay anpil pou li rive genyen tout sa li posede.*

Gran dizè, moun ki toujou ap pale anpil de yo menm epi ki souvan pase pou plis pase sa yo ye. *Moun kap akonpli gran bagay pa bezwen fè gran dizè. Tout moun deja wè sa yo vo dapre sa yo fè.*

Gran don, moun ki gen anpil byen sitou anpil tè. Pi souvan moun konsa gen anpil laj tou. *Gen anpil gran don ki travay di pou sa yo posede. Gen anpil lòt tou ki pran tè malere peyizan nan move kondisyon. Anpil gran don se moun onèt ki pratike sa ki dwat epi ki fè anpil byen tou pou sosyete kote yo ap viv-la.*

Gran jipon, fanm ki gen mwayen. Epi ki pwofite tout okazyon pou fè moun konn sa. *Michou se yon bon moun. Men anpil moun gen pwoblèm ak li. Yo di Michou se yon gran jipon.*

Gran kouran, fason sosyete moun afè bon viv. *Yon zanmi di Nani : « Tout tan gen fèt nan kominote-a m pa janm wè ou ? » Nina reponn : « Pitit, ak ti kòb map fè-a, m pa ka nan tout gran kouran-sa-a yo. »*

Gran lakou, lakou yon kay kote anpil moun lòt kay rankontre pou plizyè kalite aktivite. Ka gen plizyè gran lakou nan yon katye. *Andre se pitit yon bouche nòdwès. Li te rive fè yon metriz nan fakilte etnoloji. Tèz metriz li se te « Jean Price Mars, Source de la conscience nationale haitienne ». Tout moun te konsidere Andre kòm yon ekspè nan levasyon ak tradisyon pèp ayisyen. Bripsoukou, Andre deside poze kandidati pou senatè nòdwès. Nan yon rechèch li te fè, li te rive fè yon lis tout gran lakou depatman Nòdwès-la. Anvan li anonse kanditati-l, li rankontre ak mèt tout kay gran lakou-yo. Majorite nan yo pwomèt pou sipòte-l. Plan-an te bay bon rezilta. Chak gran lakou te tankou yon sal konferans pou bay kanpay Andre jarèt. Andre te rive genyen ak katrevendi pousan vòt-yo. Apre eleksyon-an yon jounalis te pibliye yon atik sou estratreji gran lakou Andre te sèvi-a nan pi gwo journal kapital-la. Depi lè-sa-a tout moun rele Andre « Senatè Gran Lakou ».*

Gran palto, gason ki gen mwayen. *Zotoban ak mandanm ni gen douzan maryaj. Gen anpil lanmoun nan kay-la. Men se toutan yo nan diskisyon. Rezon-an se paske mari-a se yon gran palto epi madanm-nan se yon gran jipon.*

Gran panpan, fè wè. Lè yon moun aji yon fason pou montre afè-l bon. *Manman Nadèz di Nadèz : « Se sakrifis m fè pou-m voye ou fè fidonè nan maryaj-la. Ou pa bezwen al fè yon bann gran panpan pou fè lòt moun ki fiyanse envite ou fè fidonè nan maryaj-yo lamenm. Ou deja konnen trou krab pa fon.»*

Gran tèt, moun ki gen anpil konesans. *Yon sosyete ki pa pwoteje epi sèvi ak gran tèt peyi-a pa ka fè pwogrè.*

Grangou kanpe, yon grangou ki toupatou epi ki dire yon tan byen long. *Lapli pa tonbe depi en an. Sa fè depi simwa grangou kanpe nan tout zonn nò-a.*

Grangou nan vant, yon grangou ki dire yon bon bout tan. *Sis pitit Zanmbo rete lakay. Yo pa ale lekòl. Direktè lekòl-la voye mande Zanmbo poukisa li pa voye timoun-yo lekòl. Zanmbo di moun-nan: « Tanpri di direktè-a timoun-yo pa manje depi yè. Grangou nan vant pa dou. » Lè direktè-a tande sa, dlo kouri nan je-l paske ti moun-yo pami elèv ki pi entelijan nan lekòl-la.*

Granmoun kannay, yon granmoun ki marye ak yon jenn moun ki te ka pitit li oubyen pititpitit li. *Madanm Danton mouri. Danton gen swasant sètan. Apre simwa Danton marye ak Eteniz. Eteniz te gen trantsenkan. Depi lè-sa-a, tout jenn moun nan vil-la rele Danton « Mèt Kanna ». Se yon fason pou yo pa te rele-l « Granmoun Kannay »*

Gras lamizerikòd ! pawòl yon moun di pou montre sa li ap pale de li-a gen anpil pwoblèm. *Atelo gen katrevenkenzan. Pandan tout vi-l li te toujou enterese nan politik. Chak jou li di tout moun toutotan pwoblèm politik peyi-a pa rezoud, nou pap janm ka takle pwoblèm sosyal ak pwoblèm ekomik-yo. Apre yon eleksyon, Atelo mande : « Ki kandida ki pase ? » Lè yo di-l ki kandida, Atelo te kanpe, li chita. Li di: « Gras lamizerikòd! » Se te dènye pawòl Atelo te pwononse.*

Grenn pronmennen, moun ki konnen anpil kote epi ki ranmase enfòmasyon ak konesans kote-l pase. *Si ou bezwen konnen sa kap pase nan vil-la se pou pale ak mèt Dona. Li tèlman gen bon karaktè, kote li pase yo kite-l antre. Li vante tèt li « grenn pronmennen ».*

Griyen dan sou moun, pale moun mal oubyen pase moun nan betiz. *Banatèl pran plezi pou griyen dan sou tout moun. Yon jou lap rankontre ak zo grann-ni.*

Gwo bacha, yon gason afè bon. Li gen bon kou byen. Li ka gen pouvwa tou. *Chantilyen fenk gen sèlman senk mwa nan yon travay. Tout sa gran nèg-yo ap fè se sa li vle fè. Li pran pòz gwo bacha.*

Gwo bakoulou, yon gwo vòlò. *Tout moun ki pa konnen jennonm-nan panse se yon moun debyen. Poutan se yon gwo bakoulou ki nan mitan nou la nou pat konn sa.*

Gwo bonnanj, nanm yon moun nan tradisyon ak kwayans ayisyen. *Yon granmoun Kazal ki te gen katrevendizan te toujou ap repete pawòl-sa-a : « Moun ki kite gwo bonnanj-yo kondwi yo, ka pi fasil evite lèrè konsa li pi difisil pou yo tonbe nan tchouboum. »*

Gwo chabrak, moun ki gen mwayen; moun ki gen lajen ak otorite. *Tout kandida nan komin-nan toujou rankontre ak Msye Vilis. Yo konnen se li ki pi gwo chabrak nan zonn-nan. Yo pa ka genyen komin-nan san sipò-l.*

Gwo gaga, yon gwo egare. Moun sòt nèt. *Enbesil ki bay. Sòt ki pa pran. Si ou pa te yon gwo gaga, ou pa tap pèdi de karo tè manman ou te mouri kite pou ou.*

Gwo koze, yon bagay ki etone yon moun. *Jolibwa di li bouke peye bil nan Etazini. Li vann tout sa li genyen. Li retounen Ayiti. Lè yo bay Dima nouvèl-la, Dima pa fè ankenn kòmantè. Li sèlman di moun-nan: « Se gwo koze! »*

Gwo manje, repa ki pi enpòtan nan jounen-an. *Nan kèk kay se pandan lajounen yo bay gwo manje. Nan kèk lòt se vè sizè yo sèvi gwo manje. Moun afè pa bon, pran gwo manje-a nenpòt lè yo jwenn ni.*

Gwo mo, mo sal; pawòl moun pa sipoze di yon lòt menm si yo gen kont. *Depi ti dam-sa-a fache ak yon moun, li koumanse di gwo mo.*

Gwo moun, moun ki gen mwayen; moun ki gen lajan. *Lekòl-sa-a se lekòl pou pitit gwo moun-yo. Si ou wè yon pitit malere nan lekòl-la ou mèt kwè se yon bous li te resevwa.*

Gwo pekto, gwo lestonmak. *Jennonm gwo pekto-sa-a pa bezwen di yon moun si li manje anpil.*

Gwo po, twal gran valè. *Sa se yon kostim gwo po. Ou pap jwenn-ni nan nenpòt magazen.*

Gwo soulye, moun ki pa konn kouman pou konpòte nan sosyete. *Anpil moun yo konsidere moun gwo soulye se pa moun sòt.*

Gwo tanta, anvi posede sa lòt moun genyen menm lè pa gen mwayen pou achte yo. *Anpil moun rantre nan fè kredi paske yo gen gwo tanta. Yo vle posede tout sa vwazen-yo genyen. Poutan yo pap fè anpil lajan. Gwo tanta mete yo nan apil pwoblèm.*

Gwo tèt, sa vle di menm bagay ak gran tèt

Gwo vant, yon fanm ki ansent plizyè mwa. *Elyana gwo vant. Doktè di nan twa mwa lap akouche.*

Gwo zizi, yon moun ki anvi tout. Tout sa li wè li panse se li ki ta dwe posede yo menm si li pa gen mwayen pou achte yo. Se prèske menm bagay ak gwo tanta. *Solin sitan gen gwo zizi, li dwe yon kredit kat dimil dola.*

Gwo zo, yon moun ki djanm. *Fanmiy-sa-a bay anpil moun gwo zo.*

Gwo zotobre, menm bagay ak gwo bacha.

Gwo zouzoun, sa vle di menm bagay ak gran jipon. *Madan Dòvilyen se yon gran komèsan. Yo rele-l Man Dò. Tout moun konnen Man Dò se yon gwo zouzoun nan bouk-la.*

H

Hig hang, anpil diskisyon san solisyon. Moun yo ka menm rive fè kont. *Tout hig hang-sa-a yo pap regle anyen. Se pou nou mete tèt nou ansanm pou nou rezoud pwoblèm-nan*

J

Jako repèt, yon moun kap repete sa lòt moun di oubyen sa li tande san li pa byen konprann sa lap di. Moun konsa pa janm di anyen ki lide pa-l. *Lizèt ak Timote gen de pitit. Premye-a se yon fi. Li rele Mata. Dezyèm-nan se yon gason. Li rele Pòl. Yo tou de se bon elèv. Men nan tout klas yo pase, pwofesè toujou gen pwoblèm ak yo. Chak senmenn direktè lekòl voye rele paran-yo. Konplent pwofesè-yo se paske Mata ak Pòl poze twòp kesyon. Yon pwofesè te voye rele paran Mata paske Mata te mande-l pou li esplike yon pwoblèm matematik an kreyòl. Timote te rann Lizèt responsab sitiyasyon-an. Li di Lizèt se li pou ki ale nan lekòl-la lè yo voye rele paran. Poukisa? Paske se Lizèt ki te toujou di Mata ak*

*Pòl si yo pa konprann yon bagay, se pou yo poze
kesyon. Paske li vle pou yo toujou konprann sa yo ap di
oubyen fè. Lè yo gran pou yo pa tounen yon jako repèt.*

Je chire, yon fanm lèd. *Moun-yo pa konnen anyen de
madanm Frankevil. Yo sèlman ap mande poukisa li
marye ak yon je chire konsa. Men yo tout sezi lè yo wè
non madanm Frankevil nan joual kòm Meyè pwofesè
inivèsite pou ane-a.*

Je kale, yon moun entelijan ki pa kite moun pase dwa-l
anba pye. *Djina pap pale anpil. Men tout vil-la rekonnèt
li kòm yon je kale.*

Je klere, moun ki gen edikasyon ak lenstriksyon. *Tout
fanmiy-sa-a se yon bann moun je klere.*

Je pete klere, egare, moun sòt. *Zwavilya gen yon sèl pitit
fi. Li travay anpil pou pitit-la rive pran yon diplòm
enjenyè. Li travay di tou pou li bay pitit li sa li bezwen.
Li di li pa vle pou pitit li al marye ak yon je pete klere
pou tèt moun nan gen lajan.*

Je pou je, fas a fas ; bab pou bab. *Gabonèl prete mil dola
nan men Iklo pou li regle zafè vwayaj li. Depi Gabonèl
pati Iklo pa janm pran nouvèl li. Apre senkan, Iklo te
reprezante gouvènman ayisyen nan yon kongrè
pwoteksyon anvironman gouvènman kanadyen te
òganize. Lè lap retounen ann Ayiti, Iklo te pase Nouyòk.
Pandan li nan otèl-la li tap koute yon pwogram ayisyen.
Yo te anonse yon konsè ak plizyè gran atis ayisyen. Iklo
pran enfòmasyon-an. Nan landemen, li rele yon taksi
pou depoze-l nan konsè-a. Lè li fin peye nan gichè-a, li
kontinye pou li rantre. Lè pòt-la louvwi, li rankontre je
pou je ak Gabonèl. Se Gabonèl ki te responsab pou*

resevwa tikè-yo. Iklo sezi. Men kè Gabonèl te manke kanpe.

Je vèwon, moun ki pa ka gade dwat akòz yon defòmasyon nan je. *Lontan yo te konprann depi yon moun gen je vèwon se te yon moun sòt. Poutan lasyans montre je vèwon pa gen ankenn rapò ak entèlijans. Anpil gran save gen je vèwon.*

Je wont je, fè yon bagay akòz lawont oubyen jennman. *Istenvil gen de gason yon fi. Premye gason-an rele Liventsi. Sa sòti nan non Istenvil koumanse ak dènye lèt-la pou vin devan. Apre klas segondè, Liventsi deside fè enjenyè nan mekanik otomobil. Liventsi deside marye anvan li diplome. Istenvil opoze maryaj-la. Manman Liventsi renmen fi-a. Li ankouraje maryaj-la. Istenvil deside pou li pa ale nan maryaj-la. Nan maten jou maryaj-la, Istenvil pa chanje pozisyon-l. Yon lide pase nan tèt Liventsi. Li rele yonn nan pwofesè-l yo. Se yon fanm ki gen yon metriz kòm travayè sosyal epi yon dòktora nan sikolo. Li esplike pwofesè-a pwoblèm-nan epi mande-l konkou. Pwofesè-a rive nan kay-la vè dizè. Anvan midi, tout moun ki vin nan kay-la, panse pwofesè-a se yon manm fanmiy-nan. Li pase inè anba yon pye mang nan lakou-a ap pale ak Istenvil. Finalman, je wont je, papa Liventsi deside ale nan maryaj-la.*

Jete pitit, fè avòtman. *Limonèz te ansent apre li te fin fè senk pitit. Li te gen karant an. Anpil moun te konseye Limonèz pou li jete pitit-la. Limonèz di :* « seswajanmen. »

Jenn gengenn, yon jenn fanm byen kanpe. *Tout moun te panse Kozan pa tap janm marye. Nouvèl-la gaye. Li fenk fiyanse ak yon jenn gengenn.*

Jenn poulen, yon jenn moun malelve. *Si nou vle bay timoun yon bonjan edikasyon, nou pa ka lage yo nan men jenn poulen-sa-a.*

Jennjan tchoul, yon jennjan bwòdè, pedan, byen abiye. *Se pa tout jennjan tchoul ki fè yon bon mari.*

Jou bese leve, jou anpil aktivite nan mache ak lakay. *Samdi se jou bese leve.*

Jou kase, lè li koumanse fè klè nan maten. *Pa sòti twò bonnen. Tann jou kase.*

Jou pou jou, menm dat ak menm jou ak yon lòt bagay ki te pase. *Jodi-a se anivèsè Tousen Louvèti, jou pou jou.*

Jwe nan lòlòj, bay yon moun bon pawòl ki ka vre oubyen ki ka pa vre pou fè l fè yon bagay li ta ka pa vle fè. *Lwijan jwe nan lòlòj Moris jouk tan Moris vann Lwijan yonn nan de karo tè manman Moris te mouri kite pou li. Lwijan pa te menm bay Moris mwatye nan pri tè-a.*

Jwèt daza , jwèt kat pou lajan. *Mennto pèdi tout kòb lwaye kay li nan jwèt daza.*

Jwèt-la mangonmen, yon sitiyasyon difisil anpil. Moun preske pa wè solisyon pwoblèm-nan. *Sitiyasyon-an mangonmen nan vil-la. Yo rapòte ven mò ak kenz kay boule. Polis-yo mande ranfò. Depatman santral di fòk yo tann jouk denmen maten paske pa gen elikoptè.*

Jwèt timoun, yon bagay ki pa gen valè kèk moun panse li genyen oubyen ki pa bay bon jan rezilta moun tap atann. Yon bagay tou ki pa difisil jan anpil moun panse. *Tout moun te pè pran egzamen-an. Yo panse li te twò difisil. Jovnèl te deside pran-l. Lè li retounen, yon kondisip*

mande-l: « Kijan egzamen-an te ye ? » Jovnèl reponn :
« A, jwèt timoun ! »

K

Kabrit san gadò, moun ki pa gen pèsonn pou pote yo
sekou nan bezwen. Yo tankou moun ki pa gen fanmiy ni
zanmi. Moun ki pa gen pèsonn pou pwoteje yo. *1) Zelin*
se yon kabrit san gadò. Se legliz kap pote-l sekou. 2)
Moun yo rantre nan abitasyon granmoun-nan jan yo vle
paske yo konnen li pa gen pèsonn nan kay-la. Yo panse
granmoun-nan se yon kabrit san gadò.

Kabrit Tomazo, moun ki sòti menm kote, menm zonn;
moun ki te nan menm move sitiyasyon lavi ansanm.
Jolivwa rive Nouyòk. Li etidye konpitè. Li jwenn yon
bon djòb. Depi lè-sa-a li pa pran kontak ak moun ki sòti
nan menm katye ak li. Li bliye si yo tout se kabrit
Tomazo.

Kachkach liben, yon sekrè. *Sa nou vle di-a se pou nou di-*
l. M pa nan kachkach liben.

Kaka aran, yon ti kal ; yon ti pòsyon ; yon ti moso ; yon ti
monnen ; *Mari Joujou Nouyòk. Joujou ap plenyen. Li di*
depi de mwa se yon ti kaka aran mari-a voye chak mwa.
Poutan depi onz mwa mari-a pèdi yon bon djòb-li te

genyen. *Depi lè-sa-a li pa ka jwenn yon lòt ni li pa voye di Joujou sa.*

Kaka rat dè bwèt, pawòl san vale, san fondman. *Si yon moun koute fason jennonm-nan pale fòk ou di se pi gwo jwè nan ekip-la. Poutan lè li sou teren-an li pa renmèt anyen. Tout sa li konn ap di yo se kaka rat dè bwèt.*

Kalbas gran bouch, moun ki pale anpil epi ki sitou pale pawòl ki pa regade-l oubyen sou bagay li pa menm byen konnen. *Lè de moun ap pale, depi yo wè Natilya ap vini yo sispann. Tout moun nan katye-a konnen Natilya se yon kalbas gran bouch.*

Kale kò, abiye epi kite yon pati nan kò-a deyò. Sitou lè fi pa kouvwi pati nan kò-l tout moun ap atann pou li kouvwi. *Jinèt fin abiye pou li ale nan maryaj yon zanmi. Manman Jinèt rele Jinèt. Li di Jinèt: « Di m non. Kote ou prale ak rad kale kò-sa-a ? »*

Kale m lajan m, lè yon moun mande pou moun ki dwe-l pou peye-l toutswit san manke. *Yon moun ale nan mache. Li achte twa manmit diri, de manmit pwa nwa, yon manmit pwa wouj, de manmit pitimi, sis manmit ble ak kat manmit mayi moulen. Apre li fini li di machann nan lajan-l pa kont. Machann-nan move. Li te chita. Li leve kanpe. Li di : « Madanm kale m lajan m. » Madanm nan sezi. Li mande yon zanmi ki te ansanm ak li pou prete-l san goud.*

Kale pwa, kontinye fè yon bagay byen dousman. *Etna di mari-l: « Li lè pou nou ale nan travay. Ou rete ap kale pwa nan twalèt-la. Map pran devan. Wa pran yon woulib ak Jak. »*

Kale pitit, fè anpil pitit yonn dèyè lòt. *Moun yo chita ap kale pitit. Menm yon bon kay yo pa gen pou mete yo dòmi. Pa gen moun ki konnen kouman yo pra-l fè pou voye yo lekòl.*

Kale wès, fè parès; pran plis tan pou fè yon travay pase sa travay-la merite. *Janto te rive Chikago. Li jwenn yon travay nan yon izin asye. Li travay sitan byen epi vit, nan twa mwa yo bay Janto yon pwomosyon. Anpil lòt anplwaye tap plenyen. Yo di Janto nan achte figi bòs. Janto di yo: « Se pa isit m aprann travay. M te grandi ak granpapa-m. Depi-m te piti, li pa te janm tolere pèsonn moun ka p kale wès nan travay. Se pa isit kote map touche pou sa map fè pou m te nan kale wès. »*

Kapo wou, yon moun ki nan yon bagay men ki pa ranpli yon wòl enpòtan. *Nojèn se yon kapo wou. Menm si li pa la, asosyason-an ap fonksyone nòmalman.*

Kare de moun, enkouraje de moun ki fache antre yo pou yo batay. *Polino nan lise. Li kare de elèv. Yo goumen nan lakou lekòl-la. Direktè lise-a ranvwaye tou de elèv-yo pou yon senmenn. Poutan Polino pa pèdi yon jou lekòl.*

Kare kòk, mete de kòk yonn devan lòt nan gagè pou fòse yo koumanse goumen. *Yon konpayi te louvwi yon faktori nan zonn Lakil. Onansyo aplike pou yon djòb. Mina, reprezantan konpayi-an ki tap resevwa aplikasyon-yo, mande Onansyo: « Ki pwofesyon ou? Onansyo reponn: « Karèdekòk ». Mina te fèt epi grandi Pòtoprens. Li te etidye administrasyon nan yon inivèsite Kalifòni. Li mande Onansyo: « Ki pwofesyon sa ye? » Onansyo reponn: « Se mwen ki kare kòk-yo nan pi gwo gagè ki nan zonn-nan. » Mina mande Onansyo: « Sa sa vle di kare kòk? » Onansyo reponn: « Madmwazèl, ou se*

Ayisyen ou pa konnen sak rele kare kòk! Si ou pral sipèvize moun nan rejyon-an, sanble gen anpil bagay ou bezwen aprann. » Lwiz, yonn nan moun ki re vin ranpli aplikasyon tou, tap koute konvèsasyon-an. Lè Onansyo sòti, Lwiz di Onansyo : « Ou vin chache djòb epi se konsa ou pale ak madmwazèl-la ! Se nan rèv ou va wè djòb. » Nan kenz jou, Lwiz te sezi lè li aprann Onansyo se yonn nan premye moun Mina te anplwaye. Mina te vin bon zanmi madanm Onansyo. Onansyo ak madanm ni te vin tankou de pwofesè pou mina sou zafè tradisyon ak levasyon moun zonn-nan.

Kare lajan, parye lajan. *Jan m wè Gastèl ap travay di ak anpil disiplin, map kare lajan li pap mouri pòv.*

Kare zèpòl, 1) Fè enpòtan. 2) Pare pou batay. 1) *Petitòm ap mache kare zèpol li nan tout katye-a. Li konprann se yon wa li ye nan zonn-nan. 2) Yon moun pase devan yon machann mang. Li manyen sis mang. Li te klè pou machann mang-la mesye-a pa sou achte. Machann-nan di mesye-a : « Si ou pap achte sispann peze mang-yo. » Mesye-a gade machann-nan dwòl. Machann-nan di : « Jan ou kare zèpòl ou sou mwen sanble ou vle kale-m pou machandiz mwen yo. » Te gen twa lòt medam ki tap vann tou pre. Yo tou le twa leve kanpe. Lè mesye-a wè sa, li fonn kou bè.*

Karo bous, fèarepase ki gen yon bwat kote yo mete chabon dife-a. *Depi yo bay elektrisite nan katye-a, tout moun sispann sèvi ak karo bous. Yo jete tout karo bous-yo. Omwens yo ta sere kèk pou montre jenerasyon kap vini-an kijan yo te konn repase rad.*

Kase double, fini yon plat manje epi rekoumanse yon lòt plat manje touswit. *Temistòk te sipòte kanpay Andrèl pou depite. Manman Temistòk pa te patizan Andrèl.*

Andrèl te rive genyen eleksyon-an. Andrèl te fè yon gwo rasanbleman pou di sipòtè-l yo mèsi. Li te bay manje tou. Temistòk envite manman l nan selebrasyon-an. Manman Temistòk reponn: « Non mèsi. » Lè Temistòk retounen, manman l mande l : « Andrèl te di lap bay tout moun manje. Eske se vre ? Eske tout moun jwenn manje ? » Temistòk reponn : « Se kase double. » Manman Temistòk reponn : « Sa pou ta di. »

Kase lezo, dlo yon fanm ansent bay lè li prèt pou akouche. *Rozali te prèt pou akouche premye pitit li. Yo rele yon fanmsaj. Lè li rive, li jwenn Rozali ap rele anmwe. Fanmsaj-la manyen vant Rozali. Li manyen anpil lòt pati nan kò Rozali. Li di mari-a : « madanm ou ap pran yon ti tan ankò anvan li akouche. Li ponkò kase lezo. »*

Kase mayi, rekolte mayi lè mayi-a mi. *Serajèn gen de kawo tè mayi. Li koumanse kase mayi-a men li deja prete mil dola sou rekòt-la.*

Kase nan travay, revoke yon moun nan yon travay. *Zamò gen twa mwa depi li chita san fè anyen. Se ak sa madanm-nan ap fè yo peye tout bil-yo. Li pase kenzan nan yon djòb. Yo kase-l nan travay-la san preyavi.*

Kase tèt gode, retire pòsyon ki monte depase tèt gode-a. Se sitou lè yon moun kap vann fè sa lè moun kap achte-a pap gade machann-nan. *Anpil moun sispann achte diri kay Silvita. Yo di Silvita gen abitid kase tèt gode.*

Kat dan, fouchèt. *Ou pa ka ban m yon bouyon epi se yon kat dan ou lonje ban m. Ou ta manyè ban m yon kiyè.*

Kat fèy planch, sèkèy. *Sote ponpe, tout moun gen pou kite tout bagay dèyè epi vwayaje nan kat fèy planch.*

Kastèt chinwa, yon bagay ki difisil anpil pou jwenn solisyon pou li. *Genyen yon eleksyon nan peyi-a. Se yonn. Men pou dirije peyi-a epi satisfè tout moun se yon kastèt chinwa.*

Kat anba tab, fè yon bagay an kachèt. *Prezidan asosyasyon-an di li pa gen anyen pou kache. Poutan la-p mennen yon politik kat anba tab.*

Kat sou tab, fè tout bagay aklè. *Kou Siperyè Dèkont ap mennen yon envestigasyon sou administrasyon kominnan. Majistra-a di li pa gen ankenn enkyetid paske li toujou fè tout bagay kat sou tab.*

Katye dife, yon kote yo mete twa wòf dife pou fè manje. *Ou kite timoun-yo twò pre katye dife-a. Si chodyè-a chape, dlo cho-a ap boule yo.*

Kay ante, yon kay ki gen move lespri ladan l. Pèsonn moun pa ka rete ladan l. *Yon komèsan te achte kay Klerozye-a. Se yon gwo kay senk chanm a kouche. Apre de mwa, li mete-l alavant. Pèsonn pa vle achte-l. Yo di komèsan-an pa janm ka dòmi lannwit. Moun-yo tande bwi. Lè yo leve yo pa wè pèsonn. Yo di se yon kay ante.*

Kay bòdèl, kay kote moun kap mennen movèz vi rete. *Tèzilyen gen de bèl demwazèl. Manman-yo leve yo yon fason pou li fè yo konfyans. Men Tèzilyen mete yon disiplin sòlda nan kay-la. Si medam-yo rete senk minit pita deyò pase lè yo te dwe rantre, Tèzilyen koumanse joure. Li di yo kay-la pa yon kay bòdèl pou yo rantre sòti jan yo vle lè yo vle.*

Kay chanmòt, kay de etaj. *Yon kay chanmòt an Ayiti lontan se te yon siy ki montre katye pòv ak katye moun* *rich. Jounen jodi-a, kay chanmòt pa gen menm siyifikasyon-an ankò.*

Kay mistè, yon kay ante. Yo rele yon peristil kay mistè tou. *Vadlèn ap viv Leyogán. Yon nyès li kap viv Okay te vin pase yon senmen ak li. Apre kat jou, nyès-la di Vadlèn, « Matant, m wè ou gen yon ti kay nan lakou-a, ou pa janm rantre ladan-l. Li toujou fèmen ak de kadna. Poukisa ? » Vadlèn di : « Sa ou pa konnen pi gran pase ou pitit. M pa ka rantre ladan-l. Ni m pa ka kite ou rantre ladan-l. » Nyès-la di « Men poukisa ? » Vadlèn di : « Se kay mistè tonton ou. »*

Kaye kenz kòb, yon ti kaye elèv te konn achte pou kenz kòb lontan an Ayiti. *Yòl ap viv Nouyòk. Li gen twa pitit, de ti fi, yon ti gason. Chak senmenn se pou timoun-yo ap mande Yòl kòb pou achte eskoul souplay (founiti klasik). Manman Yòl tap viv nan kay-la tou. Yon jou grann-nan di timoun-yo : « Manyè bay manman nou yon souf. Chak senmenn se pou li jwenn lajan pou eskoul souplay. Nan ti lekòl kote m te aprann li nan Lestè, se de ti kaye kenz kòb m te genyen pou tout yon trimès. » Pi gran-an, yonn nan ti fi yo, reponn : « Men Granny, Nouyòk pa Lestè. Epi ou gen swasantdizan. Ou ap pale nou de yon Lestè swasant dizan pase.» Yòl konnen manman-l pral fache. Li di : « Ki dwa ou genyen pou ap pale ak grann ou konsa ? » Manman Yòl di : « Men kite-l pale. M trouve sa li di-a gen sans vre. »*

Kanpay rejete, kanpay gouvènman prezidan Eli Lesko te antreprann pou eseye derasinen vodou an Ayiti. *Vodou sitan fon nan rasin tradisyon peyi Ayiti, kanpay rejete pa te rive derasinen-l.*

Kanpe sou zepron, prèt pou fè kont oubyen pou batay. Manichya prete Joujou yon liv istwa. Joujou pèdi liv-la.

Manichya mande Joujou liv-la. Joujou reponn yon fason ki fè Manichya fache. Manichya te chita. Li kanpe epi li di byen fè : « *Ou prete liv mwen. Ou pèdi-l. Map pale ak ou, ou kanpe sou zepron ou. Gen lè ou vle bat mwen mete sou li ?* »

Kanson fè, gason ki gen anpil otorite epi ki gen tandans sèvi ak otorite-a nèt al kole pou fè dibyen oubyen pou fè dimal. *Polidò se yon manm nan depatman antigang polis. Depi li sou yon ka, lap arete moun ki enplike nan krim-nan kanmenm. Tout moun nan komin-nan respekte Polidò. Yo rele-l kanson fè.*

Kantik sere dan, pawòl ki pa klè. *Manman Olivya te sevè anpil. Olivya gen diznevan. Manman Olivya di toutotan Olivya ponkò kite kay-la se sou zòd li pou Olivya mache. Pita pou Olivya rete deyò nan aswè se dizè edmi. Sa se yonn nan kondisyon pou Olivya rete nan kay-la. Yon jou, Olivya rantre a onzè apre yon ti fèt. Manman Olivya debòde. Li koumanse joure Olivya. Olivya bay tout sòt pawòl pou eseye esplike manman-l kouman onzè te fè pran-l deyò. Anyen pa mache. Papa Olivya ki tap koute konvèsasyon-an sòti nan chanm ni. Li di Olivya:* « *Tan pou ap bay manman ou tout pawòl sere dan-sa-a-yo poukisa ou pa mande ekskiz pou sa fini ?* »

Kesedjo kesekwann, pawòl anpil ki pap bay ankenn rezilta. *Tout responsab-yo pase tout tan yo nan yon bann kesedjo kesekwann . Yo pa rive antann yo sou ankenn pwojè.*

Kesekwann kesedjo, sa vle di menm bagay ak kesedjo kesekwann

Kè nan men, sote oubyen sezi fasil ; kè sansib ; pa renmen wè moun soufwi 1) *Nolo renmen premye pitit fi*

*Previlyen. Madan Previlyen ta byen renmen Nolo pou
bofis. Previlyen pa dakò pou maryaj-la fèt. Li di Nolo
gen kè nan men. Peyi-a twò difisil pou li lage pitit fi-l
nan men yon gason kè nan men tankou Nolo. 2) Vwazin-
nan tèlman gen kè nan men, li sèvi ak kòb komès-la pou
ede tout moun ki frape pòt-li ak yon pwoblèm.
Machandiz-yo fini ; li pa gen kont kòb pou kòmande
plis.*

Kè pòpòz, moun ki pa janm prese. *Jennonm-sa-a ou bay
fè travay pou ou ! Se yon kè pòpòz. Fèt-la gen pou rive
li pa fini travay-la.*

Kè kase, sezisman. *Yo fenk pote yon nouvèl nan katye-a ki
bay tout moun kè kase. Pitit Zamò-a mouri nan yon
aksidan avyon.*

Kè sou biskèt, sa vle di menm bagay ak kè nan men.

Kenbe kè, pran anpil pasyans ak yon bagay ki difisil anpil
oubyen ak yon moun ki ap bay anpil pwoblèm. Sa vle di
menm bagay ak «Pran kè». *Popo ak Joli gen kenz an
depi yo marye. Yo gen twa pitit. Tout moun ap felisite yo
pou jan yo byen viv. Yon jou Joli al kote prèt parwas-la.
Li di prèt-la : « Monpè mwen gen yon kesyon pou ou. »
Prèt-la rantre nan sal konferans parwas-la ak Joli. Li di
Joli : « Ou mèt pale. Map koute. » Joli di : « Eske se
vre katolik pa dwe divòse? » Prèt-la gade Joli ; li pa di
anyen. Apre yon trant segond konsa, li mande Joli :
« Poukisa ou poze kesyon-sa-a ? » Joli di : « M pa
kabap ankò ak Popo. Sanble sèl solisyon se yon divòs. »
Prèt-la te sezi tande sa. Se dènye maryaj li panse te ka
nan pwoblèm. Lè prèt-la te bay Joli chans pou li pale
plis. Joli di: « Se vre tout bagay parèt byen. M fè tout sa
m kapab pou fwaye-a pa kraze. Men m pa kabap ankò.
Se nan kenbe kè ki fè nou pase kenzan ansanm. » Prèt-la*

di Joli : « Sa se yon nouvèl ki pran m pa sipwiz epi ki fè m mal anpil. Kenbe kè toujou. Map wè ki jan m ka ede nou sove maryaj-la. »

Kin a la ganach, san rete. San pran souf. *Peyizan Basen Ble yo kenbe minis lagrikilti-a kin a la ganach jouk tan li deside voye plis agronòm pou ede yo nan rejyon-an.*

Klè kou dlo kòk, pa gen dout. *Yo ap fè anpil mannèv pou lage jennonm-nan. Men li klè kou dlo kòk se li ki komèt krim-nan.*

Kloure sou chèz, chita sou yon chèz epi refize leve pou fè yon bagay. *Ou rete kloure sou yon chèz malgre ou konnen se ou pou ki mennen zannimo-yo bwè dlo.*

Kò kraz, fatig. *Kò kraz mande repo. Men kò kraz pa maladi.*

Kò labouyi, kò lage; moun ki pa solid; 1) *Moun ki gen kò labouyi pa ka travay nan konstriksyon.* 2) *Yon kò labouyi konsa ou pran pou fè travay-la ! poul ka gen dan travay-sa-a pa fini.*

Kò lage, fatig, feblès. *Vwazin-nan gen yon kò lage maten-an. Li pa ale travay.*

Kò mòlòlò, pa vanyan; pè travay. Se menm bagay ak kò labouyi. *Yo pap aksepte jenn gason kò mòlòlò nan akademi polis.*

Kò san zo, yon moun ki ka fè mouvman yo pa espere pou moun te ka fè. *Yon dansè Ayisyen ranpòte de pri entènasyonal. Tout moun rele-l kò san zo.*

Kòd a bak, yon bagay ki long anpil. *Diskou senate-a se yon kòd a bak. Li pale twazèd tan.*

Kòd gita, yon moun ki nan tout sòs. Li patisipe nan tout bagay. Se yon moun ou pa ka konte sou li tou. *Yo di-m Anidya renmen ak Bistan. Sa fè-m mal pou pitit-la. Li pa konnen ak ki moun li an afè. Bistan se yon kòd gida. Se bagay tout moun konnen.*

Kòd mal taye, zak pou fè moun ditò oubyen pou rann lavi yon moun difisil. *Sipèvizè-a fè yon kòd mal taye pou fè revoke tout Ayisyen nan faktori-a. Men byen konte mal kalkile se li yo revoke.*

Kòd penal, yon bagay ki long anpil. *Diskou kandida-sa-a se yon kòd penal. Li pale dezèd tan. Poutan li pa vreman esplike ki program li genyen pou rezoud pwoblèm komin-nan.*

Kòf lèstonmak, nan fon kè. *Sa m sòt di ou la, louvwi kòf lestonmak ou mete-l. Pa di pèsonn sa.*

Kòk batay, moun ki renmen goumen, ki renmen chache moun kont. *Yon elèv ka entelijan men si li tounen yon kòk batay, lekòl-la ap mete l deyò.*

Kòk kalite, yon gason ki fè tout moun kontan dapre sa li fè oubyen reyalize magre move moman, magre anpil difikilte ak pwoblèm. *Vili sòti nan yon ti bouk nan Nòdès peyi-a. Vili fini etid li nan fakilte medsin. Chak ane se li ki loreya. Manman Vili toujou ap viv menm kote Vili te grandi-a. Li di li pa etone pou siksè Vili lekòl paske pitit li se yon kòk kalite.*

Kòk wouj, 1) lè tout timoun nan yon jwèt lagolago ap chache jwenn yon dènye yo pa konnen kote l sere ; 2) tout mwayen nèt yo sèvi pou jwenn yon moun yo ap chache. 1) *Yo lage kòk wouj dèyè Marilya. Yo jwenn kote l sere apre senk minit.* 2) Lapolis *lage kòk wouj dèyè vòlò-a. Finalman yo jwenn ni nan frontyè Ayiti ak Dominikani.*

Kòkenn chenn, gwo anpil. *Yon kòken chenn gason. Yon kòken chenn zaboka.*

Koko makak, yon gwo bout baton yo prepare epi poli byen pou yon aksyon espesyal. *Ditan toujou mete yon koko makak anba kousen machin-ni. Li di li pa konnen ki lè yon vòlè ap atake-l.*

Kòkòt ak figaro, de moun ki byen anpil. *Manman Chouchou di Chouchou pou li pa janm rantre nan koze Lili ak Milvanya. Menm si yonn fache ak lòt pou li pa mele paske medam-sa-a yo se kòkòt ak figaro.*

Kole pyese, itilize tout mwayen pou reyalize yon bagay. *Eloume deja mouri. Nou tout konnen madanm-nan pa gen lajan epi li pa gen anyen pou vann. Fòk nou fè yon kole pyese pou nou ede l fè lantèman-an.*

Kole zepòl, mete tèt ansanm pou fè yon bagay yon sèl moun pa ka fè oubyen ka p pran anpil tan pou yon moun fè pou kont li. *Apre yon vizit an Izrayèl, yon jounalis ayisyen di nan radyo : « Si tout Ayisyen ann Ayiti ak tout Ayisyen kap viv nan peyi etranje fè yon kole zepòl, yo ka fè pou Ayiti menm bagay Jwif-yo fè pou peyi Izrayèl. »*

Koze kredi, pawòl moun pa ka konte sou yo. *Pandan kanpay, yo te envite yon granmoun ki gen katrevendizan pou al koute yon kandida pou depite. Apre diskou-a, yon jounalis mande granmoun-nan: « Ki sa ou panse de diskou-a ? » San pedi tan, granmoun-nan di: « M gen*

*plis pase swasantkenz an depi map koute diskou
politisyen. Si ou konn istwa peyi-a, wa chache konnen
depi ki prezidan. Jouk jodi-a se nan kalbas map bwè dlo.
Se ak mose bwa chèch map limen dife pou bouyi yon
moso manje. Me yon gwo ravin dlo ap koule desann ale
nan lanmè. Poutan nou pa jwenn bon dlo pou nou bwè.
Si m la toujou, apre Bondye, se grenmesi dite fèy. Tout
bèl pwomès pandan kanpay-yo se koze kredi. M swete
anvan m mouri Bondye ka pèmèt mwen wè yon kandida
ki konekte pawòl ak aksyon.»*

Koze kremòl, pawòl ki pa gen valè epi ki pap regle anyen.
*Ekip Jakmèl-la pral fè final ak ekip Wanament-nan.
Antrenè ekip Jakmèl-la bay yon entèvyou nan radyo. Li
pale anpil sou ki jan ekip Jakmèl-la pral bat Wanament.
Apre entèvyou-a, jounalis-la rele antrenè Wanament-
nan. Li mande-l : « Eske ou tap koute entèvyou-a ? » Li
di : « Wi, m tap koute. Anpil bèl bawol. » Jounalis-la
di : « Sa ou panse de tout sa antrenè Jakmèl-la sòt di la-
a ? » Antrenè Wanament-nan reponn: « Tout sa se koze
kremòl. Nap mande tout moun pou vini anfoul nan
match-la. Se sou teren-an nou pral bay antrenè-a repons
pa nou. Apre match-la fèt si ou bay li yon mikro pou li
prezante eskiz bay oditè ou yo pou tout koze kremòl-sa-a
yo.»*

Koze vante, yon koze moun panse te yon sekrè poutan
tout moun deja konnen-l. *Sa pa yon sekrè pou pèsonn.
Se yon koze vante. Tout moun konnen ki sous kap
finanse kanpay kandida PNRP-a (Parti National pour la
Réforme Payisanne)*

Kòm ki dire, tankou. *Frank pale kòm ki dire se li ki
majistra vil-la.*

Kòmande pwa, mete engredyen nan yon sòspwa tankou epis, sèl, piman, andwi, sosis ak kèk lòt bagay ankò pou sòs pwa-a ka gen bon gou. *Papa Loulou mouri depi Loulou te gen katran. Grann Loulou te pran Loulou lakay li. Loulou gen dizwitan. Kèk kondisip fi lekòl Loulou te pase kay Loulou yon jou samdi apre midi. Yo bare Loulou nan kizin. Yonn nan medam-yo di: « Loulou, sa wa p fè nan kizin-nan? » Loulou reponn : « Map kòmande yon sòs pwa pou grann mwen. » Depi lè-sa-a ti medam-yo rele Loulou kòmandan sòs pwa. Men Loulou pa te okipe yo. Li te toujou kontinye ede grann ni nan kizin.*

Konfonn vitès ak presipitasyon, deplase rapid pou ale yon kote pou fè yon bagay. *Grann Nanna di: « Kote Lizèt? » Lizèt rantre. Li di : « Grann me mwen. Ki sa ou genyen ? » Lizèt se dènyè pititpitit Grann Nanna. Li renmen grann-ni amò. Grann Nanna di : « M gen yon lèt sou dife-a. Li preske bouyi. Me kenz goud. Konfonn vitès ak presipitasyon pou ale nan boutik nan kafou-a pou achte pen ak sik pote vini. »*

Kongo Belizè, yon moun ki byen abiye. *Gen anpil chanjman nan fason Ayisyen abiye lè yo pral monte avyon. Lontan depi yon Ayisyen pral pran avyon li te toujou abiye tankou yon Kongo Belizè. Kounye-a pifò Ayisyen vwayaje ak rad òdinè.*

Konn dlo, konn naje. *Tout timoun Latibonit konn dlo.*

Konsa konsa, malman, dousman. 1) *Jilmis te malad. Yon zanmi mande l kouman l ye. Jilmis reponn: « Nou la konsa konsa. »* 2) *Nelza mande Molin ki jan biznis li ap mache, Molin reponn: « Konsa konsa. »*

Kou l cho l kwit, touswit. San pèdi tan. *Depi ou ban m yon avalwa, ma-p renmèt ou travay-la nan de jou. Kou l cho l kwit.*

Kou manman ! yon ekspresyon ki montre kontantman, sipriz oubyen etonnman. *1) Nan jou maryaj Chal ak Lizèt, Chal pase chache Lizèt nan limouzin maryaj-la. Chal desann limouzin-nan. Lap tann Lizèt anba galri kay kote Lizèt tap abiye-a. Lè lizèt parèt, Chal di : « Kou manman ! » 2) Silvyo renmen bay blak anpil. Lè li ap pale de tèt li li egzajere tout bagay. Yon jou, yon gwoup zanmi Nouyòk ap pale sou foutbòl ann Ayiti. Silvyo te la. Silvyo koumanse rakonte kouman li te yon bon bitè nan yon ekip Pòtoprens. Yon ansyen kondisip Silvyo ap koute. Li pa di anyen. Silvyo kontinye rakonte tout eksplwa li te konn fè nan foutbòl. Finalman, zanmi-an di : « Kou manman ! » Yon fi ki te la reponn : « Jan ou pale-a sanble Silvyo ap ban nou koze kredi. »*

Kou pou kou, revanj. *Yon prèt tap preche yon dimanch pak. Pandan sèmon-an li di : « Anpil moun toujou ap di kou pou kou Bondye ri. Men se pa vre. Sa ki fè kè Bondye kontan se « lanmou pou kou. »*

Kou rèd, yon moun ka-p fè sa li vle fè menm si moun eseye fè l chanje lide. *Pa pèdi tan ou ak Gaspa. Se yon kou rèd. Si li deja di li pap vini ou mèt efase non-l sou lis-la.*

Kouche paspò, renmèt paspò nan yon anbasad oubyen yon konsila etranje pou resevwa yon viza. *Geti pa lwen vwayaje. Li deja kouche paspò-l. Mari-l deja voye lajan pou tikè avyon.*

Koule bwese, bwè anpil bweson ki gen alkòl sitou nan yon moman rejwisans. *Fèt-la fini byen bonnè men mesyedam-yo pase tout nwit-la ap koule bweson.*

Koule kafe, vide dlo cho nan yon grèg ki gen poud kafe ladan l. Yo di tou fè kafe. *Grann Fofo koule kafe twa fwa pa jou. Li toujou ofwi tout moun ki pase lakay li kafe. Li koule kafe fò pou granmoun epi yon dlo grèg pou timoun.*

Koupe kout je, lè yon moun gade yon moun, li tenyen je-l sou moun-nan pandan lap vire tèt li nan yon fason pou meprize moun-nan oubyen pou montre moun-nan li fache. *Depi Joli rive nan fèt-la Ivoniz ap koupe l kout je. Ketya byen ak tou de. Li mande Ivoniz poukisa lap koupe Joli kout je pandan tout fèt-la, Ivoniz di Ketya se paske Joli panse piske manman-l te bay non Joli, se li ki pi bèl fi nan bouk-la.*

Koupe lapawòl, fè yon moun ka-p pale sispann pale bribsoukou san avètisman. *Te gen yon deba nan radyo ant twa kandida pou depite. Yonn nan yo pa zanmi propiyetè radyo-a. Lè li koumanse pale, operatè ki te responsab retransmisyon-an koupe lapawòl-li. Pwopriyetè radyo-a tap koute emisyon-an. Lè li wè sa, li rele operatè-a. Li di operatè-a pou fè moun ki tap dirije deba-a prezante oditè-yo yon ekskiz epi li di operatè-a pou li difize tout deba-a san patipri. Li di operatè-a: « Nou dwe pratike sa nap preche. Se pa paske kandida-a pa zanmi-m pou ou koupe lapawòl-li nan mitan yon deba. Nou di nou vle demokrasi. Fòk nou pratike demokrasi. »*

Koupe lèt, mete dlo nan yon lèt. *Silfiz se pi bon machann lèt nan bouk-la. Li pa janm koupe lèt lap pote bay pratik.*

Pale Kare

Koupe pye, lè yo bay yon moun lòd oubyen lè limenm pran desizyon pou li pa janm pase yon kote. *Lekmyèl gen yon sèl pitit fi. Li rele Myèlta. Li gen dizuit an. Li nan klas filozofi. Yon jou dimanch apremidi, Lekmyèl wè Myèlta ap koze ak yon jennonm bò yon gwo pòtay anfè devan kay-la. Lekmyèl parèt devan pòtay-la. Li di Myèlta : « M vle pou rantre lakay-la toutswit. » Li gade jennonm-nan. Li di : « Gade non, apatan dojoudwi, m òdonnen ou pou koupe pye devan pòt kay sa-a.Fòk nou menm jenn gason jenerasyon-sa-a aprann prepare tèt nou anvan nou anbete pitit fi moun. »*

Koupe rache, pouvwa pou fè nenpòp bagay. *Si Fonbwen pa ba ou yon djòb se paske li pa vle. Se li ki koupe rache nan faktori-a.*

Koupe tèt ak, sanble anpil ak. *Jozefin koupe tèt ak manman-l.*

Koupe pyese, lè yon moun ap fè tout mannèv pou li viv. *Belans gen douz pitit ak madanm ni. Nan koupe pyese yo ede tout timoun yo fini klas segondè.*

Koupe zèb anba pye, fè kèk bagay pou fè yon lòt pa reyisi nan sa lap fè. Se menm bagay ak lè yon moun ap fè kòd maltaye sou yon lòt. *Yon Ayisyen te rive sipèvizè nan yon faktori Noujèze. Te gen anpil Ayisyen ki tap travay nan faktori-a. Ayisyen-yo te renmen sipèvizè-a anpil. Depi yon moun ap eseye koupe zèb anba pye sipèvizè-a yo fè l konn sa toutswit.*

Koure kochon, yon kochon mal. *Chak ane, Mannwèl vann de koure kochon pou peye lekòl pitit li.*

Kout kouto nan do, lè yon moun trayi yon lòt moun ki fè-
l konfyans anpil. *Nostan ak Olivya gen yon pitit fi. Li
rele Pola. Nostan te kandida pou senatè. Yon jou Nostan
rele Olivya nan telefòn. Lè Olivya reponn, Nostan di :
« Cheri m pran yon kout kouto nan do. » Olivya sezi. Li
tranble. Anvan Nostan bay plis detay, Olivya lage
telefòn-nan atè epi li koumanse rele. Pola kouri vin wè
sa manman-l genyen. Manman-l di : « Papa ou pran
yon kout kouto nan do. » Pola rele. Lè Pola wè telefòn-
nan atè-a, li pran-l. Li di « Alo ! ». Nostan tap tande rèl
de medam-yo nan telefòn-nan. Li di : « Pase-m manman
ou. » Pola bay manman-l telefòn-nan. Nostan di :
« Cheri, m pa blese. M pa gen anyen. Si-m te blese se pa
mwen ki ta rele. Se yon lòt moun ki ta rele. » Olivya di :
« Ou pran yon kout kouto nan do epi ou pa blese! »
Nostan di: « M konprann poukisa nap rele konsa. M
regrèt se konsa m te anonse ou nouvèl-la. » Nostan
kontinye pale : « Nou te panse Nektò se te pi bon
travayè nou te gen nan kanpay-nan. Men Nektò se yon
espyon li te ye nan mitan nou. Se pou kan opoze-a Nektò
ap travay. Li bay nou tout yon gwo kout kouto nan do. M
deja pran aksyon pou anpeche-l fè kanpay-nan plis
dega. Lè m rantre ma ba ou plis detay. » Nostan
rakroche. Olivya pran de sezisman. Pola di : « Manmi,
sak pase ? Ki jan papi ye ? » Olivya di : « Pitit, fè yon
te (dite) amè toutswit pou nou tou de bwè. Papa ou pa
gen anyen. Ma ba ou plis detay pita. »*

Kout pitit, yon fi ki kite yon gason bay yon pitit li
akouche batistè poutan fi-a konnen byen pitit-la pa pitit
mesye-a. *Anzlèn bay Bikmon yon kout pitit. Plis jou ap
pase se plis lap vin klè pou tout moun, pitit-la pa pitit
Bikmon.*

Kout ponya, lajan yon moun prete ak yon entere ki wo
anpil pase enterè nòmalman yo ta dwe fè moun-nan

peye. Li oblije prete kòb-la akòz bezwen ijan. *Chaltidò pran yon kout ponya pou li ede yonn nan gason-l yo pati. Li prete senkmil dola ameriken ak yon enterè trant pousan.*

Kout tan, lè yon move tan moun pa te prevwa rive. Anpil lapli tonbe. Anpil van vante. Apre yon moman tout bagay sispann. Tout moun reprann aktivite. *Yon misyonè ameriken te ap travay ann Ayiti. Li te aprann kreyòl epi louvwi yon lekòl segondè. Yon jou maten, dis elèv rive an reta. Li mande yo sak pase. Yonn nan elèv yo di li te gen yon kout tan nan zonn kote yo rete a yo pa te ka sòti. Misyonè a mande yo: « Ki sa sa ye kout tan? » Tout elèv te ri.*

Kouto de bò, yon moun ki pran pòz li an favè yon lòt moun poutan lè lòt moun nan pa la, lap fè bagay kont lòt moun nan. *Polin ak Michou te toujou ansanm. Depi de mwa lamitye-a pa menm jan ankò. Lè manman Michou mande l sak pase l ap Polin, Michou di manman l Polin se yon kouto de bò. Li pa ka kontinye zanmi yon moun konsa. Lè manman Michou mete tou de medam yo chita pou yo esplike l sak pase, manman Michou vin dekouvwi se yon jenn medsen ki lakòz zigzani-an. Chak nan medam-yo panse jenn medsen-an enterese nan li.*

Kouto Digo, yon kouto long ki fè koub yo sèvi pou koupe zèb sitou zèb ki wo. *Gen twa zouti tout abitan nan katye-a genyen lakay-yo : yon manchèt, yon louchèt ak yon kouto digo.*

Krab kò, rantre yon kote tou dousman pou moun pa wè oubyen pa bay prezans moun ki rantre-a enpòtans. *Pè Dorisme gen twa pitit fi. Yon jou tout fanmiy-nan tap fè yon fèt pou onore Pè Dorisme. Yo te envite tout grandon nan zonn-nan. Edwa te enterese nan dènye pitit fi Pè*

Dorisme-a. Pandan fèt-la, Edwa krab kò-l nan lakou-a. Se yon fason pou li jwenn yon chans lage detwa ti pawòl nan zòrèy madmwazèl-la.

Krab malzòrèy, yon ti krab tou piti ki pap janm vin pi gwo. Yon moun ki pa byen devlope. *Pitit gason Lizmiz-la se yon krab malzòrèy. Li gen douz an. Li pòtre yon timoun senk an.*

Krab zouba, yon krab wouj yo mete nan bouyon oubyen legim. *Gwendolin gen yon restoran nan rantre vil-la. Chak samdi, se sou rezèvesyon pou moun ale nan restoran-an. Se jou espesyal pou bouyon ak lekim krab zouba.*

Kras vant, dènye pitit yon fanm ki fè plizyè pitit. Sitou lè pèsonn pa tap atann fanm-nan tap fè pitit ankò. *Manyela gen sis gason yon fi. Tout moun panse se fi-a Manyela ta dòlote plis. Poutan se yonn nan gason yo li bay plis atansyon. Gason-an gen ventan. Li rele Manyelis. Yon zanmi mande Manyela kouman li fè ap pale tout tan de Manyelis konsa. Li di zanmi-an li renmen tout pitit li menm jan men Manyelis okipe yon plas espesyal paske Manyelis se kras vant li.*

Kraze brize, kreye dezòd, sèvi ak fòs pou regle yon bagay. *De bandi ap kraze brize nan katye-a depi twa mwa. Finalman lapolis mete men sou yo.*

Kraze eskanp figi, bay moun kou nan figi jouk li blese oubyen figi-a anfle. *Jilmis kraze tout eskanp figi mandanm ni. Yon jij bay Jilmis dezan prizon.*

Kraze rat, kite yon kote pou ale nan yon lòt sitou lè tout moun pa tap atann. *Onildò rantre an Ayiti apre diz an nan Nouyòk. Li di tout moun yo mèt rele l Onil paske se*

*non-sa-a tout moun konnen Nouyòk. Apre di jou, anpil
zanmi ak fanmiy ap mande pou li. Yon zanmi Onil di
tout moun « Onil kraze rat depi sèt jou. »*

Krepi kay, mete yon kouch mòtye pou kouvwi blòk
oubyen bwa ki wakle yon kay. *Ilyomèn bati yon gwo kay
ak ti konmès lap fè nan mache-a. Ouvriye-yo koumanse
krepi kay-la senmenn pase.*

Kreyòl bannann, ti pye bannann ki grandi toutotou yon
gwo pye bannann. Yo rache yo epi plante yo nan lòt
teren yo prepare pou yon lòt chan bannann. *Anpil
peyizan fè lajan de fason ak bannann. Yo vann rejim
bannann epi tou yo vann kreyòl bannann.*

Kretyen kòdenn, yon kretyen legliz pwotestan ki pa gen
yon legliz fiks. Chak dimanch li adore nan yon legliz
diferan. *Sara te fèt Etazini men manman-l te montre-l
pale kreyòl. Yon dimanch yo ale nan yon legliz ayisyen
Nouyòk. Pandan mesaj-la, pastè-a di : « Gen anpil
kretyen ou pa ka konte sou yo. Yon senmenn yo yon kote.
Lòt senmenn ou ap mande pou yo, yo gen tan nan yon
lòt kote. Ou pa ka konte sou kreyen kòdenn-sa-a yo. »
Apre sèvis-la, Sara mande manman l : « Manmi
kouman yon kretyen fè tounen kòdenn? »*

Kretyen vivan, tout moun kap viv. *Yon animatè radyo tap
entèviouve yon pwofesè ki ap ankouraje moun pou fè
mwens pitit. Li di deja pa gen mwayen pou bay tout
moun sou tè-a manje. Animatè emisyon-an louvwi liy
telefòn pou moun poze kesyon oubyen bay opinyon pa
yo. Yon oditè di : « Gen twòp manje sou tè-a pou tout
kretye vivan te ka jwenn manje pou yo manje. Pwoblèm
ki fè anpil kretyen vivan ap mouri grangou se paske yon
pati gonfle yon pati pa jwenn. »*

Krik! Krak! anvan yon moun koumanse tire kont oubyen rakonte yon istwa li di "Krik". Lòt moun yo reponn: « Krak » pou montre yo pare pou tande. *M di krik. Pèsonn moun pa reponn krak. Sa vle di m pa bezwen kontinye pale.*

Kriye defwa, lè yon moun ap kriye pou yon moun pa-l ki mouri. Lap kriye tou paske li pa konnen ki sa li pral fè pou fè lantèman-an oubyen pou li kontinye ak responsabilite moun-nan kite dèyè. *Loulou gen twa pitit ak madanm-ni. Dènye-a gen dezan. Loulou pran yon asisrans vi pou si li mouri pou yo bay mandanm-ni desansenkantmil dola. Li di si li mouri, li pa vle pou madanm-ni kriye defwa.*

Kriye san, kriye anpil san rete. *Yon vwazin tande yon bebe kap kriye anpil kay yon lòt vwazin. Li travèse kay vwazin-nan pou li wè poukisa bebe-a ap kriye konsa. Lè lirive, li wè de medam kap bay blak sou galri kay-la. Li di : « Nou gen kouray ap bay odyans epi nou kite yon bebe-a ap kriye san. M te panse pat gen moun nan kay-la. »*

Kwaze leuit, danse yon dans espesyal. *Jenn moun nouvo jenerasyon-an pa konn kwaze leuit. Yo anbrase tout dans modèn-yo san yo pa konsève dans tradisyonèl-yo. Poutan se ak dans tradisyonè-l yo yo ta ka fè lajan ak touris.*

Kwè nan tonton nwèl, lè yon moun ap espere yon bagay ki pap janm rive vre. *Si ou kwè jennonm-nan ap retounen vin marye, ou se yon moun ki kwè nan tonton nwèl.*

L

Ladous ki vyen kenèp, sa se yon fason machann kenèp fè moun konnen lap pase pou yo sòti achte kenèp byen dous. *Yon machann ap pase bò fontamara nan Pòtoprens. Li di : « Ladous ki vyen kenèp. » Tout timoun kouri sòti. Li vann tout kenèp-yo an plas nan senk minit.*

Lafiyèt Lalo, 1)Yon espwi sou fòm yon fanm Ayisyen sèvi pou fè timoun piti pè sòti lannwit oubyen pou fè timoun piti fè sa yo pa vle fè. 2) Tout fanm ki te nan fòs paramilitè sou gouvènman Franswa Divalye. *1) Li lè pou tout timoun al dòmi. Tout timoun ki pa nan kabann a dizè, Lafiyèt Lalo ap vin chache yo. 2) Melizani te yon Lafiyèt Lalo jouk rive nan ane milnèfsanswasantonz. Yo di lap viv Sendomeng.*

Lafyèv frison oubyen fyèv frison, yon fyèv ki fè moun tranble. *Anslèm pase de jou nan kabann. Li gen yon lafyèv frison. Doktè ponkò wè sa ki lakòz lafyèv-la.*

Lage bay, 1) kite moun fè sa yo vle; 2)bay legen. *1) Ou pa ka lage bay. Bat je louvwi je wa pèdi tout kòb ou envesti nan biznis-la. 2) Smit fèt Etazini. Se pitit Lwidò ak Mona. Mona deside pou bay Smit levasyon ak lang peyi natifnatal li. Opinyon Lwidò diferan. Li di timoun-nan se Ameriken li ye. Se pou yo grandi l tankou yon ti Ameriken. Mona te montre Smit pale kreyòl. Lwidò te mennen Smit an Ayiti pou premye fwa. Tout moun tap fè Lwidò konpliman pou fason li montre pitit-li lang ayisyen-an. Nan dimanch, Lwidò mennen Smit legliz.*

Yon dyak tap fè fidèl-yo yon repròch. Li di : « Legliz-la gen anpil kretyen lage bay. Nan tan malouk nap viv jounen jodi-a, nou pa ka nan lage bay. » Smit di papa-l : « Dad, manmy te di-m mwen konnen tout kreyòl. Mwen pa konprann tout pawòl mesye di. Sa li rele « tan malouk? Sa sa ye, « kretyen lage bay? » Mwen konnen kretyen vivan. Men mwen pa konnen kretyen lage bay. »

Lage kò, fè neglijans. *Jan tan-an difisil kounye-a, jenn moun pa ka nan lage kò. Se sak pi brav kap ka reyisi.*

Lage koukou wouj, mete tout resous anbranl pou jwenn yon moun yo ap chache. Se menm bagay ak lage kòk wouj. *Jennonm-nan prete kòb nan men tout moun nan katye-a. Nap chache-l nou pa wè-l. Men nap jwenn li kanmenm menm si nou dwe lage koukou wouj dèyè-l.*

Lage aladriv, lè yon moun abandone yon lòt moun li dwe bay pwoteksyon ak sipò epi lòt moun nan ap pase anpil mizè. *Ozelis gen yon sèl pitit fi ak madanm-ni. Li pati kite yo. Li lage yo aladriv. Yo pa janm pran nouvèl li. Madanm-nan pedi kay-li. Menm lwaye li pa ka peye.*

Lage de gidon dèyè yon moun, rapousib moun nan ak anpil rapidite. *Yon chofè frape yon machann akasan Senmak. Li pa kanpe. Yon polis ki pa an inifòm wè aksidan-an. Li lage de gidon dèyè chofè-a. Li arete-l sou pon Lestè.*

Lage nan dengonn, 1) rapouswiv yon moun ki fè yon bagay mal ; 2) pèsekite yon moun. *1) Polis lage nan dengonn malfetè-a jouk yo rive mete men nan pay kasav li. 2) Anita di yon zanmi : « M pa konnen sa m fè Ifoniz. Depi de mwa m remake li lage nan dengonn mwen. M konnen oumenm ak Ifoniz se de bon zanmi. Manyè di l*

*pou li kite m anrepo. Sinon, mwenmenm ak li nap bwè
yon tas kafe anmè ansanm. »*

Lage nan wèl, sa vle di menm bagay ak lage nan dengonn.

Lajan degrennen, lajan monnen oubyen ti pyès piti.
*Rozmena vann Sentilyen yon karo tè. Sentilyen bay
Rozmena yon gwo sak lajan degrennen. Rozmena sezi.
Yo pran yon kamyonèt pou yo al konte kòb-la nan yon
bank.*

Lapli atè, Tan-an mare. Lapli pral tonbe. *Nanouz di
Molina: « Mòn-nan kouvwi ak nwaj. Loraj ap gronde.
Lapli atè. An nou mache pi vit pou nou gen tan rive. »*

Lapli nò, yon lapli ki pa fò men ki ka dire plizyè jou
pafwa tout yon senmenn. *Lapli nò bon pou jaden epi se
pa fasil li lakòz inondasyon.*

Larenn Dede, yon fanm afè bon epi ki gen anpil
enfliyans. *Petris gen trantsenk an. Li gen de diplòm. Li
toujou rete kay manman-l. Yon jou manman Petris di:
« Bon pitit, ou fini lekòl. Wap travay. Poukisa ou pa
chache yon fi pou marye? » Petris di « Fi mwen bezwen-
an m ponkò jwenn ni. » Manman-l di: « Wap chache yon
Larenn Dede. Si se konsa ou pap janm marye. Tout
Larenn Dede deja gen gwo bak alyans yo nan dwèt-yo. »*

Lasirèn dyaman, yon fanm ki sitan bèl kote-l pase menm
fanm parèy li admire-l ale wè pou mesye-yo. *Pitouch
gen trantsenkan. Tout sa manman-l fè pou li chache yon
fi pou li marye li refize. Finalman manman-an di tout
moun li pap anbete Pitouch ak koze maryaj-la ankò. Li
di sanble se yon lasirèn dyaman Pitouch ap tann.*

Lave dan sou moun, pale mal moun. *Pandan anpil moun ap lave dan-yo sou direktè-a, limenm lap travay san pran souf pou bay tout timoun nan vil-la moso lenstriksyon.*

Lavironn dede, 1) vire won bò yon bagay pou veye yon moman favorab pou pran l. 2) anpil mouvman san regle anyen serye. 1) *Sizana ap viv Pòtoprens ak twa pitit. Mari-l Nouyòk. Yon jou li apenn mete manje sou tab, mari-l rele l. Li pase karantsenk minit nan telefòn-nan. Timoun-yo ap fè alevini bò tab-la Sizana di mari-l : « Cheri tann mwen yon ti moman. » Li di timoun-yo : « Nou pa bezwen ap fè lavironn dede bò tab-la. Nou mèt chita pou manje. Se pou nou m fè manje-a. » 2) Mevilis pase tout jounen ap fè lavironn dede nan vi-la. Li rantre menm yon pen li pa pote pou timoun yo.*

Layite kò, pran plezi. Jwi lavi. 1) *Madanm-nan travay di pou li achte bèl kay-li. Pa gen anyen mal si li layite kò-l ladan-l 2) Madam Ramèz pase de mwa ap vwayaje. Li vizite tout zile nan Karayib-la. Lè li tounen, yon travayè lapòs di : « Depi de mwa m pa wè ou. Sak pase ? Madam Ramèz reponn : « M te nan vwayaj. M ta-p vizite peyi nan Karayib-la. Tout pitit mwen fin gran. Se lè pou-m layite kò-m.*

Lang long, moun ki pale anpil epi li renmen fè medizans. *Revonèl se majistra Manich. Moranvil sipòte Revonèl anpil nan eleksyon pou yon dezyèm manda. Lè yo mande Moranvil poukisa li bay tan ak lajan nan kanpay Revonèl, li reponn: « Lè tout lang long ap fè anpil bwi, Revonèl limenm lap okipe zafè pèp-la. Elèv nan inivèsite pa te konnen kote Manich ye sou kat jeyografi peyi-a. Granmesi Revonèl, jodi-a tout moun ap pale de Manich. »*

Lanmò anba pye, nenpòt moun ka mouri nenpòt lè sanzatann. *Nou tout ap mache ak lanmò anba pye nou. Men gen bagay ou wè yon moun ap fè oubyen jan lap viv, lè li mouri se limenm ki touye tèt li.*

Lanmou bennen, karese oubyen soupriye yon moun anpil pou fè li fè yon bagay. *Se pa yon bon solisyon pou sèvi baton pou fòse moun fè sa yo pa vle fè. Konsa tou twòp lanmou bennen pa bon.*

Lanjelis fèmen, li koumanse fè nwa. Lannwit rive. *Fòk nou mache vit pou nou gen tan rive anvan lanjelis fèmen.*

Lannwit bare, lè-l fè nwa epi yon moun yon kote li swete li pa te la oubyen lap fè yon bagay li pa gen tan fini. *Fòk nou debouye nou pou nou rive Pòtoprens vè sizè. Nou pa ka kite lannwit bare nou sou move wout-sa-a.*

Lanp bòbèch, yon ti lang ki gen yon mèch koton. *Nan anpil kote nan peyi-a, moun toujou ap sèvi ak lanp bòbèch.*

Lanp tèt gridap, yon lanp gaz ak mèch ki gen yon kouvèti tou won ak zigzag toutotou. *1) Lilyani gen de pitit fi. Li di yo lap fè nenpòt travay onèt pou achte gaz pou yo etidye menm si se ak yon lanp tèt gridap. Li fè yo konnen ak plis edikasyon omwens yo ka achte yon lanp chemine yon jou. 2) Bòbi rantre Etazini apre filo. Li fè yon metriz nan Inivèsite Chikago. Li kontinye nan lekòl dedwa. Li vin prezidan yon konpayi ki anplwaye 1.500 moun. Bòbi toujou gen yon ti lanp tèt gridap sou biwo-l. Li fè tout moun konnen se ak yon ti lanp konsa li te aprann li.*

Lekòl bòlèt, lekòl ki nan yon kay ki pa te fèt pou lekòl. Li twò piti epi tout elèv se sòti nan klas ale nan lari paske pa gen lakou. *Yon ansyen pwofesè lise di Moralès* » *Gen twòp lekòl bòlèt nan peyi-a. Anpil nan yo reprezante yon danje pou ni elèv ni pwofesè. Fòk leta di yon mo.* » *Moralès reponn pwofesè-a : « Se vre Gen anpil lekòl bòlèt. Men pou leta fèmen-yo fòk leta ta dabò konstri kont lekòl pou ranpli devwa edikasyon li genyen dapre konstitisyon peyi-a.* »

Lekòl lage, 1) jounen lekòl-la fini. 2) tout moun lib pou yo fè sa yo vle. 1) Lekòl lage depi twazè. Li senkè timoun-yo ponkò rive lakay-yo. 2) Kenòl, premye pitit Krisyan di twa frè ak de sè : « *Piske papa-nou pa la nou konprann lekòl lage nan kay-la. Si se sa nou tronpe. Map mete tout moun sou disiplin.* » *Karòl, dènye pitit-la gen douzan. Li di Kenòl : « Kay-la gen yon papa, yon asistan papa.* »

Lese frape, batay ant plizyè moun. *Yon senp mezantant debouche sou yon gwo lese frape. Twa moun blese. Polis oblije sispann fèt-la.*

Leson koup, klas pou montre moun koud. *Tout fi nan kay-la konn koud. Pandan yo nan klas segondè, yo pran leson koup.*

Leve atè-a, lè yon moun sòti nan mizè. *Silvani resi leve atè-a. Pitit-li bati yon kay mete-l epi yo bay li yon gwo episri.*

Leve gwo pil, lè yon moun jwenn anpil bagay oubyen yon bagay enpòtan san li pa travay twò di pou li. Anpil lòt moun tap eseye ou ta renmen jwenn menm bagay-la tou. *Terèz, yon oksilyè (sa yo rele nòsized nan Miyami), tap pran swen yon milyonè. Lè milyonè-a mouri, pitit fi milyonè-a di Terèz : « Ou mèt pran tout sa ou vle nan kay-la.* » *Terèz lwe yon gwo kamyon. Li bwote tout sa ki*

*te nan kay-la. Yon lòt oksilyè ki tap fè menm travay pran
swen malad lakay-yo di Terèz : « Ou leve gwo pil
manman ! »*

Leve lagras, lè yon fidèl katolik rekòmanse pratike tout
regleman relijyon-an apre li te sispans akòz fason li tap
viv ki pa te konfòm ak pwensip legliz-la. *Montelis
marye ak Charite nan legliz katolik Senjandisid. Yo fè
twa pitit. Apre kenz an maryaj, Montelis plase ak Silfina.
Depi lè-a Montelis sispann pran lakominyon. Apre senk
an konsa, Silfina kite Montelis. Li marye ak yon amatè
bato. Yo kite Senjandisid. Yo ale Jeremi. Menm ane-a,
Charite mouri. Lanmò Charite se tankou yon kout zeklè
ki tonbe sou Montelis. Se tankou yon kay siklòn pote
twati-a ale. Montelis pa konn sa pou li fè. Finalman li
deside leve lagras. Pè parwas-la di Montelis : « M byen
kontan ou deside leve lagras. Men anvan-m otorize ou
pran lakominyon fòk m poze ou kèk kesyon ». Prèt-la
mande Montelis : « Qu'est-ce que la charité ? »
Montelis reponn : « Charite se te madanm mwen
pandan ventan. Se yon madanm m pap janm jwenn ankò
jouk mwen mouri Monpè. Pito se mwen ki te mouri
Charite te viv. »*

Leve men sou moun, ba moun kou, bat moun. *Nan Lekòl
Etazini, pwofesè pa pran chans leve men sou ankenn
elèv.*

Leve pye, fè jèfò pou vanse pi devan nan mache oubyen
nan yon pwojè. 1) Si nou pa leve pye nou, lannwit ap
bare nou sou wout-la. 2) Si ou pa leve pye ou, tout
kondisip ou yo ap fin pran diplòm-yo epi jwenn travay
anvan ou.

Lè poul gen dan, yon lè ki pap janm rive. Yon bagay ki
pap janm fèt. *Similyen se fiyèl Aveliz. Sa gen plis pase*

dezan Aveliz pa janm wè Similyen. Yon dimanch pak, Similyen debake kay marenn-ni. Li pase inèd tan. Similyen di marenn-ni : « Nennenn, mwen prale. Mwen gen pou retounen Pòtoprens aswè-a. » Aveliz di : Enben, mwen byen kontan vizit-la. Na wè ankò lè poul gen dan. »

Lèt dekoupe, yon lèt yo mete dlo ladan-l. *Onezya pa bwè lèt. Li di lè li te piti, li te bwè yon lèt dekoupe ki te manke touye-l ak yon dyare.*

Lèt evapore, yon lèt yo prepare epi byen fèmen-l nan yon ti manmit ki ka fè-l dire yon tan byen long. *Vòlseyan marye ak Silvi. Manman Vòlseyan pa te dakò. Li te vle se yon lòt fi pou Vòlseyan te chwazi pou li marye. Yon jou li pase kay mesyedam-yo. Silvi bay li yon labouyi bannann. Manman Vòlseyan pa bwè labouyi-a. Vòlseyan di: « Manman, a pa ou pa bwè labouyi-a? Jan ou renmen labouyi bannann. » Li reponn: « M pa bwè labouyi ak lèt dekoupe. Se bagay ou konenen. Se bonjan lèt evapore m toujou mete nan labouyi-m. »*

Lèt sinistre, lèt anpoud gouvènman etranje voye ann Ayiti lè gen yon dezas oubyen pou distribye bay moun ki nan bezwen. *Yo ap vann anpil lèt sinistre nan mache. Oubyen moun ki responsab distribisyon-an vann nan lèt-la. Oubyen moun yo bay lèt-la vann ni pou achte lòt pwodwi tankou patat ak bannann.*

Lèt pase nan san, lè yon fi fenk akouche fè yon move san epi li malad akòz movesan-an. *Pandan twa premye mwa apre yon fi fin akouche nan Kanperen menm si li fè yon moun fache, moun-nan pa bay replik. Li pè pou si lèt pase-l nan san pou yo pa bay responsab.*

Li nan gwo liv, yon moun ki gen anpil enstriksyon. Tout moun tap pale kouman yon nouvo Premye Minis ayisyen te pran anpil diplòm a letranje. *Yon granmoun fanm Laplenn ki tap swiv konvèsasyon-an di yo: « Se vre, pou yon moun dirije peyi-a fòk li gen konesans. Men se pa yon moun ki sèlman ka li nan gwo liv. Fòk li konnen pwoblèm peyi-a epi gen ladrès pou travay ak tout fòs ki sou teren-an pou pote chanjman ak yon pwogram ki ka bay bonjan rezilta pou tout moun. »*

Lijan boje, yon bandi. Yon moun ki pa kite lòt moun fè sa yo vle ak li. Depi *Petris rive Nouyòk chak senmenn li nan pwoblèm ak lapolis. Li te yon lijan boje Pòtoprens. Li konprann li ka fè menm bagay Nouyòk.*

Limen chandèl dèyè yon moun, limen yon chandèl devan yon legliz katolik, nan yon peristil oubyen devan Bawon simetyè pou mande vanjans kont yon lòt. *Womelyen vann Jedeyis yon bèf. Jedeyis bay Womelyen mwatye nan kòb-la ak pwomès pou peye rès-la nan simwa. Sa gen en an edmi Jedeyis pa bay Womelyen rès kòb-la. Womelyen di lap rele Jedeyis nan tribinal. Zanèt, madanm Womelyen, di non. Zanèt di lap limen chandèl dèyè Jedeyis jouk tan yo jwenn jistis.*

Limen dife nan kay, fè manje. *Depi yè nou pa limen dife nan kay-la.*

Limen sigarèt nan de bout, kreye yon pwoblèm lòt moun pa ka rezoud oubyen gen anpil difikilte pou rezoud. *Yo revoke misnis Depatman Pwoteksyon Anvirònman Nasyonal. Moun ki ranplase-l la jwenn tèlman pwoblèm nan depatman-an, li pa konnen kote pou li koumanse atake yo. Li di anvan misnis-la ale, li limen yon sigarèt nan de bout kite nan depatman-an.*

Loray kale, 1) jenn fi kap mennen move vi. 2) jenn timoun ki nan lari san paran oubyen paran yo abandone yo. 1) *Tout moun konnen Malisya se te yon loray kale. Sa pa yon sekrè pou pèsonn. Asosyasyon Dwa Fanm Ayisyen te ankouraje l retounen lekòl. Asosyasyon-an te dakò pou peye ekolaj-la. Jodia-a Malisya se yonn nan pi gran komèsan nan vil-la. 2) Anpil timoun ap mande nan lari-a. Dapre anpil moun, yo tout se loray kale. Poutan dapre konstitisyon peyi-a, tout ti moun-sa-a yo ta dwe lekòl.*

Lòt bò dlo, peyi etranje. *Anèt ap byen mennen. Tout paran-l lòt bò dlo. Se li sèl ki rete nan peyi-a.*

Lonje kwiy bay, mande. *Manzè Zili gen de pitit fi. Li di yo : « M deside pou m fè nenpòt travay pou m pran swen nou. Menm si zafè-m pa bon, mwen pap lonje kwiy bay pèsonn. Se yon fason lè nou vin gran fanm nan sosyete-a pou pèsonn pa manke nou dega. »*

Louvwi gagann, pale fò anpil. *M pa wè rezon pou ap louvwi gagann ou konsa. Se yon bagay senp nou ka jwenn solisyon pou li si nou chita pale tankou de granmoun.*

Lwa bitasyon, yon lwa ki nan yon bitasyon epi pa gen anyen yo ka fè pou mete-l deyò. *Plerizò mouri kite anpil byen. Li kite twa pitit, de fi yon gason. Mesyedam-yo pati. De ap viv Kanada. Twa ap viv Etazini. Yo kite tout byen-yo pou leta. Yo konnen si yo pran posesyon byen-yo fòk yo pran posesyon lwa bitasyon-an tou.*

Lwil sent, 1) lwil espesyal pou sèvis relijyon. Gen relijyon ki sèvi ak lwil sent pou trete maladi. 1) *Evèk-la pase yon lwil sent sou fron tout fidèl-yo. 2) Legliz Lafwa vivant gen yon asosyasyon dam. Li rele Dam Ann Aksyon.*

Prezidan asosyasyon-an rele Lwizimèn. Lwizimèn toujou gen yon ti boutèy lwil sent nan valiz-li. Lè li fin priye ak yon malad, li pase lwil-la sou fron malad-la twa kote.

Lye verite, kote yon moun ale apre li fin mouri. *Kounye-a Nivil nan lye verite. Nou mèt kite-l an repo.*

M

Ma sifre, yon bagay ki difisil anpil. *Jaki rele yon zanmi. Li di zanmi-an: « Pitit, se yon ma sifre map monte nan travay-la. Travay de moun de konn fè kounye-a se yon sèl moun kap fè l. M ta kite djòb-la men m gen twòp responsabilite. Se djòb-la ki rele se li ki reponn. »*

Mache ak sèkèy anba bra, 1) yon moun ki pa pè mouri. Sa fè moun nan ka pa pè fè bagay enpòtan menm si gen anpil danje. Sa ka fè kèk lòt moun pa pè fè mechanste. 2) Yo ka di sa tou pou yon moun ki ap mennen yon vi ki ka lakòz li mouri nenpòt lè. 1) *Emilya pran defans tout moun yo ap fè mechanste menmsi sa mete lavi-l an danje. Li di tout moun li pa pè. Men manman Emilya ap mande tout moun pou lapriyè pou Emilya. Li di li sipòte tout sa Emilya ap fè. Se yon fanm vanyan ki pa pè goumen pou sa ki dwat. Men dapre li, Emilya ap mache ak sèkèy li anba bra-l. 2) Fènandèl pran demil dola nan men dis moun nan katye-a. Li di lap fè yo pati. Sa gen* ennan, *Fènandèl pa janm retounen. Se yon nonm kap mache ak sèkèy-li anba bra-l.* 3) *Gabriyela gen yon sèl pitit gason. Li rele Gabriyèl. Yo ap viv Òlando nan Etazini. Gabriyèl gen vennsenkan. Li achte yon motosiklèt pou senkmil dola. Depi lè sa-a Gabriyela pa viv. Chak senmenn Gabriyèl desann Mayami sou motosiklèt. Se yon distans kat èd tan nan machin. Gabriyèl fè wout-la nan dezèd tan. Gabriyela ap mande lapriye tout kote li pase pou Gabriyèl. Li fè tout moun konnen pou jan Gabriyèl kouri motosiklèt-la, Gabriyèl ap mache ak sèkèy-li anba bra-l. Yon jou, yon polis rete Gabriyèl. Li tap fè 120 kilomèt pa è. Ant lajan tikè-a, lajan avoka, lajan pou peye pou yon klas jij-la te voye-l ladan, Gabriyèl depanse mil senksan dola. Depi lè-sa-a li pran desizyon pou li pa janm depase limit vitès yo mande sou wout-la. Manman Gabriyèl di tout moun ki tap priye pou li pou ede-l di beniswa Letènèl. Li di yo :* « *Mezanmi, sè ak frè m yo, Gabriyèl tap mache ak yon sèkèy anba bra-l men Bondye kraze sèkèy-la.* » *Manman Gabriyèli ekri yon bèl ti lèt. Li voye di polis ki te bay Gabriyèl tikè-a mèsi.*

Mache alawonyay, mache byen dousman pou moun pa wè oubyen pa tande si gen yon moun kap vini.
Ansvenès wè gen yon resepsyon maryaj nan katye-a. Li mete yon palto ak yon kravat. Li mache alawonyay jouk li rive chita nan mitan tout envite-yo.

Mache èsès, pran anpil prekosyon pou pa fè anyen kont lalwa oubyen kont lòd otorite bay. *Depi Bistelòm rive enspektè polis nan depatman-an, li fè tout moun mache èsès.*

Mache sou piga, pran anpil prekosyon pou pa nan kont ak moun oubyen pou pa nan pwoblèm ak leta. *Beti se yon gran komèsan. Li pa janm andose kandida pou ankenn* *pòs. Lè yo mande-l poukisa, li di : « Ayiti se tè glise. Piti krik, piti krak m ka pedi tout sa m travay di pou-m reyalize. Pousa map mache sou piga pou-m pa pile si-m te konnen. »*

Mache sou pinga, menm bagay ak mache sou piga.

Madigra mal maske, yon moun ki mete anpil bagay sou li. Gen nan yo ki koute anpil lajan. Poutan moun-nan pa byen abiye. *Jovlin konnen se li ki konn abiye pase tout moun. Li achte anpil rad byen chè. Poutan chak fwa li sòti li tankou yon madigra mal maske.*

Majò jon, yon moun ki alatèt yon bagay. *Majistra lakomin Saltrou te fè yon gwo resepsyon apre li te fin genyen eleksyon-an. Lezimon pase tout tan-l ap mache nan mitan foul-la. Lap jwe gita epi chante. Lè Lezimon pare pou li manje, tout tab te vid. Gen yon dam ki di Lezimon : « Ou mèt al jwenn madanm ou wè lòt bò-a ak wòb blesyèl-la. Lap ba ou manje. Se li ki majò jon nan fèt-la. »*

Mal Bourik, yon moun ki malelve anpil. *Yon bon demwazèl konsa pa te sipoze marye ak jennom-sa-a. Tout moun konnen jennonm-nan se yon mal bourik. Pa gen moun li respekte.*

Maldamou, soufrans yon gason oubyen yon fi akòz lanmou pou yon fi oubyen yon gason ki pa enterese nan moun ki renmen-an. *Benelòm pase simwa ap file Danya. Danya pa janm okipe Benelòm. Pafwa li menm pase Benelòm nan tenten. Benelòm tèlman renmen Danya, lap fini sou pye. Paran ak tout zanmi Benelòm konseye-l pou li ale kay doktè. Li koute yo. Li ale kay doktè Edèlbo. Tout moun rele-l Doktè Bo. Doktè Bo fè tout tès pou Benelòm. Yo tout soti negatif. Doktè Bo pase kenz* *minit ap poze Benelòm kesyon. Finalman Doktè Bo panse Benelòm soufwi maldamou. Li di Benelòm : « Maladi ou pa pou doktè medikal. Map voye ou bay yon lòt doktè. » Li bay Benelòm yon lèt. Li voye Benelòm wè yon sikològ.*

Mal mouton, yon maladi ki fè gwo boul parèt anban gòch yon moun. *De nan twat pitit Gastid yo gen mal mouton. Dènye-a di tout moun « De se kont twa se peche. M pa nan zafè mal mounton-an.» Chòz di chòz fèt, li pase tout vi l li pa janm gen mal mouton.*

Mal pou wont, yon moun ki ap fè move bagay malgre anpil moun ap pale-l mal. Li anbarase paran-l ak zanmi-l epi sa pa di-l anyen. Yon san wont. *Tout kondisip Plenyèl fini klas yo. Yo tout gen bon djòb. Plenyèl kite lekòl epi li chita kay manman-l ak papa-l pou yo bay li manje. Li pa ka jwenn ankenn travay paske li pa gen diplòm nan anyen. Malgre tou, sa pa di-l anyen. Tout moun katye a rele-l « mal pou wont. »*

Mal sele, yon moun ki pa byen prepare pou yon bagay lap fè oubyen li pra-l fè. Li pa fè bon jan plan davans pou pwoblèm pi devan. *Previlòm ap viv Etazini depi ventan. Li gen yon sèl pitit fi. Yon jou lap pale ak yon vwazen. Li di : « Nan peyi-m anvan yon gason pwopoze yon fi maryaj se pou li deja konnen kouman li pra-l pran swen fi-a. Silviis fenk jwenn yon ti djòb. Li deja achte yon vwati byen chè kredi. Se matant-li ki lwe-l yon chanm kay. Li gen odas pou li pwopoze Nònòt maryaj. Sa se yon jennonm ki mal sele. M pa ka kite yon sèl pitit fi m genyen marye ak yon moun konsa. »*

Maladi doktè, maladi natirèl doktè ka trete. *Pifò maladi ki touye moun nan peyi-a se maladi doktè.*

Maladi pwatrin, tebe, tibèkiloz. *Otan fini sou pye. Anpil moun panse li gen maladi pwatrin. Poutan doktè di se yon anemifalsifòm li genyen.*

Malè pandye, yon sitiyasyon oubyen yon kote yon moun ye ki ka lakòz malè rive-l nenpòt moman. *Yon siklòn te ap apwoche nan zonn sid Ayiti. Meteyolojis ayisyen-an mande pou tout moun ki rete pre lanmè pou deplase. Li mande tout moun ki rete nan tout zonn malè pandye pou yo deplase toutswit.*

Malis kache, peche an kachèt. *Apo nan tout malis kache. Dapre limenm, li konprann pèsonn pa konnen sa lap regle.*

Mare machwè, fason yon moun fè figi-l lè li move. *Anèt gen disnevan. Yon jou li prepare pou ale nan yon fèt. Anèt fin abiye. Papa-l fè-l rete. Sa ki fè Anèt pi move se paske papa-l pa di-l poukisa ? Manman Anèt ap pale ak Anèt ; Anèt pa reponn. Manman Anèt di : « Ou mare machwè ou sou mwen tankou se mwen ki fè ou pa ale nan fèt-la. Mare machwè pap regle anyen. Se pou mande papa ou poukisa li pa vle pou ale nan fèt-la. »*

Mare min, fache epi figi moun-nan montre sa. *Ou pa ka yon jenn moun pou mare min ou tout jounen.*

Mare pye, jennen yon moun oubyen tounen yon fado pou yon moun. *Toma renmen ak Vanesa depi dezan. Yon jou manman Toma di Toma : « Toma, koute non, si ou pa deside pou marye ak pititfi moun-yo, pa mare pye-l. » Toma sezi. Li di : « Manmi se Vanesa ki pa deside marye. Se pa mwen. Vanesa di-m fòk li gen yon diplòm inivèsite anvan li marye. »*

Mare vant, pran kouray. Lè yon moun mete bravte sou li devan yon sikonstans difisil. *Loran ak Mariterèz gen twa pititfi : disnevan, disetan epi kenzan. Yon jou Loran ap sòt travay, li fè yon aksidan. Li mouri sou plas. Tou le kat medam-yo pase twa jou nan kabann. Twazyèm jou-a, Mariterèz rele twa fi-yo. Li di : « Kou-a di. Men fòk nou mare vant nou pou nou fè lantèman papa-nou. Mete fanm sou nou. Vin jwenn mwen nan salon-an pou na-l chache manje pou nou manje » Lè timoun-yo sòti, yo jwenn Mariterèz kouche tou long sou yon kapèt nan salon-an.*

Marinen vyann, prepare yon vyan anvan la-l sou dife. *Lizèt konn fè manje byen. Lè li kwit yon vyann pa gen parèy. Men Lizèt pa konn marinen vyann. Lè li te jenn fi se grann-ni ki te konn marinen vyann pou li. Chans pou Lizèt, li jwenn yon mari ki bon nan marinen vyann.*

Maryaj byennèt sosyal, maryaj otorite te konn fòse moun fè sitou gason-an. Yon nyès *Prefè Krevòl di papa-l li ansent pou Tomazan. Yon jou samdi maten yon gwoup moun an inifòm pran Tomazan. Yo mete-l nan yon djip. Fanmiy ak tout zanmi Tomazan te koumanse kriye. Yo te panse se pou kominis yo te arete Tomazan paske yo te deja arete plizyè elèv filo nan katye-a pou kominis. Apre kat èd tan, menm djip-la te retounen. Tout jenn gason kouri. Yon moun an inifòm louvwi pòt-la epi fè Tomazan desann epi djip-la derape. Tout moun te rasanble pou tande sak te pase. Tomazan te fè yo konnen li te fenk fè yon maryaj byennèt sosyal. Li di li pa te ka refize. Prefè-a te la ak tout ajan sekirite-l.*

Maryaj djèt, de moun ki marye paske yonn ladan yo gen pou kite Ayiti pou ale nan peyi etranje prese prese. *Monika gen yon sèl pitit fi. Li rele Nika. Nika se yon enfimyè. Nika te renmen ak Polo, yon pwofesè inivèsite.*

*Anbasad Kanada te bay Polo yon viza rezidans. Polo di
Nika pou yo marye anvan li pati. Manman Nika pa te
dakò pou Nika marye nan yon kondisyon konsa. Nika di
manman-l : « Manm, Polo vle marye. Ou pa dakò. Men
ou pa di-m poukisa. » Monika di : « Koute Nika, ou se
yon pwofesyonèl. M konnen Polo renmen ou anpil. Men
ou pa nesesèman bezwen fè yon maryaj prese prese
poutèt pou mare pye yon jenn gason. Se pou kite Polo
pati. Lè li rive Kanada, lap gen kont tan pou reflechi,
pou li pran san-l. Si li renmen ou tout bon, lap tounen
vin marye. » Nika esplike Polo pozisyon manman-l. Polo
fè yon reyinyon fanmiy. Li envite papa-l ak manman-l.
Li envite manman ak papa Nika. Li esplike yo
sitiyasyon-an epi poukisa li vle marye anvan li kite Ayiti.
Monika te rive dakò pou maryaj-la fèt samdi. Polo te
pran avyon madi. Nika te popilè anpil nan zonn-nan.
Nouvèl-la gaye. Tout moun ap plenyen deske Nika
marye san yo pa envite yo. Manman Nika oblije pase
tout sensenm-nan pou esplike tout moun se vre Nika
marye. Li di yo pa te gen envitasyon paske marya-la se
te yon maryaj djèt.*

Maryaj rezidans, de moun ki marye nan lentansyon pou
moun ki gen rezidans Etazini oubyen nan yon lòt peyi
aplike pou rezidans pou lòt-la. *Plorestan pa te gen
rezidans anvan li te marye. Se madanm Plorestan ki te
bay Plorestan rezidans. Apre senk an maryaj, yo fè de
pitit. Plorestan renmen madanm li anpil. Koup-la ap
viv trè byen. Poutan anpil moun toujou ap di maryaj-la
se te yon maryaj rezidans.*

Maryaj sivil, lè de moun marye devan yon Ofisye Deta
Sivil. Yo pa marye legliz. *Ketèl ak Izmana gen dezan
depi yo te marye. Yo deside konvèti epi mache nan yon
legliz ki tou pre kay yo. Pastè legliz-la di yo piske se yon
maryaj sivil yo te fè fòk yo marye nan legliz tou. Ketèl*

*pa dakò. Li di yo gen dezan depi yo marye epi Bondye
rekonèt maryaj-la. Li di Ofisye Deta Sivil-la se yon
otorite ni leta ni Bondye rekonnèt. Li pa wè rezon pou li
refè maryaj-la legliz. Izmana byen kontan lide maryaj
legliz-la. Lide Ketèl te sou depans pou yon maryaj
legliz. Lide Izmana te sou opòtinite pou fè yon maryaj
legliz kote li ta gen chans pou envite zanmi-l ak fanmiy-
ni ki te toujou ap repwoche-l deske li te marye san li pa
te envite yo.*

Matla pay, 1) yon moun ki gen bèl aparans men ki pa gen
bon karaktè. 2) Oubyen yon moun ki fè moun kwè li gen
anpil konesans nan yon bagay poutan li pa konnen anyen
vre. 1) *Si ou koute jan Libleran pale, tout moun ap kwè
se jennjan ki pi serye nan zonn-nan. Poutan li deja fè
anpil zak malonnèt nan katye-a. Tout moun deja konnen
Libleran se yon matla pay. 2) Anazili fè tout moun kwè
li konnen fèy ki bon pou tout maladi. Li ka tronpe lòt
moun men li pa ka tronpe Merilya, yon granmoun
katrevenzan. Merilya di : « Tout grandize nou tande
Anazili ap fè yo, menm non fèy-yo Anazili pa konnen.
Se sa yo rele matla pay. Bèl deyò men pa gen anyen
andedan. »*

Mande anraje, 1) Lè yon moun move anpil epi li
koumanse kite kòlè-a ap fè li fè sa li te ka pa fè si li pa te
move. 2) Moun nan nò ann Ayiti sèvi ak sa tou lè yon
moun bon anpil nan sa lap fè epi li pa kite anyen
anpeche-l gen siksè. 1) *Banèl ak Doniz ap viv
Fòtmayès, nan Florid. Yo gen de pitit fi. Banèl renmen
twa medam-sa-a yo a mò. Yon jou Banèl sòt travay.
Depi li rantre nan kay-la li mande anraje. Lap kraze
brize. Ni madanm ni pitit pa ka pale ak li. Lè rive pou
manje, li pran kle machin-ni li kite kay-la. Doniz
reyalize Banèl gen yon gwo pwoblèm. Li rele Banèl nan
telefòn selilè. Banèl pa reponn. Li ta vle rele polis, men*

li pa konnen sa pou li di. Li pa gen kòz pou yon
konplent. Doniz rele yon zanmi kap travay menm kote ak
Banèl. Li esplike zanmi-an pwoblèm-nan. Zanmi-an
mande Doniz : « Kouman, Banèl pa di ou sak pase ? »
Doniz reponn « Non. Depi Banèl rantre li mande anraje.
Li pa pale ak pèsonn. Sak pase ? » Zanmi-an di :
« Konpayi-an revoke senkant anplwaye. Ni mwen ni
Banèl ladan yo. » Doniz pase trant segond li pa di
anyen nan telefòn-nan. Zanmi-an di: « Doniz, ou pa di
anyen, eske ou la? » Doniz di : « Wi. M la. M bezwen
pou ede-m jwenn Banèl san pèdi tan. » 2) Emilo se yon
bon bitè nan ekip Okap-la. Nan match final ak ekip
Jeremi-an, li mande anraje. Li bay gadyen ekip Jeremi-
an twa gòl.

Mango merilan, mango ki tou piti oubyen mango ki
koumanse gate. *Bèniz bay yon kouzin-ni kenz goud pou*
achte mango pou li. Kouzin-nan retounen ak senk
mango merilan san monnen.

Manje chen janbe, manje ki nan yon move eta. Moun pa
ta dwe manje-l. Manje moun pa bezwen. *Sam nan klas*
sizyèm. Manman-l se yon koutiryè. Sam refize etidye epi
renmèt devwa. Men li entelijan anpil. Yon jou, direktè
lekòl-la rele Sam nan biro-l. Li montre Sam yon kanè. Li
di Sam : « Kanè ki moun sa ye ? » Sam reponn : « Sa se
kanè-m. » Direktè-a kontinye : « Eske ou satisfè ak sa ou
wè nan kanè-a ? Sam reponn : « M tèlman pa satisfè, m
pa te montre manman-m kanè-a. » Direktè-a di Sam :
« Gade m nan je. » Sam sezi paske yo te toujou di-l pou
li pa gade granmoun nan je. Men piske se direktè-a ki
mande Sam pou Sam gade-l nan je, Sam gade direktè-a
fiks nan je. Direktè-a di Sam : « Eske ou vle pran lekòl
oserye oubyen eske ou vle ranse epi pase tout rès vi ou
ap manje manje chen janbe ? Yon bagay m konnen, si
ou chwazi pou manje manje chen janbe, ou pap ka oze

ofri manman ou ladan-l paske manman ou se moun ki gen gou epi ki renmen bagay ki gen valè.» Sam pa di anyen. Li kontinye ap gade diretè-an nan je. Direktè-a ap gade Sam tou li pa di anyen. Finalman, Sam bay direktè-a lanmen. Li di : « Dirèk, ou mèt konte sou mwen. »

Manje dan, 1) regrete pou yon bagay ; 2) Soufwi akòz yon maladi. *1) Parenn Jolico soupriye-l pou achete yon karo tè li tap vann. Jolico di parenn ni li pa enterese nan tè. Parenn-nan vann yon etranje tè-a. Apre dezan, valè tè-a vin twa fwa lavalè. Jolico manje dan lè li tande sa. 2) Rawoul gen yon fyèv frison. Fyèv-la fè Rawoul manje dan tout nwit-la.*

Manje dòb ak woti, lè yon moun nan lopilans. Tout bagay ap mache byen mache pou li. *Anvan Pola te vini Etazini, li te panse tout Ayisyen ki vwayaje tap manje dòb ak woti nan peyi-a. Apre manman-l te voye chache-l, li pase twa mwa lap kriye chak jou. Li deside twa fwa pou li retounen nan peyi-l. Plizyè zanmi ak fanmiy fè-l chanje lide. Yon jou Pola wè ekrito-sa-a sou yon otowout:* « *U.S.A, LAND OF THE FREE, HOME OF THE BRAVE.* » Li mande yon zanmi pou tradi-l pou li. Zanmi-an di: "ETAZINI, PEYI KOTE MOUN GEN LIBÈTE, *KAY MOUN KI BRAV* » Depi lè-sa-a, Pola sispann kriye. Li deside pou-l yonn nan brav-yo. Li pran desizyon pou-l benefisye tout sa peyi-a ofri. Pola plonje nan edikasyon. Li pran plizyè diplòm. Apre plizyè ane kòm pwofesè, li te rive direktè yon lekòl elemantè ki gen sètsan elèv.

Manje gaz, manje ki ba moun gaz apre yo fin manje-l. *Anslo pa manje lamveritab. Li di lamveritab se manje gaz.*

Manje grenn je, karese yon moun pou pran sa-l genyen. *Si Nilwiz te konn viv ak moun, li tap manje grenn je marenn-li.*

Manje gonbo, repa pou lwa. *Yon manbo te jwenn yon viza rezidans pou ale Etazini. Li te gen anpil enkyetid pask li tap kite lwa-yo dèyè. Anvan li pati, li bay yon gwo manje gonbo epi fè anpil lòt seremoni ankò pou kalme yo. Lè ofisye imigrasyon fin tcheke paspò-l nan ayeropò Miyami, li ap sòti pou li ale pran malèt-li nan besment ayeopò-a. Pandan lap vanse devan yon gwo pòt an glas ki gen de batan, pòt-la fè yon gwo bwi epi l louvwi pou kont li. Manbo-a voye valiz ki te nan men-l nan jete. Valiz la frape yon lòt pasaje nan figi. Li refize vanse. Li fè anpil bwi. Li rele anmwe. Yon polis imigrasyon kenbe-l. Li kontinye pale fò. Polis imigrasyon-an pa konprann sa lap di. Yo te panse li te fou. Yo pa ka konprann kouman anbasad te fè bay yon moun fou viza rezidans. Yo fè rele yon entèprèt ayisyen. Entèprèt-la se te yon jenn dam ki te diplome nan fakilte etnoloji ann Ayiti. Paske li pat gen diplòm nan yon inivèsite Etazini, li te pran yon djòb entèprèt nan ayeopò-a. Lè li tande pawòl madanm-nan tap repete, li mande ofisye imigrasyon-yo pou yo kite-l al pale ak madanm-nan nan yon ti chanm apa. Yo te dakò. Li rantre nan chanm-nan ak li. Entèprèt-la fè-l chita. Entèprèt-la di : « Mwen rele Mirvin. Mwen se yon Ayisyen natif natal. Ou pa bezwen pè. Ou mèt di-m tout sa ki nan lide ou. Sak pase ? » Li rakonte entèprèt-la ki moun li ye. Ki sa li te konn fè pou viv an Ayiti. Li di : « Pitit mwen, ou pa konen-m. Mwen ou wè la-a se pa yon moun konsa konsa. Non nan paspò-a se Klodin Chevolan. Men ann Ayiti, tout moun rele-m Manzè Zili. Mwen se yon sèvitè, yon manbo ki fè anpil moun dibyen. Se ak sa-m tap viv tou. M te gen anpil enkyetid anvan-m te kite Ayiti. Yon bon sèvite pa dwe bandonen fòs envizib kap travay ak li. Men anvan-m* *pati, m te fè tout devwa-m. M te bay yon gwo manje gonbo epi regle koze-m ak yo tout. Magre tout sa-m fè, yo pran douvan madanm pou vin tann mwen nan Ayeopò Mayami madmwazèl Mirvin. » Entèprèt la di-l : « Ou mèt rele-m Vivin. Kouman ou fè konnen yo te vin tann nou nan ayeopò-a ? » Klodin kontinye pale. Li di : « Vivin, ou parèt jenn. Sanble ou gen menm laj ak dènyè pitit mwen. Figi ou di-m ou se yon ti inosan. Gen bagay ou pa ka konprann. Kouman ou vle pitit. M ponkò menm mete pye-m sou tè Etazini-an pou pòt koumanse louvwi devan m san m pa manyen yo ; san ankenn moun pa touche yo ? Kouman ou esplike sa ? Yo di gen bon lwa gen move lwa. Men m trouve lwa-sa-a yo mechan. Yo twò egzijan. Yo ta tanm mwen fin tabli nan peyi-a. Si yo wè-m pa fè devwa-m yo ta ka koumanse pouswiv mwen. Men se pa kou-m fèt parèt. » Entèprèt la di Klodin : « Manzè Zili, m pa yon sèvitè men m konnen anpil nan sa ou ap esplike la-a. Mwen se yon diplome fakilte etnoloji ann Ayiti. Men ou mèt fè-m konfyans. Se elektrisite ki louvwi pòt-la se pa lwa ; se pa yon men envizib ni se pa yon zonbi. Tanpwi rete byen kalm lè ou sòti. Pran zafè ou pou ale ak moun ki vin chache ou yo. Poze yo anpil kesyon. Lè ou wè yon bagay ki dwòl, chache plis enfòmasyon sou li anvan ou bay lwa-yo responsab. » Mirvin sòti ak Manzè Zili. Li mande bòs-li si li ka akonpaye pasaje-a jouk tan li rankontre moun ki vin chache-l yo. Bòs-la te dakò. Li renmen Manzè Zili valiz li. Li ede-l jwenn malèt li ak lòt bwat li te pote. Li renmèt li bay moun ki te vin chache-l yo. Klodin di : « Pitit mwen, mèsi. M gen senk boutèy ròm babankou. Eske m ka ba ou yonn ? Mirvin di : « Non mèsi. » Klodin di : « E yon boutèy kremas ? » Mirvin di : « Non mèsi, anplwaye leta pa ka pran kado pou travay leta peye yo pou yo fè. » Anvan Manzè Zili te kite ayeopò-a, li te travèse senk pòt ki te louvwi pou kont yo.*

Manje lwa, manje yo prepare pou seremoni lwa. Pandan seremoni-an, yo bay tout moun ki la manje epi yo rezève yon pati pou mete nan kafou oubyen anba yon pye bwa kote pou lwa-yo jwenn-ni.*De Ayisyen te nan menm avyon sòti Etazini pou ale Pòtoprens. Yo te chita menm kote. Lè yo fin fè konesans, yo koumanse yon konvèsasyon sou rezon vwayaj-yo. Yonn se te yon sèvitè lwa. Li ta-p retounen nan peyi papa-l pou yon manje lwa. Lòt-la se te yon pwotestan ki te mande anpil moun pou te priye pou li pou li te ka jwenn viza rezidans. Apre senk an deyò, li tap retounen pou yon gwo seremoni nan legliz li ak tout moun ki te ede-l priye. Yo pase tout vwayaj-la nan diskisyon. Yo te pale tèlman fò, otès-la te oblije vin kote yo pou mande yo pou pale pi ba. Yonn pa te rive konvenk lòt pou chanje lide. Yo te fè echanj adrès Nouyòk. Dam pwotestan-an pwomèt sèvitè lwa-a yon vizit kou yo tou de retounen Nouyòk.*

Manje manje bliye, 1) Lè yon moun bliye bagay tout moun ap espere li ta dwe sonje. Sitou byen lòt moun te fè pou moun-nan. 2) Oubyen yon move esperyans yon moun te fè epi li tounen ap viv menm jan nan kondisyon ki te lakòz move esperyans-nan. 1) *Izmolyèn ansent. Papa pitit-la refize marye ak Izmolyèn epi paran Izmolyèn mete-l deyò. Katrina gen yon gwo kay. Li bay Izmolyèn yon chanm epi li ede-l jouk tan li rive fè pitit-la. Izmolyèn pran swen tèt-li. Li vin byen kòkèt. Se yon bèl fanm tou. Yon jennonm ki te sòti Nouyòk tonbe damou pou Izmolyèn. Yo marye. Apre simwa mari-a voye chache Izmolyèn ak tout pitit-la. Sa gen twazan, Katrina pa janm pran nouvèl Izmolyèn. Tout moun di lè Izmolyèn rive Nouyòk, sanble li manje manje bliye. 2) Yon Ameken te aprann kreyòl Miyami pou li ka fè bizniz ak Ayisyen. Yon jou li vizite yon legliz ayisyen. Anpil moun tap bay temwayaj pandan sèvis-la. Yon mesye kanpe pou li bay yon temwayaj. Li di : « Frè-m ak sè-m* *yo, pou mizè m pase deyò-a, menm si-m ta manje manje bliye, m pap gade dèyè. Se pouse pou pi devan. Si ou prale, ann al ansanm. Si ou pa prale, pa mare pye-m. Sote ponpe, wè pa wè, m pap pran yon kanpo jouk tan vwayaj-la pa bout » Lè Ameriken-an sòti, li di Ayisyen kite envite-l nan legliz-la : « Mwen pale anpil kreyòl, men mwen pa te konprann temwayaj mesye. »*

Manje ranje, 1) manje yo prepare ak yon pwazon ladan-l pou yon moun ; 2) yon moun yo prepare pou rann lavi yon lòt mizerab. Yon manje ranje ka tounnen yon pongongon. 1) *Moun ki gen anpil lenmi toujou pè manje deyò. Li toujou panse yo ka bay li yon manje ranje.* 2) *Tata pa te vle marye ak Nweviktò. Pap- l fòse-l fè marya-la. Depi yo fin marye Nweviktò tounen yon manje ranje nan kay-la.*

Manje swè moun, lè yon moun fè yon lòt moun travay pou li epi li refize peye moun-nan oubyen li pa peye sa travay-la vo. *Yoland ap viv Arizona. Li gen de pitit gason. Pa gen anpil Ayisyen nan vil kote Yoland abite-a. Men li deside pou tou de timoun-yo pale kreyòl. Chak ane, li voye yo pase de mwa ann Ayiti. Ti mesye-yo koumanse pale bon jan kreyòl. Yon jou, Yoland te desann Miyami pou li fè timoun-yo fè konesans ak Wanita, yon sè papa-yo. Wanita se katolik. Yoland se batis. Nan dimanch, Yoland dakò pou li ale lamès ak Wanita. Se premye fwa li gen chans pou mennen timoun-yo nan yon legliz katolik ayisyen Etazini. Li panse se yon bon okazyon pou timoun-yo wè kijan Ayisyen adore nan legliz katolik. Apre mès-la fini, Yoland ak timoun-yo te nan machin ak Wanita ap retounen lakay. Yoland mande ti mesye-yo sa yo panse de eksperyans-nan. Pi piti-a gen setan. Li rele Sam . Sam di: "They sing a lot like in the Haitians Baptist Church." Te gen yon granmoun swasantkenzan nan machin-nan. Li pa pale* *angle. Yoland di: « Sam, pale kreyòl pou tout moun konprann. » Sam di: « Yo chante anpil menm jan ak batis-yo. Mwen te konprann anpil nan mesaj pè-a. Men pandan lap preche, li di « Bondye pa manje swè moun. » Mwen konnen swè se dlo. Kouman pou Bondye ta ka manje swè. Li ta pi bon si li te di: Bondye pa bwè swè moun. » Tout moun nan machin-nan ri. Granmoun swasantkenzan- an esplike Sam sa sa vle di « Bondye pa manje swè moun. »*

Manje tchanpan, manje sa ki pa nourisan. *Akso manje tchanpan tout lajounen. Lè li rive lakay, li pa ka manje bonjan manje manman-l kite pou li.*

Manje tchaou , sa vle di menm bagay ak manje tchanpan.

Manje vant deboutonnen, manje vant plen epi rès manje rete. 1) *Melina gen senk pitit. Li di tout moun gen de bagay li pa negosye : se edikasyon pitit-li ak manje pitit-li. Li mete pitit-li nan pi bon lekòl nan vil-la epi chak jou pitit-li manje vant deboutonen ; 2) Avlani planifye maryaj li nan tout ti detay. Pandan resepsyon-an li remake gen plis moun pase sa ki te retounen kat envitasyon-an. Pandan li chita sou tab lamarye-a, li voye rele chèf resepsyon-an. Tout moun te panse se yon bagay espesyal li tap mande pou manje. Poutan li tap mande chèf-la pou li fè tout sak depann de li pou bay tout moun manje. Chèf-la di Avlani : « Cheri-m nan, jou-sa-a se jou pa ou. Jwi-l otan ou kapab epi kite rès-la sou kont mwen. Tout moun gen pou manje vant deboutonnen epi rès manje ap rete. »*

Manje zong, regrèt. *De frè, Kletino ak Noranvil, te koumanse travay ansanm. Yo tap fè menm kantite lajan. Kletino depanse tout kòb-li nan achte bèl rad, bijou, bèl machin ak nan banbòch. Noranvil depanse tou men chak* *mwa li mete yon pòsyon nan kòb-la labank. Lè Kletino wè kantite kòb Noranvil gen labank apre senk an, Kletino manje zong.*

Manke dega, lè yon moun fè oubyen di yon bagay ki fè yon lòt moun fache oubyen pa kontan. *Dorelis ap mache manke tout moun katye-a dega. Se yon jenn gason kap mache ak sèkèy li anba bra-l.*

Manke yon fèy, lè yon moun pa panse byen. *M pa konnen jennonm-nan. Men jan-m tande li pale m deja wè se yon moun ki manke yon fèy.*

Manman aloufa, yon fanm ki vle akapare tout sa li jwenn san li pa bay lòt yon chans pou jwenn moso tou. *Pè Jouvnèl bay Sizanya responsab yon distribisyon pwovisyon pou fanm ki gen pitit san mari nan parwas-la. Tout moun rele anmwe. Yo tout di se pa fanm aloufa-sa-a pou Pè-a te bay yon responsabilite konsa.*

Manman Penba, 1) yon gwo tanbou; 2) Yo di manman penba tou pou yon fanm ki gwo anpil ; 3) Yo ka rele nenpòt bagay ki gwo anpil tou manman penba. *1) Gran papa-m konnen tanbou anpil. Menm si li byen lwen depi li tande yon tanbou li ka di si se yon manman penba. 2) Marilwiz fè twa mwa Nouyòk. Lè li tounen anpil moun manke pa rekonnèt-li. Li tounen yon manman penba. 3) Gedeis bati yon gwo kay. Fòk ma-l wè kay-la paske tout moun di-m se yon manman penba.*

Manman toudenkou, yon fanm ki rantre yon kote oubyen nan yon konvèsasyon san yo pa envite-l epi depi li rive li vle pran kontwòl tout sa lòt moun ap fè oubyen ap di. *Senkant jenn fanm Ayisyen te fè yon rankont nan yon restoran pou diskite kouman pou pwoteje tèt-yo kont maladi veneryèn tankou sida, sifilis, gonore, grenn chalè*

*elatriye. Mèt restoran-an se te yon fanm. Li pa te fè yo
peye pou chanm reyinyon-an epi li te fè yo peye mwatye
pwi pou manje-a.*

*Lè yo fin manje, yonn nan yo ki te medsen ap fè yon
prezantasyon sou tout maladi veneryèn, konsekans-yo
epi sa fanm ka fè pou pwoteje tèt-yo. Yon jenn dam tap
koute dèyè pòt-la. Lè doktè-a te koumanse pale sou
maladi sida, jenn dam-nan rantre nan chanm-nan
tankou yon manman toudenkou. Li koumanse pale. Li
pran kontwòl reyinyon-an. Li di : « Tout sa nou tande
doktè-a ap esplike nou la-a se pa konsa pou nou takle
pwoblèm-nan. Kouman pou nou fè konnen lè yon moun
gen sida ak lè se yon maladi yo voye sou li ? Menm si
se sida vre fanm nan genyen, poukisa se fanm sèlman yo
bay responsablite-a ? Ki sa gouvènman peyi-sa-a ap fè
pou malere fanm pou yo pa oblije aksepte ann afè ak
vakabon abiye pou viv, pou pran swen pitit san papa? »
Dam ki te òganize reyinyon-an tap sòti pou rele polis
pou mete manman toudenkou-a deyò. Doktè-a di li non,
pa fè sa. Doktè-a deplase. Li mete men-l sou do dam-
nan. Li pase senk minit ap pale ak li. Apre sa tout moun
te etone pou wè dam-nan chita pou koute tankou tout lòt
moun. Anplis diplom medsin-an, doktè-a te pran yon
diplom tou nan fakilte etnoloji. Li te ekri de liv. Tit
premye liv-la se te « L'Influence des croyances
surnaturelles sur la profession medicale en Haiti ». Li te
konprann dam-nan.*

*Apre doktè-a fini prezentasyon-an, yo te fè dis ti gwoup
pou kontinye diskite. Doktè-a te al chita nan ti gwoup
kote manman toudenkou-a te ye. Apre trant minit, tout
moun te retounen ansanm pou pataje rezilta diskisyon-
yo te fè nan ti gwoup-yo. Dènye fanm ki te pale anvan
reyinyon-an fini se manman toudenkou-a. Li di :
« Mwen rele Jouvlin. M gen trantsenk an. M gen yon*

*pitit gason ki gen douz an. M pa te marye ak papa-l. Li
te pati kite nou lè pitit-la te gen de zan. Yo di-m lap viv
Kanada men m pa konnen si se vre. M renmen pitit
mwen anpil. M fè tout kalite travay pou-m pran swen-l.
Men lè lavi-a te vin enposib pou mwen, m te aksepte viv
ak yon komèsan nan vi-la. M te konnen byen li te ann afè
ak lòt fi. Men medam, lè yon moun ap neye epi pa gen
ankenn ti bato sovtaj nan zon nan, li kenbe nenpòt
branch bwa men-l tonbe sou li. Se te nan kondisyon-sa-a
m te ye lè-m te aksepte avans komèsan-an. »*

*Moun ki te responsab reyinyon-an di Jouvlin yo pa gen
tan ankò fòk li sispann pale. Doktè-a di kit-l pale.
Jouvlin kontinye. Li di: « Depi dezan doktè di m gen jèm
sida. Men jouk jounen jodi-a m te toujou kwè se yon
dam msye-a te ann afè ak li tou ki ap eseye detri la vi-m.
Yo di komèsan-an gen sida tou. Lòt dam-nan refize fè
tès. M gen enpresyon se lapèrèz ki fè sa. Medam, si-m te
konnen sa-m aprann nan reyinyon sa-a epi si-m te gen
yon gwoup sipò tankou nou ki reyini nan chanm sa-a, m
pa di m pa tap malad, men se pa sida. M tap konnen
kouman pou pwoteje tèt mwen. Se pa sida m ta gen
jodia-a. Doktè di-m si-m pa pran medikaman-yo m gen
ennan pou-m viv. Men medam, ak yon timoun douz an
sou kont mwen, kote-m pra-l jwenn lajan pou achte
medikaman sida ann Ayiti ? M tou pare pou-m mouri. »
Jouvlin chita. Dlo tap koule nan je-l. Tout medam-yo te
kriye. Dam ki te pral rele polis pou mete Jouvlin deyò-a
te enkonsolab. Doktè-a te anbrase Jouvlin. Li di
Jouvlin : « Ti cheri-m nan, m pa ka di ou konbe tan ou
ka viv, men nou pap kite ou mouri pou tèt medikaman. »*

Manman vant, yon moun ki enpòtan anpil pou yon lòt. *Si
Zefina rive enfimyè se gras a Man Mevi. Man Mevi se
marenn Zefina men anpil moun panse se li ki manman*

Zefina. Se pou sa Zefina renmen- l anpil. Man Mevi se manman vant Zefina.

Me kwa manman ou me kwa papa ou, fason yon moun
bay yon lòt defi pou fè yon bagay. *Jantilis mouri kite kat
karo tè ak senk pitit. De senmenn apre yo fin tere papa
yo, mesyedam-yo koumanse goumen pou tè-a. Jantilòm,
dezyèm gason-an, bare yonn nan kat karo tè-yo. Li di sa
se pou li. Pi gran-an ki se yon fi, di: « Gen senk pitit,
kat karo tè. Ou pa ka pran yon karo pou di sa se pou ou.
Nenpòt elèv elemantè ap di ou divizyon-an pa bon. »
Jantilòm pa okipe sè-a. Yon jou maten Jantilòm te sou
tè-a. De nan frè yo deside pou kraze lantouray Jantilòm
te fè yo. Jantilòm di yo : « malè a moun ki manyen kloti-
a. » Jantilòm fè de tras atè. Pandan lap fè yo li di :
« Me kwa manman-l me kwa papa-l. Sa li pran se pou
je-l. » Mesye-yo te ale paske yo te vle evite yon eskandal
piblik.*

Medizan malpalan, moun ki pran abitid pale moun mal
oubyen pale pawòl li konnen ki pa verite. *Si Nanouch te
koute sa medizan malpalan nan katye-a tap di, li pa tap
janm marye ak Toto. Poutan apre senk an maryaj de
moun yo ap viv tankou de ti pijou.*

Meli melo, anpil bagay an menm tan san lòd, san disiplin.
*M mande Joujou poukisa li kite travay-la. Li di-m se
paske gen twòp meli melo nan biwo-a.*

Mete atè, akouche. *Jan vant madanm-nan gwo-a lòt
senmen lap mete atè.*

Mete bab alatranp, prepare pou yon move bagay ki pra-l
rive. *Yo fenk anonse siklòn gen pou pase nan sid. Pou
dega yo di siklòn-sa-a fè nan Sendomeng, nou mèt tou
mete bab nou alatranp.*

Mete baboukèt nan bouch, sa vle di menm bagay ak bay baboukèt. Anpeche moun pale. Anpeche pou moun bay opinyon yo. *Bò isit tout moun konn dwa yo. Nou pap fè dezòd. Nou pap kraze brize. Nap fè sa lalwa mande. Men pa gen ankenn otorite ki ka mete baboukèt nan bouch nou.*

Mete bout, sispann yon bagay. *Machann-yo anvayi tout ri nan vil-la. Yo di se la yo ap fè lajan manje pitit-yo. Pa gen yon moun ki ka fè yo deplase. Depi nouvo majistra-a fin prete sèman, li di li pral travay ak mahann-yo pou jwenn yon fason pou mete bout nan pwoblèm-sa-a.*

Mete dèyè chèz, mete yon timoun ajenou dèyè yon chèz pou yon bagay li fè ki mal. *Belandye ak Didin gen yon sèl pitit gason. Li gen dizan. Li rele Beland. Didin te fè Beland apre senk an maryaj. Li te manke mouri nan akouchman. Pitit gason-sa-a se plim je nan tèt li. Men Beland dezòd anpil. Pinisyon prefere papa-a se « Mete dèyè chèz ». Yon jou Belandye mete Deland dèyè chèz pandan inèd tan. Anvan tan pinisyon-an fini, ni Beland, ni Didin te kriye. Beland te vin pwofèsè sikoloji nan inivèsite. Li te ekri yon liv sou fason pou bay timoun pinisyon san imilyasyon ak anpil soufrans. Tit yonn nan chapit liv-la se « Mete dèyè chèz ».*

Mete deyò, 1) mete moun ki nan yon kay deyò, ; 2) Ale ; 3) Pibliye liv. 1) *lokatè-yo pa peye. Mèt kay-la pran anpil pasyans. Finalman li te oblije mete yo deyò. 2) Li koumanse fè ta. M pral lwen. Map mete deyò. 3) Yo anonse nan radyo Telemon fenk mete yon kolosal diksonyè kreyòl deyò.*

Mete dlo nan diven, yon aksyon pou kalme yonn ou plizyè moun ki move. Se moun-nan oubyen moun-yo ki move-a ki dwe pran aksyon-an. *Jenn mesye-yo preske batay. Si yo pa mete dlo nan diven-yo, lapolis ap arete yo tout.*

Mete fanm sou ou, yon fason pou di yon fanm pou li pa pè; pou li djanm lè lap regle zafè-l. *Apre mari Silvilya te fin mouri, li pase twa mwa lap kriye. Yon jou papa-l voye rele-l. Lè li rive li wè yon tab byen ranje ak manje sou li. Li bo tout moun nan kay-la. Lè li dekouvwi manje yo, li wè yo tout se bagay li renmen anpil. Li bo manman-l ankò li di-l : « Manmi ou vle fè-m yon sipriz. Ou prepare tout sa ou konnen m renmen anpil. » Manman-l reponn : « Sipriz, sipriz ! M te ale lamès. Lè m retounen mwen wè tab-la ranje jan ou wè-l la. Se papa ou ki fè manje-yo. Se li ki ranje kouvè-a tou. » Sivilya pa konn sa pou di tan li te sezi. Papa-l pa te janm renmen fè manje. Li te pito rete grangou. Lè yo te fin manje, papa Silvilya al chita sou yon bèl galri kay-la te genyen. Lè Silvilya te vin bay kont odyans ak manman-l, papa-l te rele l. Lè li rive sou galri-a, li chita sou yon gwo fòtèy bò kote papa-l. Papa Sylvilya di-l : «Manman ou di m se tout jounen ou ap kriye jouk kounye-a apre twa mwa Pitou fin mouri. Li di m se pou sa li pa ale wè ou pi souvan. Lè ou kriye. Li kriye tou. » Pandan Papa Sylvilya ap kontinye pale, dlo kouri nan je Sylvilya. Lè li te fiyanse ak Pitou se menm kote li te chita ak papa-l la li te konn pase plis tan ak Pitou. Se sou menm de fòtèy yo yo te konn chita. Silvilya rele. Lè manman-l tande kriye-a, li kouri sòti. Te gen yon sèvyèt pwòp sou galri-a, Papa Sylvilya te bay Silvilya sèvyèt-la. Li pa di anyen. Li kite Silvilya kriye. Manman Silvilya konsole Silvilya. Sylvilya siye dlo nan je-l. Papa Silvilya di : « Silvi, m konprann lapenn ou. Lè yon fanm gen transenk an epi li pèdi mari-l, se yon blesi kap pran anpil tan pou geri, sitou lè mari-a te renmen madanm li anpil. Men Silvi ou pa gen chwa. Mete fanm sou ou pou* *elve de pitit Pitou kite dèyè yo. Tout tan Bondye ban nou lavi, manman ou ak mwen ap toujou ba ou tout sipò posib. » Twa moun yo te kanpe. Papa Silvilya te anbrase Silvilya. Manje-a te yon sipriz. Sa se te yon lòt sipriz ankò. Silvilya sonje sa gen disèt an depi papa-l te anbrase-l. Dènyè fwa li te anbrase Silvilya se lè Silvilya te pase egzamen bakaloreya dezyèm pati. Silvilya te mete fanm sou li vre. Depilò, li sispann kriye.*

Mete gason sou ou, yon fason pou di yon gason pou li pa pè; pou li djanm lè lap regle zafè-l. *Peter te yon òfelen. Li te entelijan anpil. Janvil, yon bòs kòdonye, te deside pran swen Peter tout tan Peter vle rete lekòl. Peter te rive fini inivèsite. Li te yon enjenyè nan branch elektrisite. Yon inivèsity Bòston te bay Peter yon bous. Lè Bos Janvil mande Peter ki sa-l pral etidye, Peter di « Energie solaire. » Li esplike Bòs Janvil, kisa sa ye epi poukisa li chwazi pou fè yon espesyalizasyon nan yon bagay konsa. Peter pati an Septanm. Nan mwa janvye, Peter rele Bos Janvil nan telefòn. Li di Bòs Janvil lap retounen paske fredi-a twò rèd. Bòs Janvil reponn : « Monchè mete gason sou ou pou pran konesans-la. Nou sèvi ak solèy pou seche rad, kafe, diri ak lòt rekòt ankò. Men dapre sa ou te esplike m, si ou vini ak konesans-sa-a ou ka ede peyi-a sèvi solèy-la pou fè anpil lòt bagay. »*

Mete men, patisipe nan sa kap fèt. *Yo anonse lapli pral tonbe chak jou pou de senmenn. Se pou nou tout mete men pou rekòlte diri-a anvan senmenn-nan fini. Si nou pa fè sa, nap pèdi tout rekòt-la.*

Mete ola, fè sispann yon diskisyon ant de oubyen plis moun. *Yon batay pete nan fèt-la. Yon gran moun yo respekte anpil rantre nan mitan moun-yo pou mete ola. Se sak fè yo pa rele polis.*

Mete pye nan dlo, deside pou koumanse fè yon bagay ki gen anpil ris oubyen anpil difikilte. *Mari Antwanèt mouri kite-l ak de pitit. Apre de mwa antwanèt resevwa yon lèt. Moun ki siyen lèt-la rele Bonnanfan. Bonnanfan voye di Antwanèt mari-l te mal achte tè kote li gen kay-la. Bonnanfan di li se yon eritye. Piske li pa te siyen lè lòt eritye-yo tap vann tè-a, vant-la pa legal. Nouvèl-sa-a ajoute abse sou klou. Antwanèt kriye. Apre sa li deside mete pye-l nan dlo pou defann dwa-l.*

Mete trip deyò, bat yon moun anpil. *Chèf seksyon-an bat yon vòlò jouk li mete tout trip-li deyò.*

Mete van nan vwèl, ale. *M pase twazè ak nou. Map mete van nan vwèl mwen. Fòk mwen leve bonnen denmen maten pou m ale travay.*

Mete zago, lè yon moun mete pye-l yon kote li pa te dwe. *1) Jennonm-nan mete zago-l sou pye m. Li pa menm di eskize. 2) Si ou bandi tout bon, m ba ou gabèl pou mete zago ou sou tè-a.*

Mèsi pye ou, fason moun reponn lè yon lòt moun di mèsi pou manje li jwenn paske li te vini kay moun li di mèsi-a. Si li pa te vini, moun li di mèsi-a pa tap voye manje-a bay li. *Senvil ak Tomeyo se de frè. Yon jou vandredi yo sòt lekòl. Yo te grangou anpil. Yo pa jwenn anyen nan kay-la pou manje. Manman-yo se yon oksilyè. Li te toujou nan travay. Papa yo se pèsèptè kontribisyon. Li te deyò tou. Tomeyo, pi piti a, di: « Sèl chans nou se pou nou ale kay grann Val. » Grann Val se manman manman yo. Lè yo rive, Grann Val te fenk dekouvwi yon gwo bonm bouyon. Li ba yo chak yon gwo bòl bouyon. Kou yo fin manje, yo di grann Val yo prale. Grann Val di: « Se manje-a nou te vin chache. » Senvil di: « Grann* *nou ta byen vle rete pi lontan men nou gen an pil devewa. » Grann Val di : « Anpil devwa, vandredi apremidi-a ? Dapre nou m pa te janm gen elèv lekòl lakay mwen. Gen lè nou bliye si se mwen ki manman manman nou. » Tomeyo di : « Grann na tounen vin wè ou. Mèsi pou manje-a. » Grann Val di : « Di mèsi pye ou. Al fè wout nou non. »*

Mèt Janjak, yon moun ki gen anpil otorite. *Leknò pran pòz chèf li nan katye-a. Depi yo te fin nonmen parenn-li chèf polis depatmantal, Leknò konprann se yon Mèt Janjak li ye. Rwa pa kouzen-l.*

Mèt jwèt, yon moun ki gen responsabilite yon bagay. *Se ou ki mèt jwèt-la. Se pou di nou sa pou nou fè pou nou jwenn yon pozisyon nan konpayi-an.*

Mèt mò, yon fanmiy oubyen yon moun ki responsab yon kadav. *Mòg lopital-la plen ak kadav. Mèt mò-yo pa janm vin reklame yo.*

Mèt zabèlbòk, yon gason kap pale franse epi ki fè moun konprann li gen konesans sou lalwa poutan li pa yon avoka vre. *Nou bezwen moun ki gen konesans nan tout depatman-yo. Se pa sèlman moun kap pale gwo franse. M rankontre yon mèt zabèlbòk nan yonn nan biwo leta-yo. Tout franse lap pale se pou kache inyorans li.*

Men long, vòlò. Moun ki renmen pran sa ki pa pou li. *Jennonm-sa-a gen men long. Yo arete-l twa fwa deja pou vòl nan de magazen.*

Men koule, moun ki fè lajan men ki pa regle anyen ak lajan-an. *Joulya ap fè bon jan lajan nan djòb li. Si li pa te gen men koule, li ta deja achte yon kay.*

Men m sou ou, map vini touswit. *Tasyana gen diznevan.*
Li te grandi Bòston. Li travay tèlman byen nan klas
segondè, Inivèsite Harvard bay li yon bous etid pou
katran. Pandan li nan inivèsite-a, li reyalize enpòtans sa
genyen lè yon etidyan pale yon lòt lang. Li di manman
l : « Man, m vle pou pale kreyòl sèlman ak mwen. Sa m
pa konprann ma mande ou kesyon. » Manman-l rele
Lizmèn. Se yon sèl pitit-la Lizmèn genyen. Lizmèn byen
kontan lè Tasyana di-l sa. Li wè se yon mwayen pou li
pwofesè yon elèv ki nan inivèsite. Li wè sa va pèmèt pou
li pi kole ak pitit fi-l tou. Yon jou, Tasyana tande
manman-l ap pale nan telefòn ak yon sè-l ki rete Bòston
tou. Lizmèn te gen yon randevou ak sè-a pou li mete yon
pèmanant pou sè-a. Tasyana te bliye sa. Sè-a te rele
Tasyana pou mande l sak pase. Tasyana tande manman-
l di « Men m sou ou kounye-a. » Apre Lizmèn depoze
telefòn-nan, Tasyana di : « Manmy : matant mwen rete
dis kilomèt de bò isit-la. Ou di « Men m sou ou.»
Kouman men ou fè sou yon moun ki nan yon distans dis
kilomèt ? » Lizmèn di : « Ti cheri, pran kle machin-nan
pou mwen. Lè m retounen ma esplike ou sa sa vle di. »

Men pran nan moulen, lè yon moun entrave akòz yon
bagay mal li tap fè. *Papa Melan pale l anpil pou li*
sispann rete deyò ak zanmi chak jou jouk inè dimaten.
Li refize koute. Lè men-l pran nan moulen, m pa kwè
gen yon moun nan katye-a ki ka reproche papa-l.

Menmman parèyman, menm bagay. *Izmelyen ak Gilèn*
gen yon sèl pitit fi. Li gen kenz an. Li rele Izmilèn. Yo
renmen Izmilèn amò. Yon jou Izmilèn mande manman-l
pèmisyon pou li ale nan yon ti fèt. Gilèn di non. Izmilèl
ale kote papa-l li fè menm demann-nan. Izmelyen
reponn : « Se menmman parèyman. M pa dakò pou ale
nan fèt sa-a. » Izmelèn retounen kote manman l. Li di :

« nou tou de pa dakò pou m ale nan fèt-la. Omwens nou ta di-m poukisa. »

Mennen ti vi, pa depanse anpil pou viv poutan se pa mwayen ki manke. *Dezinò gen senk pitit, de gason ak twa fi. Pi gran-an gen disnevan. Pi piti-a gen dizan. Yon jou samdi, li di yo pou yo tout reyini a setè diswa. Li di yo li gen yon bagay enpòtan pou li di yo. Yonn ap mande lòt sa bagay-sa-a dwe ye. Yonn nan ti fi-yo ki gen kenz an di: « Papa m pra-l preche. Nou konnen se kay-la ki legliz li epi se nou ki fidèl legliz-la. » A setè yo tout reyini. Li di yo: « Mwen konnen gen anpil moun kap di kouman papa nou se yon moun kap mennen ti vi. Mwen kwè nou konn tande sa tou. Aswè-a mwen vle ede nou konprann diferans ant yon moun kap mennen ti vi ak yon moun kap viv dapre mwayen-l. Eske nou tout konprann sa « Mennen ti vi » vle di ? Ti fi ki gen dizan-an reponn : « M konnen. » Papa-l di : « Sa sa vle di ? » Li kontinye : « Mennen ti vi se lè yon papa refize bay dènye pitit fi-l yon telefòn selilè. » Tout moun tonbe ri.*

Mennen manniget, fè demach ak jèfò pou jwenn yon bagay. *Fenelon menmen manniget jouk li rive jwenn yon djòb ladwann.*

Milyon ven, anpil lajan. *Gen moun gen travay yo pap fè menm si ou ba yo milyon ven.*

Mirwa Lèzanj, yon bagay ki pwòp anpil. Li pwòp jouk tan li klere tankou se figi yon zanj. *Yon jenn fi tap mache vann yon pwodwi pou netwaye mèb ki fèt ak bwa. Li di tout moun- yo: « Depi ou fin netwaye mèb ou ak prodwi-sa-a, lap klere tankou mirwa lèzanj. »*

Miyèt moso, yon bagay ki kraze nèt. *Glas-la tonbe. Li fè miyèt moso.*

Mizè mete pye, yon mizè rèd ki fenk koumanse. *Se sou la kilti peyi-a depann. Piske tout moun refize travay latè, mizè mete pye.*

Mode gwo pous, lè yon moun regrèt pou yon bagay li te fè li pa ta dwe fè oubyen li ta dwe fè li pa te fè. *Karo tè te vo de mil dola. Neptan te gen dimil dola. Yon zanmi te ankouraje l pou achete senk karo tè ak kòb-la. Li te refize. Li mete lanjan l nan yon kont epay nan yon bank. Lè menm zanmi-an di Neptan yonn nan karo tè-sa-a yo koute senkant mil dola kounye-a, Neptan mode gwo pous li.*

Mode lage, koumanse fè yon bagay epi sispann. *Si nou ap fè travay-la mode lage, lap koute nou plis kòb.*

Mode soufle, lè yon moun pran pòz li byen ak yon lòt poutan se li kap trayi lòt moun-nan. *Fanèl pa nan mode soufle. Li di sa li gen pou di epi li fini. Sa fè anpil moun pa zanmi l. Men tout moun respekte l.*

Move grenn, move moun nan mitan yon gwoup. *Tout sa nou diskite nan reyinyon-yo sòti deyò anvan nou pibliye-l. Nou gen yon move grenn nan konpayi-an.*

Move je, sa vle di menm bagay ak move grenn.

Move kou konk, fache anpil. *M wè Manase move kou konk. Sak pase l?*

Move kout kat, pran yon desizyon ki pa bay bon rezilta. *Doktè di Silvi pa malad poutan lap kontinye pèdi pwa. Sanble li te fè yon move kout kat lè li te deside marye ak Zavye.*

Move lang, moun ki renmen pale mal lòt moun anpil. *Si majistra-a te koute move lang nan zonn-nan, li pa tap janm rive konstri mache kominal-la.*

Move Lawon, move moun nan mitan yon gwoup oubyen nan mitan yon fanmiy. Li ka fè anpil move zak oubyen li ka viv yon fason ki fè fanmiy li oubyen manm gwoup-la wont. *Jovak gen sis frè. Tout fini klas segondè. Kat diplome inivèsite. Lòt de yo pa ale nan inivisite. Yonn se yon kiltivatè. Li espesyalize nan legim. Li gen de karo tè kap pwodwi legim. Lòt la gen yon gwo garaj. Li te diplome nan lekòl pwofesyonèl mekanik oto. Jovak pa regle anyen. Li kite lekòl nan twazyèm segondè. Tout jounen lap bwè tafya epi mache pale franse. Tout katye-a konsidere Jovak yon move lawon nan fanmiy-nan.*

Move san, fache. *Pa fè madanm-nan fè move san. Li fenk sòt akouche. Lèt ka pase l nan san.*

Move vant, fanm ki fè de ou plizyè pipit epi pa gen yonn nan yo ki moun debyen. *Malisya gen twa gason. De pi gran yo nan prizon. Twazyèm-nan se yon tafyatè. Tan pou lidè zonn-nan chache sous pwoblèm nan sosyete-a ki lakòz sa, yo tout di se paske Malisya gen move vant.*

Move zè, yon bagay malefik. 1) *Moun yo tap viv trè byen. Toudenkou, maryaj-la kraze. Sanble te gen yon move zè ki rantre nan kay-la.* 2) *Jan m wè vwazin-nan ap fini sou pye, sanble yo voye yon move zè sou li.*

Mò sibit, yon lanmò san moun ki mouri-a pa te malad. Lanmò sanzatann. *Andrelyen te envite twa lòt zanmi lakay li pou yon dine. Yo rele Jak, Mito epi Zimon. Apre yo fin fè konesans, zanmi-yo reyalize yo gen yon bagay ansanm. Manman yo tou le twa te deja mouri. Pandan yo sou tab ap manje, Zimon mande Jak, « Di m non,*

*kouman manman ou te mouri? » Sa te anbarase
Andrelyen. Dapre li Zimon pa ta dwe poze Jak yon
kesyon konsan pandan yon dine. Men Andrelyen pa di
Zimon anyen. Bouch Jak te gen manje. Li pran yon ti tan
pou li kraze epi vale manje-a paske li pa te vle pale ak
bouch li plen manje. Apre sa li pase yon bout tan
rakonte kouman manman-l te mouri. Sa te fè Mito mal.
Li tap koute plis pase li te manje. Apre Jak fin pale,
Zimon mande Mito, « E oumenm Mito, kouman manman
ou te mouri ? » Mito pran yon bon bout tan tou pou li
rakonte kouman manman-l te mouri. Pandan tout tan-
sa-a, Zimon pa janm sispann manje. Apre Mito fin pale,
Andrelyen di Zimon : « Se pou rakonte kouman manman
ou te mouri tou. » Jak di : « Se vre. Li ta bon pou nou
tande eksperyans pa ou tou. » Mito mande Zimon :
« Kouman manman ou te mouri ? » Zimon reponn :
« Mò sibit » epi li kontinye manje.*

Mò vèt, mò sibit. *Evlani byen gwo byen bèl. Li fenk fin
diplome lekòl enfimyè. Li fiyanse pou marye nan twa
mwa. Li ban nou yon mò vèt. Yon sèl pitit-la manman-an
genyen. Se yon gwo kou pou nou tout nan katye-a.*

Mò vivan, 1) yon moun kap viv men tout moun wè lap fini
sou pye akòz maladi oubyen pwoblèm. 2) Oubyen yon
moun ki fè anpil moun mal epi tout moun kwè li gen
pou mouri nan fè mechanste. 1) *Pepe tap viv trè byen. Li
gen sèt mwa depi li pèdi travay li. Menm kay li pa ka
peye. Li preske fou. Pwoblèm-yo tèlman fè-l piti, li
sanble yon mò vivan. 2) Jemelan gen monopòl siman
nan vil-la. Tout lòt ti komèsan ki eseye achte siman pou
revann, li fè kòdmaltaye pou fè yo pèdi biznis yo.
Manman Jemelan pè anpil paske li konnen yonn nan
moun-sa-a yo ka pran revanj. Yonn nan de frè Jemelan
yo pa patisipe nan biznis Jemelan. Li di Jemelan fè*

moun yo mechanste twòp. Dapre li Jemelan se yon mò vivan kap mache.

Monnen zepis, yon ti monnen yo renmèt yon moun ki fin achte zepis; yon ti kòb ki pa ka regle anyen. *Parenn Fito sòti Kanada. Li pase wè Fito. Lè parenn-nan ale, manman Fito di Fito : « M te wè parenn ou ba ou yon anvlòp. Ki sak ladan ? » Fito reponn : « Monnen zepis. » Manman Fito di : « Konbe l ye ? » Fito di : «San dola ». Manman Fito di : «San dola epi ou di se monnen zepis. Se yon fason pou pa bay pèsonn yon dola ladan. »*

Monte bourik ade, 1) lè de moun monte yon bourik, yonn devan, lòt-la dèyè. 2) viv byen yonn ak lòt. 1) *Andre ak Jak te grandi Fon Parizyen. Yo pa te fanmiy men yo te bon zanmi. Yo te konn monte yon bourik a de lè yo te piti. Yo tou de ap viv Nouyòk. Andre te retounen Fon Parizyen. Yon granmoun mande l pou Jak. Li di li gen en an depi li pa wè Jak. Granmoun-nan di : « De timoun ki grandi ansanm. Nou pase tout anfans nou nap monte yon bourik a de pou ale nan jaden. Pou nou tou de ap viv Nouyòk nou pase en an yonn pa wè lòt ! Si se konsa, sanble peyi Nouyòk-sa-a se yon gwo van kap rache mang sou pye epi voye yo toutpatou pou yo pa jann rekonekte ankò. » 2) Yon oditè yon emisyon radyo di yon lòt oditè: « Mèvil ak Edmon tap fè pwogram radyo-a ansanm trè byen. Depi de senmenn se sèl Mèvil m tande nan lè. Ni li pa di sak pase ak Edmon. Sanble yo sispann monte yon bourik ade. »*

Monte chodyè, fè manje. *Yon misyonè ameriken rive Chanbelan. Li aprann kreyòl byen vit. Li koumanse travay ak yon gwoup peyizan nan zonn Moron. Apre yon senmenn, gen yon fanmiy li pa wè. Lè fanmiy-nan retounen nan reyinyon-yo, li mande Lisya, manman*

*fanmiy-nan : « Nou pa vini nan reyinyon. Poukisa ? »
Lisya reponn : « Nou ta byen vle la kinalaganach, jou
ale jou vini. Men sak vid pa kanpe. Depi twa jou nou pa
monte chodyè. Gwo trip ap vale ti trip.» Misyonè-a pa
konprann anyen nan sa Lisya di l. Li rele yon entèprèt
pou tradi pou li.*

Monte kabann, ale dòmi. *Depi twa jou m pa dòmi. Li lè
pou m monte kabann.*

Monte kalvè, nan mitan yon sitiyasyon difisil anpil. *Lelyo
se yon animatè radyo. Li popilè anpil. Anpil fi ap rele
emisyon- an pou fè Lelyo konpliman. Men madanm
Lelyo jalou anpil. Depi Lelyo ri ak yon fi, madanm-nan
fache. Kè Lelyo toujou kontan. Li toujou ap ri. Men nan
kay-la se yon kalvè lap monte jan madanm-nan jalou.*

Monte ma sifre, rankontre yon sitiyasyon difisil. *Yon sèl
pitit gason-an Lisilya genyen. Sa gen nèf mwa depi
Lisilya te voye chache l ann Ayiti. Li ponkò menm pale
angle byen, li pran pòz li pa ka pale kreyòl. Zanmi pran
tèt li. Li refize etidye. Se yon ma sifre lap fè Lisilya
monte nan Nouyòk.*

Monte sou beton, fè manifestasyon. *Yon reprezantan
asosyasyon moun avèg di manm asosyasyon-an : « Nou
pa gen jounal. Nou pa gen televizyon. Nou pa gen
radyo. Nou pa gen koneksyon Entènèt. Nou pa gen lajan
pou bay politisyen. Nou dwe monte sou beton-an. Si se
pa sa gouvènman-an pap tande vwa nou. »*

Monte sou resif, lè yon moun ap fè yon bagay epi,
sanzatann, li rankontre yon gwo difikilte li pa tap atann.
*Benevil te fèt Lakoma nan Nòdwès. Manman l rele
Lizèt. Lizèt pran kanntè pou ale chache lavi miyò nan lòt
zile-yo. Benevil te gen dizan. Lizèt pase senk an Naso.*

*Apre sa li debouye l li rantre Miyami. Lizèt pase senk an
Miyami san papye. Li pa ka retounen ann Ayiti pou li
ale wè Benevil. Li pa ka ede Benevil rantre Etazini tou.
Li fè de demach pou ede Benevil pran kanntè. Tou de
fwa li pèdi kòb li. Lizèt deside pou travay di pou bay
Benevil pi bon edikasyon li ka jwenn ann Ayiti. Li mete
Benevil nan meyè pansyon Pòtoprens. Li ekri Benevil
yon long lèt. Li rakonte l tout istwa vwayaj nan ti bato-
a. Li bay non tout moun ki te mouri nan vwayaj-la. Li
rakonte l tout peripesi li te pase Naso. Li esplike l kijan
lavi l difisil Miyami san rezidans, san papye legal pou li
travay. Apre Benevil fin li lèt-la, li pase twa jou lap
kriye. Li pa ka manje. Finalman, li pran desizyon pou
bay manman l san fwa lavalè pou chak dola manman l
voye pou li. Li etidye lajounen tankou lannwit.   Li rive
fè yon metriz nan syans diplomatik. Li te loreya
pwomosyon l. Nasyonzini bay yon bous pou li kontinye
etidye pou yon doktora nan nenpòt peyi li vle chwazi.
Kòm manman l ap viv Miyami, li chwazi yonn nan gran
inivèsite zonn Bostonn. Men Benevil te bon zanmi yonn
nan kondisip li. Li te rele Franswaz. Yo tou de te nan
menm inivèsite. Bote ak entelijans Franswaz anpare
Benevil. Anvan Benevil pati li deklare Franswaz. Apre
kenz jou, mesyedam-yo te renmen. Franzwas te pran yon
lòt sezisman lè Benevil pwopoze l pou yo marye anvan
Benevil kite Ayiti. Franswaz di Benevil li bezwen yon ti
tan pou reflechi sou kesyon-an. Franswaz bay manman
l nouvèl-la. Manman l dakò. Lè papa Franswaz resevwa
nouvèl-la, li di li bezwen konnen plis sou jennonm-nan.
Papa Franswaz se te yon gran komèsan nan Pòtoprens.
Li rantre kote li vle, lè li vle. Li mande yonn nan
anplwaye l yo pou chache enfòmasyon sou Benevil.
Akonplisman Benevil nan lekòl te enpresyone papa
Lizèt. Li te jwenn tou Benevil se yon jennjan debyen.
Men lè papa-a vin jwenn Benevil se yon pitit san papa,
se yon moun Lakoma, manman l ap travay kòm yon*

*oksilyè nan yon lopital Miyami, li opoze maryaj-la. Lè
Franswaz bay Benevil nouvèl-la, Benevil pran yon kout
ponyan nan kè. Benevil di Franswaz : « Mwen pa kwè
map jann jwenn yon jenn fi tankou ou pou madanm.
Men li klè m monte sou resif epi se pa nenpòt resif. Gwo
bato pa ka vanse sou resif-sa-a ale wè pou ti vwalye
tankou m. » Pawòl monte sou resif-la fè Benevil sonje
tout peripesi nan lèt manman l nan. Vwayaj manman l
sou lanmè-a ap pase nan tèt-li tankou se yon vidyo kap
woule. Dlo sòti nan je-l. Li vire kite Lizèt. Pandan lap
vire, Franswaz sezi chemiz-li. Franswaz di : « Ou pa ka
fenyan konsa. Nan senk an nan inivèsite ou fè de diplòm.
Ou pare pou vanse nan nenpòt lanmè kit resif oubyen
tanpèt. » Benevil di Franswaz : «Ou entelijan anpil.
Men gen bagay mwen pa ka esplike ou. Epi menm si m
ta esplike l, ou pap ka konprann. » Benevil anbwase
Franswaz. Franswaz kriye. Franswaz di Benevil :
« Menm si nou pa marye anvan ou pati, ou mèt pati kè
poze. Ou monte sou resif, kòm ou di, men map rete dèyè
nan lanmè-a epi m konnen kouman nou ka kontounen
resif-la. » Yonn anbwase lòt pandan dlo ap koule nan je
yo.*

Monte sou zo grann, lè yon moun rankontre ak yon
  sitiyasyon difisil sitou yon sitiyasyon li pa tap atann.
  *Depi chanpyona-a koumanse ekip Kolèj Fosten Soulouk-
  la pa janm pèdi yon match. Samdi pase yo monte sou zo
  grann-yo. Ekip Lise Byasou bat yo twa a zero.*

Mouchwa monte, yon mouchwa ki gen pwazon ladan l.
  *Gilmon te ale nan yon bal. Li te sòti anvan tout moun. Li
  te gen yon bèl mouchwa pòch. Lè li rive lakay-li, li pa
  wè mouchwa-a. Nan landemen, li pase nan sal kote yo te
  fè bal-la. Li mande propriyetè-a si li pa te wè yon
  mouchwa sou yon tab apre bal-la. Proriyetè-a gade kote
  yo mete bagay moun pèdi epi yo te jwenn. Li pa wè*

mouchwa-a. Li di Gilmon : « M pa wè mouchwa. Rantre gade kote ou te chita-a. » Gilmon rantre. Lè li rive nan sal-la, li jwenn mouchwa-a sou tab-la. Pèsonn pa te manyen mouchwa-a pou tèt yo panse mouchwa-a ka te yon mouchwa monte.

Moun anwo, lontan moun afè bon ki te abite nan mòn toutotou Pòtoprens. *Mizou gen witan Nouyòk. Chak ane li retounen Pòtoprens. Yon samdi maten li mete yon tenis nan pye-l. Li mare tèt-li ak yon mouchwa plizyè koulè. Li pran yon gwo sak syanm. Li desann mache anfè. Lè li rive, li wè anpil bèl legim fre : leti, kawòt, chou, tonmat, navèt, seleri, kreson, piman, zonyon, pwawo, pwatann, zepina, militon, berejèn, kroupye, lanmanlaye, elatriye. Li pran yon gwo tonmat pou li gade. Machann-nan gade Mizou depi nan tèt jouk nan pye ak yon rega dwòl. Machann-nan di : « Tonmat-yo chè wi. » Mizou depoze tonmat-la tou dousman. Li vanse bò lòt machann ki te tou pre-a. Lòt machann-nan di : « Cheri m nan, m gen bonjan legim. Se legim tou fre. Se Kenskòf m sòti ak yo maten-an. Wap jwenn kantite ou vle nan tout kalite. Ou gen yon bèl mouchwa. Kote ou achte l? Koulè wòb-la matche ak mouchwa-a. Ou gen bon gou. Mwen rele Anisya. Map kenbe sak-la pou ou. Chwazi sa ou vle. » Mizou achte preske tout legim machann-nan. Lè premye machann-nan wè sa, li di: « Ou ta manyè fè m vann enpe tou. » Mizou di : « M regrèt. Kòb pou legim fini. » Lè Mizou ale, Anisya di lòt machann-nan : « Ou gen sa pou defo. Se tout tan map di ou pou pa gade moun sou aparans. Ou konnen se moun anwo-yo ki ka fè ou fè yon bon lavant. Gen de pwoblèm ak sa. Premye-a, nan tan nap viv la, ou pa ka konnen ki moun ki moun anwo pa fason yo abiye. Dezyèmman, se pa moun anwo-yo sèlman ki gen mwayen pou achte legim. »*

Moun dèyè do Lanperè, moun Pòtoprens lontan ki te rete apre estati lanperè Desalin an montan. Moun zonn sa-a yo lontan te gen plis mwayen pase rès popilasyon-an. *Montès te rete ak fanmiy-ni zonn Avni Kristòf. Yon jou, Montès bloke. Li bezwen desan dola prese prese. Li mande plizyè zanmi, yonn nan yo pa te ka depane l. Lide yon monkonpè l kap viv Laplenn vin nan tèt-li. Li di madanm-ni li pral frape bank monkonpè-a. Monkonpè-a pa gen telefòn. Li plonje Laplenn. Lè li rive li esplike monkonpè-a sitiyasyon-an. Monkonpè-a prete-l desansenkant dola. Lè Montès ale, madanm monkonpè-a di : « M kwè Montès se moun dèyè do Lanperè, kouman li fè razè pou desan dola ? » Monkonpè-a reponn : « Sa ou pa konnnen pi gran pase ou. Gen nan moun dèyè do Lanperè-yo ki gen plis pwoblèm pase noumenm peyizan. »*

Moun kay, 1) yon moun ki pa sòti nan fanmiy kay-la men yo konsidere tankou yon manm fanmiy-nan. 2) Yon moun ki vizite yon kay souvan. Yo konsidere l tankou se yon moun kap viv nan kay-la. *Nezilya se moun Fòlibète. Se yon agronòm kap travay nan depatman Nòdès. Chak fwa li ale Pòtoprens, li desann kay Mariterèz, manman yon ansyen kondisip lekòl-li. Zanmi-an rele Mari. Yon jou, Nezilya te dòmi kay Mari. Mariterèz gen yon boutik Matisan. Anvan l ale nan maten, li di: « Mari degaje ou pou ba agronòm-nan manje anvan li pati. » Nezilya di: « Manmi pa okipe-m. Mwen se moun kay. Map chache manje pou m manje. »*

Moun pa, bay moun sèvis oubyen privilèj akòz zanmitay oubyen enterè pandan lòt moun ki gen dwa pou resevwa menm sèvis-la oubyen menm privilèj-la pa ka jwenn ni. 1) *Parenn Filijèn ap travay nan Sèvis Dwann. Filijèn rantre ann Ayiti ak yon machin. Anvan Folijèn te rive li te chache konnen tout dokiman li bezwen pou dedwane*

*machin-nan. Li te konnen tou konbe lajan li gen pou
peye. Li ale nan depatman-an. Li depoze tout dokiman-
yo epi peye kòb yo mande pou dedwane machin-nan.
Yon zanmi Filijèn te konsidere Filijèn kòm nèg sòt. Li di
Filijèn : « Ou pa ka sòt konsa. Se pou te fè parenn ou
konnen ou gen yon machin ladwann. Yo tap ba ou
machin-nan pi vit epi ou pa tap bezwen peye tout kòb-
sa-a. Dapre ou menm se konsa ou konprann ou pra l
ranje peyi-a. Ou panse ou ka elimine zafè moun pa nan
peyi-a. » Filijèn di : « Se tout sitwayen pou ki egzije pou
biwo leta-yo bay sèvis dapre lalwa ak regleman epi trete
tout moun menm jan. Se konsa pou moun pa sispann. Ni
mwen ki gen parenn mwen andedan-an ni moun ki pa
konnen ankenn moun nan anplwaye-yo dwe ranpli
menm kondisyon-an epi dwe jwenn menm sèvis. Si ou
rele sa nèg sòt, mwen aksepte l kòm yon konpliman. »*

*2) Twa Ayisyen, Anatòl, Beniz ak Dona, tap gade nouvèl
yon jou swa Nouyòk. Yo bay nouvèl yon polis te arete
pitit gason chèf polis vil-la paske gason-an tap kondwi
malgre li te sou. Anatòl ki te de pasaj nan peyi-a di :
« Polis-sa-a pa pè pou li pa pèdi djòb li ? » Dona
reponn : « Isit pa gen moun pa. Lè yo ap aplike lalwa yo
pa konnen ni pap ni larenn. » Beniz reponn: « Se sa ou
panse. Wa gen tan konnen si pa gen moun pa! Yo pa fè
moun pa aklè menm jan ak nan anpil lòt peyi. »*

Moun peng, noun ki chich anpil. Yo rapòte *Janselan sitan
peng, anvan pou pran yon goud nan pòch li, fòk ou bay
li yon mestin lavèy.*

Moun vini, moun ki pa te fèt yon kote ki vin abite la.
*Moun vini fin anvayi zonn-nan. Gen yon avantaj nan sa.
Konsa tou gen dezavantaj.*

Moun mòn, moun ki pa byen konnen pwensip moun lavil. Lè li nan vil li anbarase. Yo sèvi ak sa tou kòm jouman kont moun yo konsidere sòt. *Lwidò te fèt andeyò yon kote yo rele Mòn Pedisouf. Yo te bay zonn-nan non-sa-a paske anvan yon moun rive la, si li pa konn monte mòn, souf li ap prèske koupe. Yon legliz potestan te gen yon ti lekòl nan zon- nan. Se la Lwidò te fè klas sètifika. Apre sa, yon kouzen manman Lwidò te fè l rantre Jakmèl. Li di Lwidò twò entelijan pou li pa kontinye lekòl. Li degaje l kou Mèt Janjak, li jwenn yon plas nan lise Jakmèl pou Lwidò. Depi premye trimès-la, Lwidò nan tèt klas-la. Sa te bay anpil elèv vil-la pwoblèm. Yon group te deside pou chanje tit Lwidò. Yo deklare non Lwidò se Lwidò Mounmòn. Sa pa te anpeche Lwidò travay. Li te rive loreya nan egzamen bakaloreya. Li kontinye etid-li nan lekòl medsin. Apre senk an ap pratike medsin, Lwidò te deside ekri yon liv sou lavi l. Devine ki tit li chwazi pou liv-la ? Li bay liv-la tit : « Lwidò Mounmòn » ak yon soutit « Lavi Yon Medsen Ayisyen Natif Natal »*

Moun san zantray, moun ki pa gen kè sansib pou anyen ni pou ankenn moun. *Listwa rapòte yon esklav nan Lakoloni te sove kite yon bitasyon. Mèt yon lòt bitasyon te jwenn li epi retounen l bay mèt li. Tou de mèt bitasyon-yo te fè rasanble tout esklav-yo. Pandan mèt bitasyon-an ap bwè tafya epi fimen siga, yo koupe yonn nan zòrèy esklav ki te sove-a devan tout lòt-yo. Se pou te montre lòt yo sa kap tann yo si yo deside pou sove tou. San te vole. Esklav-la tonbe. Li pèdi konesans. Pandan tan sa-a de mèt bitasyon-yo kontinye bwè bweson epi yo tap ri. Se sa yo rele moun san zantray.*

Moun tchak, moun ki sevè anpil. Li fè lòt moun pè l. Gen moun tchak ki malelve. Konsa tou gen moun ki tchak ki pa malelve. *Erilis ak Fabyen se de bon zanmi. Yo te nan* *reto ansanm. Erilis tonbe damou pou Mata, yon elèv nan klas segond. Mata bèl epi entelijan. Li gen anpil zanmi nan lise-a. Tout elèv konnen l epi renmen l. Papa Erilis te toujou di l pou li pa janm deklare yon fi anvan li chache konnen fanmiy kote fi-a sòti. Kòm Mata te zanmi ni Erilis ni Fabyen, mesye-yo di Mata yo ap pase wè l yon jou dimanch apremidi. Mata dakò. Apre vizit-la, Erilis di Fabyen li pap deklare Mata. Fabyen te sezi. Li mande Erilis poukisa. Erilis di: « Papa Mata twò tchak. Men m si Mata ta reponn mwen, m pa kwè m ka marye ak pitit yon moun tchak konsa. » Fabyen reponn: « Ou ap ranse monchè. Ou pa pral marye ak papa Mata. Se ak Mata ou pral marye. »*

Mouri kò, lè yon moun yon kote epi li rete dousman pou li pa gen pwoblèm. *Travay pa fasil pou jwenn jounen jodi-a. Mouri kò ou nan konpayi-an pou yo pa revoke ou.*

Mouri poul, sa vle di menm bagay ak mouri kò.

Mouri zo, sa vle di menm bagay ak mouri poul.

Mouye tranp, lè tout kò ak tout rad yon moun mouye nèt nan lapli oubyen ak swè. *Ou mouye tranp. Si ou pa retire rad-la sou ou, ou ka pran nemoni.*

N

Nad marinad, yon bagay yon moun ap fè epi moun nan pa jwenn sa li tap chèche a oubyen rezilta li tap atann nan. *Pedro te vle fè yon vwayaj Etazini. Papa l te mouri kite senk karo tè. Ak rekòt li fè nan tè-a, li rive mete di mil dola labank. Li deside ale nan anbasad ameriken pou mande yon viza. Lè li rive, li prezante papye kay li. Li bay kanè ki montre konbe lajan li gen nan bank. Li bay sètifika bònviemès li. Anbasad bay Pedro refi. Lè li retounen lakay li madanm li kouri vin jwenn li. Madan m nan made l:* « *Eske yo ba ou viza-a? Pedro reponn:* « *Nad marinad.* »

Nap boule, fason ayisyen reponn yon salitasyon. Lè de Ayisyen rankontre, yonn di « Sak pase? » lòt la reponn « Nap boule » *Tenò te rantre nan yon magazen Chikago. Yon anplwaye tande Tenò ap pale kreyòl nan telefòn. Lè Tenò fini, anplwaye-a mande Tenò :* « *Sak pase ?* » *Tenò reponn :* « *Nap boule.* » *Tenò pwoche kote gichè anplwaye-a. Li pale kreyòl ak anplwaye-a. Anplwaye-a pa konprann anyen nan sa Tenò tap di. Tenò te vin jwenn sèl sa anplwaye-a te konnen nan kreyòl se* « *Sak Pase ?* » *ak* « *Nap boule.* »

Natif natal, sak te pran nesans nan yon peyi oubyen nan yon zonn. *Yon gwoup etidyan ayisyen nan yon inivèsitye Kalifòni te fòme yon asosyasyon etidyan ayisyen. Yo te rele asyosyasyon-an* « *Klib Kreyòl* » *Yon jou yo tap fè yon reyinyon. Gen yon etidyan blan ki vin nan reyinyon-an. Prezidan asosyason-an tap fè tout bagay an kreyòl.*

*Lè etidyan blan-an te fin chita, prezidan-an vire an
angle. Li di vizitè-a : « Byenvini. Nou byen kontan ou
vin asiste reyinyon-an. Nou fè kèk nan reyinyon-yo an
kreyòl sèlman. Se yon fason pou ede etidyan-yo kenbe
levasyon-yo ak tradisyon lakay. » Etidyan blan-an
reponn an kreyòl. Li di: « Ou mèt kontinye fè tout bagay
an kreyòl. Mwen se yon Ayisyen natif natal. M te fèt nan
yon lopital Lapwent epi m te grandi Janrabèl. M byen
kontan pou m jwenn yon klib ayisyen nan inivèsite-a. »
Tout etidyan yo te sezi. Pifò nan yo pa te konnen ki kote
Lapwent ye ann Ayiti. Etidyan blan-an se pitit yon
misyonè ameriken ki te pase trant an nan Nòdwès.
Etidyan-an te pale kreyòl pi byen pase angle epi kreyòl
li te pi enfòm tou pase pifò etidyan ayisyen-yo.*

Nan blòf, nan manti. *Jennonm-sa-a toujou nan blòf. Li pa
menm fini lise li vle rantre nan lekòl enjenyè.*

Nan bòl, lè tout bagay ap mache byen pou yon moun. *Ou
te travay di vre. Men kounye-a tout pitit ou fin gran. Yo
tout fini klas yo. Yo ap travay. Ou nan bòl ou.*

Nan de tan twa mouvman, rapid, san pèdi tan, touswit,
top top. *Yon manman te gen senk pitit. Dènye-a te rele
Tipap. Li te gen douzan. Se lòt timoun-yo ki te bay li
non-an paske manman l te renmen l anpil. Tipap te
renmen manje anpil. Depi Tipap grangou li pran
kabann. Manman-an te mouri sibit. Nan lantèman-an yo
mande pou chak pitit di yon bagay pou manman yo. Gen
de ki tap kriye sitan, yo pa te ka pale. Yo bay Tipap
mikro-a. Tipap di : « Manman m te renmenm anpil. M te
renmen l anpil tou. Gen yon bagay nan manmanm m
pap janm bliye. Li te mèt fatige anpil apre yon jounen
travay, nan de tan twa mouvman li fè manje pou tout
pitit li manje. M pa konnen kouman m pral viv san*

manman m.» De pitit ki pa te ka pale yo yonn gade lòt. Yo tou de te ri Tipap ak dlo nan je yo.

Nan dekou, Lè pa gen lalin klè. *Lè lalin klè nan sezon nowèl tout moun andeyò kontan. Nowèl nan dekou se pi move Nowèl.*

Nan dengonn, lè yon moun ap pouswiv yon lòt pou vanjans oubyen pou anpeche moun-nan fè plis tò. Sa vle di menm bagay ak nan wèl. *Zoulo komèt yon krim nan nò. Li sove. Li rantre nan kapital-la. Li panse tout bagay te fini. Poutan lapolis nan dengonn ni pirèd.*

Nan lalin, lè yon moun yon kote poutan panse l pa sou sa kap pase bò kote li ye a. Lap panse yon lòt bagay. *Fiyanse Yòl pati nan mèkredi. Samdi nan menm senmennan, Yòl ale nan maryaj Joujou, yon kondisip li, yonn nan bon zanmi l. Tout moun byen kontan. Yo ap rejwi. Pandan tout resepsyon-an, Yòl chita sou yon tab. Li pa goute anyen. Manman Joujou remake sa. Li al kote Yòl. Li di : « Yòl, ou nan lalin. Sak pase ? Ou pa ka chita konsa nan resepsyon maryaj Joujou. » Manman Joujou fè Joujou wè sa. Joujou di manman l : « Pa fatige ou. M konnen sa Yòl genyen. Li pa nan lalin. M konnen kote li ye. » Joujou deplase. Li pran men Yòl. Li mete Yòl chita sou menm tab ak li.*

Nan lye verite, kote yon moun ye apre li mouri. *Janmelyen pase tout vi l ap konbat lenjistis. Sa fè li te gen anpil lennmi. Yon machin te chavire ak li nan zonn Grangozye pandan li ta pra l defann enterè yon gwoup peyizan Ansapit. Janmelyen te mouri sou plas. Pandan fineray-la yonn nan peyizan-yo di : « Jan nan lye verite. Menm si nou pa ka wè bagay yo klè jan li wè yo, nou pa ka bay legen. Nou dwe kontinye goumen jouk tan rèv li*

te genyen pou yon sosyete kote jistis ap koule klè tankou
dlo kokoye ka vin yon reyalite. »

Nan plat, sa vle di menm bagay ak nan bòl.

Nan tèt jwèt, nan sa ki bon. Lè zafè yon moun ap mache
byen. *Papa Donalis gen dis karo tè. Donalis te fini klas
segondè. Yon zanmi bay papa-a konsèy pou voye
Donalis Miyami. Li di Donalis pou vann de karo tè pou
peye yon amatè bato ki tap òganize yon vwayaj pou
Miyami. Donalis pa te dakò. Li voye Donalis nan lekòl
agronomi. Anvan menm Donalis te diplome, li te
koumanse fè tè-a bay anpil rekòt. Dis karo tè-a te
tèlman rapòte, Donalis te achte yon kamyonèt tou nèf
pou pote pwodwi agrikòl vann Pòtoprens. Li te
espesyalize nan pwodwi agrikòl pou peyi tropikal. Li te
jwenn viza pou plizyè peyi pou asiste nan gran
rasanbleman sou lagrikilti. Yon jou, zanmi-an te
retounen kote papa Donalis. Li di, « Mon chè, ou te gen
rezon pa te pran konsèy mwen. Kounye-a ou nan tèt jwèt
ou. Epi se pa ou menm sèl kap benefisye. Se tout peyi-a
ka p benefisye travay Donalis.»*

Nan tout sòs, patisipe nan anpil bagay menm lè kèk nan
yo pa dapre pwensip kòrèk. *Vwazen Loubo pa vle pitit fi
l renmen ak Mannwèl. Li di Mannwèl nan tout sòs.*

Nan wèl, pouswiv yon moun jouk tan li rive fè sa li pa vle
fè oubyen bay yon bagay li pa vle bay. Sa vele di menm
bagay ak nan dengonn. *Patrisya nan wèl Jimo jouk tan li
fè Jimo peye senksan dola li dwe manman Patrisya.*

Nan yon ti kadè, nan yon ti moman. Toutswit. *Meda ak
Magarita ap viv Nouyòk plis pase kenzan. Yo rantre an
Ayiti ak kat pitit yo. Meda mennen fanmiy-nan manje
nan yon restoran Pòtoprens. Yon bèl demwazèl*

rankontre yo nan pòt restoran-an. Li mennen yo nan yon bèl tab ki ka pran wit moun. Magarita mande mesye ki vin pran kòmand-nan konbe tan yo ap ba yo manje-a. Mesye-a reponn: « Madanm map ban nou manje nan yon ti kadè. » Mesye-a pran karantsenk minit pou li pote tout manje yo vini. Magarita di: « Ou te di nan yon ti kadè. Sa se twa gwo kadè. »

Nannan kokoye, pati blan andedan yon kokoye. Moun ka manje l oubyen sèvi ak li pou fè lòt pwodwi tankou lwil, tablèt epi plizyè lòt ankò. *Meliz gen twa pitit, Meloni, Liz ak Jan. Yon jou, twa timoun yo ale kay yon frè Meliz ki rete tou pre. Apre trant minit, Jan, pipiti-a, retounen ap kriye. Lè Meliz mande l sa li genyen, li di « Tonton m ban nou yon kokoye. Meloni bwè tout dlo kokoye-a epi li bay Liz ak mwen yon ti kal nannan kokoye. » Liz di Jan : « Pitanm pa dwe kriye pou manje, menm si se pou nannan kokoye. Siye ja ou. Lè Meloni vini ma regle akey. »*

Nannan koze, pati ki pi enpòtan nan yon konvèsasyon, nan yon mesaj oubyen nan nènpòt sa yon moun ap di oubyen ap fè. *Kandida-a koumanse diskou-a an franse. Tout peyizan-yo mande l pou li di sa lap di-a nan lang pèp-la pou yo tout ka konprann. Yonn nan yo di : « Nou pa gen kont ak okenn lang. Si tout jenerasyon kap vini-an pale kat lang sa ap pi bon pou yo. Men jounen jodi-a nou ta renmen ou pale sou nannan koze-a : Omwens yon plat manje chak jou ; moso swen sante ; wout pou nou pote rekòt nou nan mache ; Bonjan lalwa ak yon fòs pou fè tout moun respekte yo ; lekòl pou tout timoun nou yo ; moso lenstriksyon tou pou noumenm ki pa te gen chans pase kay Koyo. Gen plis toujou. Men kòm m di ou, sa se nannan koze-a. Si nou vote pou ou, ki sa ou pra l fè pou takle nannan koze-a ? se kesyon sa-a nou vle pou* *reponn jodi-a. »*

Nèg fèy, gason ki pa konnen ki jan pou li konpòte l nan sosyete. *Anvan Serandye te pati, tout moun nan katye kote li te sòti te toujou ap rele l nèg fèy. Lè anpil nan moun-sa-a yo te rive Nouyòk, se Serandye ki te ale chache yo nan ayeopò epi montre yo Nouyòk pou premye fwa.*

Nèg Ginen, gason vanyan. Ayisyen ki kwè yo kapap epi yo dwe fè gran bagay, bagay ki gen valè pou fè fyète zansèt-yo ki te sòti Lafrik sitou ki te sòti nan Ginen. *Nolesti te gen douz pitit, wit gason kat fi. Li te grandi timoun-yo pou yo pa janm bliye rasin-yo. Li te fè yo konnen rasin-yo pi fon pase tè Ayiti. Rasin-yo rive jouk Lafrik. Se tout tan lap fè yo sonje yo se nèg Ginen. Premye gason-an te etidye dwa entènasyonal. Li te etidye Etazini. Li te etidye Lafrans. Li te jwenn yon djòb ak Nasyonzini. Timoun-yo te gaye toupatou. Nolesti ak madanm ni te konn vwayaje men yo di yo pap viv nan peyi etranje. Premye gason-an te ekri yo chak mwa. Li toujou fini tout lèt-yo konsa: « Mwen renmen nou anpil. » Epi li toujou siyen : « Nèg Ginen »*

Nèg kannay, yon granmoun gason kap fè bagay jenn gason fè sitou nan sa ki konsène fanm ak gason. *Chebonèl gen senkantsenk an. Li marye ak yon jenn fi trant an. Koup-la ap viv trè byen. Poutan anpil moun toujou ap di Chebonèl se yon nèg kannay.*

Nèg mòn, peyizan ki sòti nan mòn. Gason ki pa konnen tout pwensip moun lavil. Sa vle di menm bagay ak moun mòn. *Monès te fèt nan mòn Pilboro. Papa Monès te pati lè Monès te nan twazyèm primè. Apre sètifika, papa Monès peye pansyon Pòtoprens pou Monès epi mete Monès nan yonn nan lekòl segondè prive ki gen pi*

*gwo repitasyon. Yon jou Monès gen yon ti kont ak Pòl,
yon elèv ki sòti Kenskòf. Papa Pòl se yon komèsan kap
enpòte machandiz an gwo pou revann. Pòl konnen se
Pilboro Mones te fèt. Li rele Monès nèg mòn. Monès
mande Pòl : « Eske ou kap di m ki wotè Kenskòf ye
parapò lanmè-a ? » Pòl pa ka reponn kesyon-an. Manès
kontinye. Li di Pòl : « Aprann sa, yon nèg mòn ki pa
konnen wotè mòn ni se yon nèg mòn sòt. »*

Nèg save, gason ki gen anpil konesans. *Yon granmoun
Lakildinò te gen katrevendizan. Tout moun bouk-la te
rele l Pè Lakil. Te gen eleksyon pou depite. Yon pitit
gason Pè Lakil te sòti Pòtoprens pou fè kanpay pou yon
zanmi l. Li di papa l pou vote pou zanmi-an paske
zanmi-an se yon nèg save. Pè Lakil reponn piti-la. Li
di : « Koute non, mwen gen katrevendizan men m pa
gaga. Se pa paske yon kandida yon nèg save pou m vote
pou li. M pa gen anyen kont konesans. Se pou sa m te
travay di pou m te voye ou nan inivèsite. Si ou vle pou m
vote pou kandida pa ou, pa di m kouman kandida-a se
yon nèg save. M bezwen konnen ki sa li deja fè ak
konesans-la epi ki sa li konte fè lè pèp la fin mete l
depite distri-a. » Gason-an di Pè Lakil : « Reyini tout
moun zonn-nan. Map mennen l vini lòt senmenn pou li
ka reponn kesyon yo. » Pè Lakil di : «Se kounye-a m
tande ou ap pale. Nou bezwen nèg save. Men se nèg
save ki vini ak bonjan pwogram epi ak mwayen pou
egzekite-yo. »*

Nèg vini, moun ki fenk rive nan yon zonn kote li pa te fèt
oubyen grandi ; kote li pa gen ankenn paran. *Pouchon te
renmen Liz anpil. Liz te vle renmen ak Pouchon.
Manman Liz te dakò. Papa Liz pa te dakò. Papa Liz di:
« Pouchon sanble yon jennjan debyen. Men Pouchon se
yon nèg vini. Nou pa konnen paran l. Nou pa konnen ki
moun li ye vre. Jan chat mache se pa konsa li kenbe*

rat. » *Pouchon se te yon agronòm ki te sòti Saltrou. Gouvènman-an te voye l dirije yon pwojè agrikòl Laplenndinò. Li te renmen Liz sitan, li peye yon vwayaj pou Liz, manman Liz ak papa Liz pou yo ale Saltrou pou rankontre paran l. Papa Liz te retounen satisfè. Apre sèt mwa, Liz ak Pouchon te marye.*

Nèt al kole, nèt ale. San manke anyen. *Yon bòs chapant tap chanje kabinèt nan yon kizin pou Janèt. Bòs-la se yon bon bòs men li pa travay vit. Apre twa senmenn, Janèt mande bòs-la : « Jan m wè ou ap travay dousman, m pa kwè ou ap gen tan fini travay-la anvan maryaj-la. » Bòs-la reponn : « Ou pa bezwen enkyete ou. Map fini travay-la nèt al kole epi map ba ou bon travay. »*

Nen ak bouch, 1) de moun ki byen anpil ; 2) De kote ki tou pre yonn ak lòt. 1) *Menm si ou wè medam-sa-a yo gen kont, pa rantre nan koze yo. Se nen ak bouch yo ye. 2) Manman Joujou di l : « Si ou rive Pestèl se pou rive wè grann ou. Pestèl ak Koray se nen ak bouch. »*

Nen fen, kapasite pou dekouvwi sa ki vre, sa kap pase oubyen sa ki pral rive lè anpil lòt moun pa ka fè sa. *Felizò pase dizan ap travay nan yon konpayi. Yon jou li sòt travay. Li di mandanm li lap kite djò-la. Kè madannan manke rete. Menm senmenn-nan li jwenn yon lòt djòb ak yon lòt konpayi kap fè menm sa konpayi li tap travay ak li a ap fè. Apre twa mwa, premye konpayi-an fèmen. Tout anplwaye pèdi menm pansyon yo te travay pou li. Madanm nan di Felizò : « Ou te gen nen fen. M byen kontan ou te kite djòb-la anvan konpayi-an te fèmen. »*

Non gate, yon non yo bay yon moun men se pa non-sa-a ki nan batistè moun-nan. *Kòneli gen senk pitit ak mandanm li. Pa gen yon moun nan katye-a ki konnen* *bon non timoun-yo. Kòneli bay chak timoun yon non gate. Li di moun zonn-nan pa dwe konnen non batistè pitit li.*

Non jwèt, sa vle di menm bagay ak non gate.

O

O pipirit chantan, byen bonnè; devanjou. *Marilwiz te rantre Nouyòk. Li te kite de pitit dèyè : Pouchon ak Chalin. Apre senk an li te voye chache ti moun-yo. Pouchon te gen kenz an. Chalin te gen douz an. Marilwiz te pran yon senmenn konje nan travay pou li te pase plis tan ak de timoun yo lè yo te fenk rive. Apre senmenn-nan bout, Marilwiz di yo lè yo leve maten li pap la. Paske o pipirit chantan li gen pou la l pran tren pou la l travay. Chalin di manman l « Kouman gen pipirit Nouyòk tou? » Marilwiz rantre nan chanm ni. Li sòti ak yon ti revèy tou piti. Li di Chalin: « Me sa ki ranplase pipirit isit. Depi li sonnen, m konnen li katrè edmi di maten. Fòk mwen kanpe. »*

O zanj, fason yon moun ye lè kè l kontan anpil. *Magerit di Anjelin : « Premye pitit fi ou pral marye ou o zanj manman ! » Anjelin reponn : « Kantasa ! Omwens m gen espwa m ka grann avan m mouri. »*

Ounsi kanzo, yon oungan ki rive pran pi gwo grad kòm oungan. Li pase yon tès dife epi li sòti sen e sòf. *Gen oungan pase oungan. Gen oungan men gen ounsi kanzo. Se sak fè yo di tou dèyè mòn gen mòn.*

P

Pa bay bouch pou pale, lè yon moun ap pale san rete nan yon konvèsasyon. Pèsonn lòt moun pa gen chans pou di anyen. *Lwi ak Moniz gen twazan maryaj. Lwi fè pastè l konnen li difisil pou li konnen sa Moniz panse. Lwi di pastè-a pafwa se lè li fin fè yon bagay li reyalize Moniz pa dakò ak sa li fè-a. Pastè-a te fè yon metriz nan teyoloji men premye diplòm inivèsite pastè-a se te nan sikoloji. Yon lè madanm pastè-a al pase yon senmen ak premye pitit gason l kap travay ak Nasyonzini an Ejip. Lwi ak Moniz di pastè-a li mèt vin manje ak yo chak jou jouk tan madanm li retounen. Pastè-a dakò. Apre senmen-nan fin pase, pastè-a rele Lwi. Li di Lwi: « Ou konnen sak fè li difisil pou konnen sa Moniz panse? » Lwi di si-m te konnen m pa ta konsidere sa kòm yon pwoblèm. » Pastè-a di pandan senmenn map manje lakay-la m rive dekouvwi rezon-an. » Lwi di : « Sa l ye pas ? » Pastè-a reponn: « Se paske ou pa bay Moniz bouch pou l pale. »*

Pa chat, sa se lè yon moun ki marye ann afè ak you lòt fi oubyen yon lòt gason pou yon ti bout tan san madanm ni oubyen mari l pa konnen. Lap fè pa chat. *Yo di sa sitou pou gason yo. Vwala se te yon timoun ki te fèt Etazini. Li rele Filip. Grann Filip te montre l pale kreyòl. Li te toujou vle pou grann-nan esplike l tout sa yon moun di an kreyòl li pa konprann. Lè Filip te gen setan, li mande grann ni pou esplike l sa sa vle di lè yon moun ap fè pa chat. Grann-nan te sezi. Grann-nan mande Filip : « Kote ou jwenn pawòl-sa-a ? » Filip reponn : « Nan radyo m te tande-l. » Li te koumanse ta nan lannwit. Grann Filip di Filip : « Li lè pou al dòmi. Ma esplike ou sa sa vle di denmen maten. » Grann Filip te vle Filip aprann lang-nan byen. Men gen bagay Filip tande grann-nan panse li ponkò ka esplike Filip sa yo vle di. Grann-nan ap mande tou kouman pou l fè sa san l pa bay Filip manti. Grann-nan pase yon bon bout tan nan nwit-la ap reflechi sou kesyon-an. Li konnen depi Filip fin di l bonjou denmen maten, Filip ap mande : « Grann, sa sa vle di lè yon moun ap fè pa chat ? » Kesyon-an te enterese Filip paske Filip te renmen chat anpil.*

Pa chita sou sa, aji touswit san pedi tan. *Nozirèl gen transenkan. Tout zanmi l ap anbete l. Yo tout di l li lè pou li marye. Finalman, de nan zanmi-yo, Oze ak Pòl, ale pi lwen ak koze-a. Yo sispann anbete Nozirèl. Yo di Nozirèl yo ap ede l jwenn yon fi. Yo te rete Pòdpe. Yo dekouvwi yon bèl oksilyè ki tap travay nan yon lopital Lapwent. Li rele Rozmari. Rozmari se kouzin Sam, yon kondisip Pòl. Oze te gen yon ti vwati vòksvagenn. Depi lè sa-a twa mesye-yo koumanse fè vaevyen chak senmenn ant Lapwent ak Pòdpe. Yo di Nozirèl pou li pa chita sou sa. Se pou li deklare fi-a touswit. Apwe kat vwayaj, Nozirèl pa janm di dam-nan anyen. Oze di Pòl : « Ou konn sak pase ? » Pòl di : « Sak pase ? » Oze reponn : « Ou konnen m pap mennen Nozirèl Lapwent ankò. » Pòl di : « Poukisa ? » Nozirèl reponn : « Se gaz ak tan nap gaspiye. Nozirèl gen lè li pa renmen*

Rozmari. Ou sonje, nou te di l pa chita sou sa. Non sèlman li chita sou sa, sanble li menm dòmi sou sa. M pa gen tan pou m gaspiye. » Pòl di : « An nou bay yon dènye chans. » Yo aprann legliz Rozmari planifye yon piknik nan yon plaj. Pòl rele Sam pou fè Sam konnen yo pra l nan piknik-la. Li esplike Sam poukisa. Sam di Pòl: « Si se pou Rozmari nou pa bezwen ale. Se tan nou pra l gaspiye. Sa gen twa jou depi Rozmari reponn yon jenn pastè ki fenk diplome nan seminè biblik Lenbe. » Pòl di: « Me sa Oze tap pale-a. »

Pa gen bonjou, lè de moun gen pwoblèm yonn ak lòt menm bonjou yonn pa di lòt. *M konnen Tasya ak Vana te gen yon ti pwoblèm men m pa te konnen sa te mal konsa. Yo pa gen bonjou.*

Pa manje anyen frèt, 1) lè yon moun pa pè fè anyen pou defann dwa l ak enterè l. Konsa tou li fè tout moun pè l. 2) Sa vle di tou lè yon moun detèmine pou li fè yon bagay. Li debouye l kou Mèt Janjak pou li reyalize sa li vle fè a. *1)Yon gran abitan Laplennndinò gen de bèl pitit fi. Yo byen entelijan. Men tout jenn gason ki konnen papa-a pa vle deklare medam-yo. Yo tout di papa medam-sa-a yo pa manje anyen frèt. 2) Atakan ekip Gonayiv-la pa manje anyen frèt. Omwens lap bay ekip Hench-la de gòl.*

Pa nan be pa nan se, lè yon mounn pa mele ditou nan yon bagay. *Simon di yon ansyen kondisip li: « Pa mete nonm nan ankenn komite. Dapre dènye eksperyans m fè, apati dojoudwi, m pa nan be m pa nan se. »*

Pa sousa, yon moun ki pa enterese nan anyen. *Si ou vle regle yon bagay serye pa mete Yoman landan l. Li tèlman pa janm patisipe nan anyen kap fèt, tout moun katye-a rele l: « Jeneral pa sousa. »*

Pa yon pip tabak, yon moun ki pa rive bon oubyen fò nan yon bagay menmjan ak yon lòt. *Remi ak Ana gen de gason, Menès ak Pòl. Yo pa gro nèg. Se pou sa depi nan lekòl elemantè yo rele yonn Ti Nès. Yo rele lòt la Ti Pòl. Men pa gen lòt elèv ki janm premye devan yo. Yo te renmen foutbòl amò. Men yo pa jwe nan menm ekip. Yon jou, fanatik de ekip-yo ap fè yon diskisyon sou Ti Nès ak Ti Pòl. Fanatik ekip Ti Nès yo di se Ti Nès ki pi fò. Yonn nan fanatik ekip Ti Pòl la di: « Sa k rele Ti Nès pi fò a? Devan Ti Pòl, Ti Nès pa yon pip tabak. »*

Pakapala, yon moun ki toupatou. Li nan tout bagay. *Janèt mande manman l : « Manmi kote papa m ? » Manman Janèt reponn : « Ou deja konnen papa ou se yon mouche pakapala. Depite-a nan bouk-la ; papa ou nan òganize reyinyon. »*

Pak an pak, lè yon bagay pa byen ranje. *Man Dyakwa di de pitit fi li genyen « Nou konnen kouman nap sòti. Nou pa konnen kouman nap rantre. Nou pa ka kite kay-la pak an pak konsa. »*

Pale ak pòch dèyè, lè yon moun ap pale ak yon lòt epi lòt moun-nan pa okipe sa moun kap pale-a ap di. Oubyen li pran pòz lap tande tou sa moun nan di. Poutan li pa tande anyen. *Yon fanmiy Marigo te gen de ti gason: Pado ak Loulou. Pado te pi gran. Yon lè sezon mango te preske fini. De ti mesye-yo tap pase anba yon gwo pye mango. Pado te jwenn yon gwo mango. Loulou te mande l moso nan mango-a. Pado di Loulou: « Se ak pòch dèyè m wa p pale. » Loulou kriye. Li kouri ale kote manman l. Manman-an rele Pado. Li di Pado: « Se depi nou piti pou nou aprann viv byen yonn ak lòt. » Manman-an te esplike yo poukisa sa nesesè. Apre konvèsasyon-an, Pado pran yon kouto. Li koupe mwatye* *nan mango-a. Li lonje l bay Loulou. Loulou sispann kriye.*

Pale kare, di sa ou dwe di san pase akote. *Silvani di Mariklè : « Pale kare. Eske ou renmen ak Antoni ?*

Pale kwochi, pawòl ki pa fè sans. *De zanmi Jeremi, Bazil ak Doranvil te ale nan yon rasanble pou yon kandida senatè. Pandan kandida-a te nan mitan diskou l, Bazil di: « Ann ale» Doranvil di : « Sa fè lèd pou nou sòti nan mitan diskou-a. » Bazil di : « Yon kandida kap pale kwochi konsa, pa ka reprezante Jeremi. »*

Pale mete la, pale anpil san regle anyen. *Yon peyizan Kazal tap koute diskou yon minis edikasyon tap fè. Apre li fin koute diskou-a li di : « Mwen gen 79 an. Depi m te gen konesans map koute bèl pawòl sou edikasyon-sa-a yo. Pa gen ankenn volonte pou montre tout moun li, pou bati kont lekòl pou tout timoun, pou louvwi bonjan lekòl pwofesyonèl ak pou ekidasyon granmoun nan peyi-a. Minis-la sanble li sensè nan sa li sòt di yo. An nou swete se pa pale mete la.»*

Pale moun nò, fason moun nò peyi Ayiti pale. *Loubo ak Poupèt rankontre nan fakilte etnoloji. Loubo te fèt epi grandi Pòtoprens. Poupèt te fèt epi grandi Okap. Yo te vin bon zanmi. Loubo te deside deklare Poupèt. Li di li pa kwè lap janm jwenn yon fi ki pi entelijan pase Poupèt. Men Tacha, yon ti sè Loubo, te vle Loubo chwazi Ivèt pito. Ivèt se yon bon zanmi Tacha. Sa te bay Loubo anpil pwoblèm. Men Bèlte ak entelijans Poupèt te anvayi Loubo. Loubo te deside obeyi kè-l pase sè-l. Li deklare Poupèt. Poupèt aksepte. Depilò, Tacha koumanse pale menm jan ak moun nan nò nan kay-la. Lè pou li di « wi », li di « sife ». Lè pou li di « manmit », li di « kannistè ». Kiziyè kay-la te rele Kòkòt. Li pa rele-*

l Kòkòt ankò. Li rele l Kèkèt. Silvani, manman Tacha ak Loubo, mande Tacha: « Sak pase ? Pi lwen ou rive se Gonayiv. Ou pa janm ale nan nò. Apa tout pale ou se pale moun nò ? » Loubo te chita bò yon tab nan kizin-nan. Li tap manje. Tacha reponn : « Bèlsèran m se moun nan nò. Nou gen palan nou. Li gen pala-y. Pala-y se kina-y. Panlan-nou se kinan-nou. M deside pou m pale menm jan akey. » Silvani di : « Ki bèlsè sa ? » Tacha reponn : « Me Loubo la, mande-y. »

Palemwadsa, ankourajman pou moun kap fè yon bagay ki bon pou li kontinye fè l oubyen fè l pi byen. *Yon asosyasyon pwofesè ayisyen nan yon distri lekòl sid Florid te òganize yon jounen edikasyon pou elèv elemantè pitit Ayisyen. Objektif jounen-an se pou te ede timoun-yo pou yo fyè kòm pitit Ayisyen. 350 elèv te patisipe. Yon pwofesè te responsab pou pale yo sou istwa Ayiti. Anvan pwofesè-a te koumanse pale, li mande elèv-yo « Ki sa nou konnen sou istwa Ayiti ? » Yon elèv ki te nan klas senkyèm leve men. Pwofesè-a mande elèv-la pou monte sou podyòm-nan. Li bay elèv la mikro-a epi li di : « Di m sa ou konnen sou istwa Ayiti. » Elèv-la bay non tout prezidan koumanse ak Desalin rive sou Prezidan ki te sou pouvwa nan jou yo tap fè reyinyon edikasyon-an. Pwofesè-a mande l : « Poukisa ou aprann non prezidan-sa-a yo. » Elèv-la reponn : « Papa m gen foto tout prezidan ayisyen-yo. Papa m di m lè anpil nan prezidan-sa-a yo te sou pouvwa, te toujou gen esklavaj nan kèk nan gwo peyi-yoi. » Pwofesè-a reprann mikro-a epi li di : « Palemwadsa ! »*

Pale pale ou, fason yon moun mande yon lòt pou li kontinye di sa lap di lè yo vle anpeche l pale. *Yon majistra te òganize yon reyinyon kominotè pou li resevwa doleyans moun komin-nan. Pandan reyinyon-an Peran mande lapawòl. Peran se yon gran komèsan nan* *vil-la. Pinouch di : « Majistra, avèk tout respè m gen pou ou ak kòlèg ou yo, fòk m di ou se yon komisyon kominal rèstavèk nou gen nan vil-la. Nou voye tout revni vil-la Pòtoprens epi nou ap tann pou Pòtoprens fè nou lacharite. » Yonn nan manm komisyon kominal-la te estonmake. Li ap eseye fè Peran sispann pale. Majistra di manm komisyon-an : « Kite l pale. » Majistra-a vire gade Pinouch. Li di Peran : « Pale pale ou.»*

Papa aloufa, yon gason ki akapare tout bagay pou tèt pa l san li pa panse de lòt moun. *Si ou pa veye, papa aloufa-sa-a ap manje tout sa ou genyen.*

Papa toudenkou, yon gason ki rantre yon kote oubyen nan yon konvèsasyon san yo pa envite l. Li istwa pou manman toudenkou.

Papye tenbre, dokiman ki sòti nan tribinal oubyen nan men yon otorite leta. Yo voye papye tenbre pou plizyè rezon tankou pou arestasyon oubyen pou moun-nan parèt nan tribinal oubyen tou pou mete yon moun deyò nan yon kay oubyen sou yon propriyete. *Pyèrizò gen plizyè kay nan lwaye. Yon jou lap pase yon kote. Li tande de elèv klas filozofi kap pale de demokrasi. Li fè yon ti kanpe. Li rantre nan konvèsasyon-an. Li di: « Mesye, nou jenn. Gen anpil bagay nou ponkò konnen. Demokrasi se yon bon bagay. Men demokrasi gen tèt chaje pa l tou. Mwen genyen senk lokatè. Lè yo pa peye, fòk mwen bay yo delè epi m pa ka mete yonn deyò toutotan yon jij pa ban m yon papye tenbre pou m voye ba yo anvan. Poutan kay mwen se pou mwen. » Yonn-nan elèv-yo mande Pyèrizò: « Ki rapò sa ou di la-a genyen ak demokrasi. » Pyèrizò di: « Sanble demokrasi pa nou-an diferean de demokrasi pa m nan. »*

Parèt tèt, lè yon moun ale yon kote nan moman li pa ta dwe oubyen nan yon lè ki mete lavi l andanje. *Bejan se ansyen majistra Laskaobas. Li annik parèt tèt li nan yon reyinyon yon asyosyasyon kominotè tap fè, tout moun koumanse poze l kesyon. Yo bay responsab bagay ki pa menm sou jiridiksyon yon majistra.*

Pase anba pye sabliye, lè yon moun kite Ayiti pou ale viv nan peyi etranje epi li pa janm voye nouvèl bay moun li kite dèyè. *Denis jwenn yon djòb nan yon bato touris. Li kite madanm li ak de pitit kay yon matant li. Tout moun katye-a voye je sou yo. Yo ede yo nan fason yo kapab. Apre twazan, Denis jwenn rezidans Etazini. Apre katran li voye chache madanm li ak twa timoun. Madanm-nan te vin fè yon twazyèm pitit paske Denis konn rantre an Ayiti depi bato-a te bay yon ti vakans. Apre simwa, pèsonn moun pa janm pran nouvèl madan Denis ak timoun-yo. Yon vwazin mande matant-la nouvèl yo, matan-la di: « Enben, sanble yo pase anba pye sabliye. » Vwazin-nan reponn: « Vwazin, ou pa bezwen di anyen ankò. M konprann. »*

Pase mati, soufri anpil pou yon bagay oubyen pou yon moun. *Edmon se yon jenn pastè potestan. Apre li fin fè yon doktora Laswis li retounen ann Ayiti. Li koumanse preche. Li koumanse travay. Li di misyon pa l gen kat « L » : Levanjil, Levasyon, Lenstriksyon, Leta. Tout moun rele l « Pastè kat L ». Katriyèm L-la te koumanse bay pastè Edmon anpil pwoblèm. Tout paran ak zanmi di l pou li lage katriyèm L-la epi konsantre travay li sou twa pwemye L yo. Li refize. Bout pou bout, otorite depatmantal-yo arete pastè Edmon epi mete l nan prizon. Li pase simwa nan prizon san jijman. Apre li fin pase mati nan prizon, yo lage l. Lamenm nouvèl gaye. Se yon sèl pawòl: « Yo lage pastè Kat L ». Yo anonse Pastè Kat L pra l pale nan dimanch apremidi nan yon* *oditoryòm. Inè anvan lè yo te anonse-a, mil senksan moun te deja nan oditoryòm-nan ap tann Pastè Kat L.*

Pase mizè, lè yon moun nan afè pa bon pandan yon bon bout tan. *Lodalis te rantre Naso nan yon kanntè. Apre en an li pran yon lòt kanntè li rantre Etazini. Tout moun ap kritike Lodalis. Yo di li Etazini epi manman l ap pase mizè ann Ayiti. Poutan Lodalis ap pase mizè pa l tou Etazini. Li toujou nan kache paske li pa gen papye imigrasyon. Se zanmi kap bay Lodalis moso manje.*

Pase nan tenten, lè yon moun pwomèt yon lòt yon bagay poutan li pa gen entansyon fè bagay-la oubyen bay moun-nan bagay-la. *Pa pase madanm-nan nan tenten. Ou pa ka bay travay poutan ou ap bay espwa travay.*

Pase nuit blanch, pase nuit san dòmi akòz yon pwoblèm oubyen yon maladi. *Falanj fini sou pye. Li pase kat nuit blanch akòz maladi premye pitit li.*

Pase pay, sa vle di menm bagay ak pase mizè.

Pase papye, maryaj sivil. *Getan gen dezan renmen ak Ifiz. Manman Getan ap viv Kanada. Li voye chache Getan ak rezidans. Anvan Getan pati li pase paye ak Ifiz.*

Pase peripesi, viv nan anpil mizè oubyen rankontre anpil traka nan yon tan byen long. *Man Vilidò pase anpil peripesi ak ti moun. Men tout pitit li rive fini klas segondè.*

Pase raj, lè yon moun move epi li pase kòlè l sou yon lòt moun. Pafwa lòt moun-nan pa gen anyen pou wè ak sa ki fè moun-nan move a. *Ou konnen byen ki moun ki fè ou pèdi djòb-la. Pa pase raj-la sou anplwaye-yo.*

Pase traka, sa vle di menm bagay ak pase mizè oubyen pase pay.

Pase tray, sa vle di menm bagay ak pase pay, pase mizè.

Pasi pala. tou patou. *Pwoblèm-nan se andedan kay ou li sòti. Ou pa bezwen ap chache solisyon pasi pala. Se pou retounen nan sous pwoblèm-nan pou rezoud li.*

Pawòl an daki, lè yon moun ap pale de yon moun oubyen de yon bagay nan yon fason pou moun-nan pa konprann si se sou li moun-nan ap pale. *Plerivyen te manm yon asosyasyon politik. Apre simwa li kite asosyassyon-an. Lè tout moun ap mande l poukisa, li reponn « Tout pawòl dirijan-yo se pawòl an daki. Moun pa janm konprann sou ki sa yo ap pale vre epi ak ki moun yo ap pale. Gen twòp pwoblèm ki bezwen solisyon ijan nan peyi-a pou m rete nan yon asosyon pawòl an daki. »*

Pawòl devègonde, move pawòl ; pawòl moun pa dwe repete nan sosyete. *Vòltè entelijan anpil. Li se yon bon travayè. Li rive nan katriyèm lise. Li kite lekòl. Sa te fè manman l chagren. Vòltè vann yon kawo tè gran papa l te bay. Tout moun katye-a panse Vòltè te vann tè-a pou li eseye pati. Vòltè achte yon kamyonèt dezyèm men ak kòb-la. Li prete mil goud nan yon kès popilè. Li mache nan tout laplenn achte fwi ak legim. Li revann yo ak moun lavil. Li gen plizyè gwo restoran kòm kliyan. Nan yon mwa, li renmèt kòb li te prete a. Sa te mache tèlman byen, Voltè louvwi yon mache fwi ak legim. Li rele biznis-la « Fwi Lakay » Sa te mache byen anpil pou Vòltè. Voltè renmen Melani, yon pitit fi Melan. Melan opoze mennaj-la. Adriyèn, manman Melani, renmen Vòltè pou Melani. Melani tonbe damou pou Vòltè. Yon jou, yo fin manje. Melani di papa l : « Papa, poukisa ou pa vle m renmen ak Vòltè ? » Melan pase trant segond li* pa di anyen. *Adriyèn di : « Pitit-la poze ou yon kesyon, manyè reponn li. » Melan di : « Nou pa janm swiv lè Jennom-nan ap pale ? Nou pa janm koute kantite pawòl devègonde kap sòti nan bouch li ? »*

Pawòl granmoun, pawòl moun dwe bay anpil enpòtans; konsèy enpòtan. *Jwavil gen vennèf an. Tout moun katye a respekte l. Jenn moun kou moun aje chache konnen sa li panse anvan yo fè yon bagay. Tout pawòl Jwavil se pawòl granmoun.*

Pawòl tafya, pawòl ki pa gen sans. *Pyèridò tap viv Pòtoprens. Li di se ak yon jenn fi andeyò pou li marye. Li te fèt Pòtoprens men manman l se moun Dondon. Li panse si li ale Dondon li ka jwenn yon jenn fi pou li marye. Li fè manman l bay anpil enfòmasyon sou fanmiy li yo epi li plonje Dondon. Nan dimanch, Pyèridò vizite premye legliz batis Dondon. Pandan li la, je l tonbe sou yon joli demwazèl ki tap chante nan koral-la. Apre sèvis-la li chache konnen si jenn fi-a pa marye ni fiyanse. Li chache konnen tou si se pa yon ti fanmiy manman l. Non l se te Elizabèt. Pandan tout dezyèm senmenn-nan, Pyèridò fè Elizabèt san souf. Elizabèt te finalman dakò pou li envite Pyèridò lakay li pou fè konesans ak paran l. Apre vizit-la, papa Elizabèt te di Elizabèt li pa konseye l renmen ak jennonm-nan. Elizabèt mande papa l poukisa. Papa l reponn : « Jennonm nan gen bèl figi. Se vre. Men m fè inèd tan ap tande l pale. Pi fò nan sa li di yo se pawòl tafya. »*

Pawòl piman bouk, pawòl ki ka fè moun fache. *Norestan te gen yon sèl pitit fi. Madan Norestan rele Mari. Mari te rele pitit fi-a Mariloud. Poleni, yon jennonm ki te gen yon gwo boutik nan vil-la, te vle marye ak Mariloud. Norestan pa te opoze maryaj-la men Mari di li pa ka kite yon sèl pitit fi li genyen marye ak yon jennonm* *konsa. Norestan, Mari ak Mariloud te fè yon chita pale sou koze-a. Pandan ti reyinyon-an, Mari di : « Poleni gen bon mwayen, se vre. Men se pa sèlman bon mwayen ki fè yon bon maryaj. Tout pawòl ka p sòti nan bouch Poleni se pawòl piman bouk. Se pi gro erè yon jenn moun ka fè. Lè li panse li ka marye ak yon moun nan entansyon pou ede moun-nan chanje karaktè apre maryaj. »*

Pawòl dwategòch, pawòl ki pa klè, ki manke sans. Sa vle di menm bagay ak pawòl tafya.

Pantalon abako, yon pantalon ak twa l ble pwès epi yo koud pòch yo sou pantalon-an. *Rigobè se yon gwo bòs tayè nan Petigwav. Li toujou gen yon pantalon abako nan yon vitrin nan atelye l. Li di jenerasyon-sa-a pa konnen kalite pantalon sa-a yo. Li kenbe yonn kòm souvni tan pase.*

Pantalon palaso, yon patalon ak pye laj. *Pantalon palaso pa alomòd ankò.*

Pantalon pat elefan, sa vle di menm bagay ak pantalon palaso

Pantan sou yon moun, rankontre yon moun sanzatann. *Sizèt di yon zanmi : « Zirelyen dwe m desan goud. Li maron depi simwan m pa janm wè l. Map sòti nan yon reyinyon kominotè, m pantan sou li. Li tèlman sezi, kè l manke rete. »*

Pantouf Jezikri, pantouf ki sanble ak pantouf Jezikri te konn mete lè li tap viv sou latè. *Yon gwoup senkant jenn gason deside pou travay anpil epi bay tout kòb yo fè pandan twa mwa pou ede timoun ki te domestik an Ayiti. Ladan yo gen enjenyè, medsen, pastè, prèt,* pwofesè lekòl elatriye. *Yonn nan desizyon yo te pran se pou yo tout pa te mete soulye. Chak nan yo te achte kat pè pantouf Jezikri.*

Pete fyèl, lè yon bagay bay anpil difikilte obyen yon machandiz yo mande yon pri egzajere pou li. *1) Ozirèl ap travay nan motè-a depi maten. Li sizè li pa ka fini. Sa se yon travay pete fyèl. 2) Mezanmi! Yon galon gaz pou san goud. Se pete fyèl!*

Pete kabal, goumen. *Mesye yo ap jwe domino pou yo amize yo. Yo pete kabal. Se lapolis ki vin mete ola.*

Pete kabouya, menm bagay ak pete kabal.

Pete lobo, menm bagay ak pete kabouya. Eksepte moun ka pete lobo san yo pa goumen.

Pete kòken, fè kòken. Refize swiv règ yon jwèt. *Jilsen wè lap pedi li pete kòken.*

Pete tèt, lè yon moun ap bay pwòp tèt pa l manti. Li konnen sa lap di-a pa vre oubyen li pap janm rive fèt vre. *Selan ap pete tèt li. lap travay pou sèt dola lè nan yon magazen. Lap mache di tout moun li gen pou li milyonè anvan l mouri.*

Pete vi, yon bèt oubyen yon moun ki pa byen devlope. Oubyen move sikonstans fè li vin piti anpil. *M pa gen pwoblèm achte yon bagay chè. Men m pap peye tout kòb sa-a pou yon ti bèf pete vi konsa.*

Peyi san chapo, simetyè. Lè Ayisyen di yon moun al nan peyi san chapo sa vle di moun nan mouri. *Yon misyonè ameriken te ap travay ak yon predikatè ann Ayiti. Predikatè-a te rele Ramo. Misyonè-a te aprann pale*

*kreyòl. Apre dezan li te retounen Etazini pou yon ti
vakans. Lè li retounen ann Ayiti Ramo pa vin rankontre
l nan ayeropò. Li mande moun ki te vin jwenn ni an
« Kote Ramo ? » Yon gad sekirite nan ayeropò-a ki te
konnen Ramo di misyonè-a: « Ramo ale nan peyi san
chapo depi senmen pase. » Misyonè-a pa konprann. Li
mande: « Ki sa sa ye peyi san chapo? Ki peyi ki peyi
san chapo? »*

Pè lebren, kaoutchou machin Ayisyen te sèvi pou boule
moun yo konnen oubyen yo panse te konn fè krim sou
yon gouvènman ki tonbe. Se yon fenòmèn nouvo nan
vanjans popilè ann Ayiti. *Klèmontan se yon gran
pwofesè ekonomi politik nan Pòtoprens. Nan yon espas
dizan yo te mete l nan prizon twa fwa. Dènye fwa-a tout
moun te panse li te mouri. Men yo te rive lage l. Epi li te
kontinye anseye menm jan. Li prezante teyori epi aplike
teori-a nan sitiyasyon peyi-a. Sa te toujou fè otorite-yo
fache. Men tout moun te etone pou yo wè Mèt
Klèmontan ap konbat pè lebren. Li te sèvi ak enfliyans
epi respè popilasyon-an te gen pou li pou sove plizyè
moun pèp-la te pra l bay pè lebren. Yon jounalis radyo
tap fè yon entèvyou ak Mèt Klèmontan an dirèk.
Jounalis-la te mande l « Tout moun konnen ou te pase
anpil peripesi nan gouvènman anvan-an. Poukisa ou
opoze pè lebren ? » Met Klemontan reponn : « Gen
anpil pwoblèm pè lebren-an pote : pwoblèm legal,
pwoblèm sosyal, pwoblèm politik, pwoblèm ekonomik,
pwoblèm relijyon, pwoblèm mantal, pwoblèm
emosyonèl, pwoblèm sikolojik epi pwoblèm sante. »
Jounalis-la te mande Mèt Klèmontan pou l esplike chak
kategori pwoblèm-sa-a yo. Anvan li te gen chans pou
esplike sa li te vle di, yon gwoup ki tap koute radyo-a te
debake nan estasyon-an epi mande pou yo mete
vakabon-sa-a deyò ba yo. Lè jounalis-la te sòti ak Mèt*

Klèmontan, yo tout te sezi. Yo di si se Mèt Klèmontan, li
mèt retounen kontinye emisyon-an.

Pè machwè, lè yon moun pa ka di sa li vle di paske li pè
yon moun oubyen li pa vle fè yon lòt moun fache. *Tout*
moun pè pou Joli. Li ap defann kòz fanm andeyò. Kote li
rive li pran lapawòl an favè yo. Li fè anpil otorite fache.
Manman l mande l pou li pran anpil prekosyon. Li di
manman l: "Si m konsa se ou ki responsab. Ou leve m
pou m konbab lenjistis; pou m sipòte dwa moun ki pa ka
defann tèt yo. Ou te toujou di m tou pou m pa pè
machwè pèsonn moun lè map pale pou sa ki jis. »

Pè Pengn, lè timoun pè penyen paske pengn nan fè-l mal
lè moun kap penyen l nan rantre pengn-nan nan cheve l.
Lisi te pè pengn anpil lè li te piti. Yon matant-li sèlman
ki te konn penyen l pou li pa kriye. Lisi te vin yon atache
kiltirèl nan anbasad Ayiti nan Washington. Yon jou
matant-la te ale lakay Lisi. Li di: "Lisi pa di m kote ou
rive la a pou toujou pè pengn. » Lisi di matant li : « pito
m te pè pengn. Cheve-sa-a yo ap fè m pòv. »

Pè savann, yon dyak legliz katolik kap viv andeyò epi ki
fè anpil travay ak fidèl katolik-yo paske pa gen pè
oubyen paske pè-a nan yon pawas ki byen lwen. Li ka
menm rive bay fidèl ki prèt pou trepase ekstrèmonksyon.
Yon gwoup medsen ayisyen Miyami te adopte yon ti
kominote 2,500 moun an Ayiti. Yo bati yon gwo klinik
epi tanzantan yonn nan yo desann pou bay popilasyon
zonn-nan swen sante. Men apre kèk tan yo wè moun yo
fin trete yo retounen ak menm maladi-a ankò. Yo te vin
dekouvwi se dlo moun yo ap sèvi ki lakòz.
Yonn nan doktè-yo tap esplike yon zanmi Nouyòk
sitiyasyon-an. Zanmi-an se yon enjenyè ki tap travay ak
gouvènman ameriken nan prezèvasyon resous natirèl.
Zanmi-an te deside vizite zonn-nan ak doktè-yo.

Kominote-a te tou pre yon mòn. Enjenyè-a te monte nan mòn-nan epi li dekouvwi yon sous dlo. Ak konesans li genyen, li deja wè ki kantite galon dlo sous-la ka bay pa jou. Zanmi-an retounen Nouyòk. Li esplike manm asosyasyon enjenyè ayisyen Nouyòk-la sitiyasyon-an. Yo te dakò pou yo te kapte dlo sous-la epi bati yon sitèn pou ankese dlo-a. Nan simwa, yo te reyalize pwojè-a.

Apre inogirasyon pwojè-a doktè-yo ak enjenyè-yo mande moun-yo pou chwazi yon komite pou responsab pwojè-a. Yon granmoun katrevenzan te di se Lwito pou ki tèt komite-a. Gen yon moun ki pran lapawòl. Li di: "Tout moun kominote-a respekte Lwito. Se yon jennonm debyen. Nou pa gen anyen pou repwoche l. Men fòk nou pa bliye, Lwito se yon pè savann. Eske sa pap bay fidèl katolik-yo yon avantaj babemoustach sou tout lòt moun nan distribisyon dlo-a?" Gen yon manmbo ki pran lapawòl. Li di: « An nou pa rantre relijyon nan pwojè-a. Lè move dlo ap bay tifoyid se nou tout ki pran tifoyid, ni katolik, ni potestan, ni vodouyizan, ni moun ki pa gen relijyon. »

Pèdi fèy, koumanse vin fou. Sa vle di tou lè yon moun ki gen bon tèt ap fè bagay ki pa gen sans. *1) Apre vent an nan Atlanta, Benevil kite yon djòb senkant mil dola pa ane. Li kostime tout jounen. Li di tout moun li pra l kandida pou prezidan Etazini. Li te klè pou tout moun ki te konnen l Benevil tap pèdi fèy. Apre dezan yo te vin jwenn li te gen maladi Alzamè. 2) Nikèl travay di. Li rive mete ven mil dola labank. Yon gwoup louvwi yon kooperativ. Yo di tout moun ki rantre nan kooperativ-la yo ap bay yo dipousan chak mwa sou lajan yo. Nikèl rantre nan kooperativ-la ak di mil dola. Apre simwa yo pa janm wè chèf kooperativ-la. Nikèl ap mache plenyen sò l bay tout moun. Yon kouzen di l: « monchè se sòt ki bay enbesil ki pa pran. Se moun kap pèdi fèy sèlman ki* *ka panse yon kooperativ ka peye manm yo di pousan sou lajan yo chak mwa.* »

Pèdi kap, 1) lè afè yon moun bon epi move sikonstans ap fè li pèdi nan byen l oubyen richès li. 2) Lè yon moun ap pèdi pouvwa. *1) Ak nouvo lwa lachanm fenk pase yo, anpil komèsan ap pèdi kap paske yo pa pare pou fonksyone nan sistèm nouvo lwa-sa-a yo. 2) Depi yo fin voye Premye Minis nan ale, Kenòl koumanse pèdi kap.*

Pèdi pye, lè yon moun pèdi yon pozisyon sanzatann akòz chanjman politik oubyen yon zak natirèl. *1) Simeyon pèdi pye. Li te Direktè jeneral nan Depatman Travo Piblik. Nouvo minis-la voye l Jeremi kòm Enspektè depatmantal. 1) Nisya pèdi pye. Dife boule ni boutik li ni kay li rapyetè.*

Pèlen tèt, yon pyèj ki difisil pou moun dekouvwi oubyen yon pwoblèm ki difisil pou moun rezoud. *Veve rive Etazini. Li te fin fè segond Pòtoprens. Li pa te konn pale angle byen. Yon jou li chita nan yon klas matematik nan yon lekòl Palmbitch. Pwofesè-a mete yon nimewo matematik sou tablo-a. Pwoblèm-nan tounen yon pèlen tèt pou tout elèv-yo. Pa gen yonn ki ka jwenn repons-la. Veve di yon zanmi Ayisyen pou di pwofesè-a li ka rezoud pwoblèm-nan. Pwofesè-a dakò. Veve ale sou tablo-a. Apre senk minit li jwenn solisyon pwoblèm-nan.*

Pèseptè kontribisyon, yon anplwaye kap kolekte lajan manchann-yo dwe peye kontribisyon. *Tout moun ap di moun pa ka fè pèseptè kontribisyon konfyans. Nemoren gen douzan kòm pèseptè kontribisyon. Tout moun respekte l. Li pa janm fè machann peye yon santim anplis. Epi tout lajan li kolekte ale dirèkteman nan kès leta. Anpil moun rele l « Pèseptè Onè Respè ».*

Pen gouden, yon gwo pen Ayisyen te konn achete lontan ak senk santim lajan ameriken. *Lwivil te renmen Mona. Premye fwa Lwivil te ale kay Mona, Manman Mona bay Lwivil yon pen gouden ak yon kola chanpay. Lwivil ak Mona te rive marye. Kounye-a yo ap viv Monreyal nan Kanada. Chak jou yo sonje premye vizit-sa-a yo tonbe ri. Yo pa janm bliye pen gouden-an ak kola chanpay- nan.*

Pentad maron, yon moun ki malen anpil. *Mèt Asan se yon gran avoka Pòtoprens. Li deside pou li defann tout malere ki pa gen lajan pou peye avoka. Sa te kreye anpil pwoblèm. Gen moun ki tap fè malere abi yo rankontre bab pou bab ak yon avoka kabinè Mèt Asan. Yo fè plizyè atak sou Mèt Asan. Li pa chanje lide. Li toujou kontinye defann malere. Men pou li pwoteje la vi l, li tounen yon pentad maron.*

Pi piti pi rèd, yon moun ki pi piti nan laj oubyen nan tay epi ki regle zafè l pi byen pase yonn ki pi gran oubyen ki pi gwo nan kò. *Yoyo ak Polo gen senk pitit. Kat premye yo fini kolèj ap travay. Yon kouzin Yoyo mande l pou pi piti-a. Li di kouzin nan « Pi piti pirèd. Inivèsite Havard aksepte Nini pou katran san nou pap peye senk kòb. »*

Pigga seren, pwazon yon moun pran ki ka touye l depi li sòti nan seren. *Vildò travay lannwit. Yon jou maten li santi yon ti fyèv. Nan apremidi fyèv-la vin pi fò. Madanm-ni di l pou li pa ale travay. Li di yo konte sou li pou yon pyès fòk li ale. Lè li rantre nan denmen, li vin pi mal. Yo kouri ak li lopital. Apre de jou li mouri. Doktè di fanmiy-nan se yon tifoyid ki touye Vildò. Yo te refize kwè. Yon tonton Vildò di tout moun : « Doktè gen konesans, se vre. Men se yon pigga seren ki touye Vildò. Si Vildò te koute madanm-ni li pa te sòti nan seren, li pa tap mouri. »*

Pike devan, vanse byen vit menmsi gen obstak. *Nou pap sispann pwojè-a. Tout moun ap pale nou nap pike devan.*

Pike deyò, lè yon moun pa rive jwenn sa li tap chache oubyen li pa reyisi nan yon pwojè. *Wilmen pike deyò. Li reponn 40 sèlman nan san 100 kesyon egzamen-an.*

Pipi krapo, yon bagay tou piti, sitou yon bagay an likid. *Yoneta ak Zilmon gen senk pitit. Yon jou, Yoneta rete ta nan travay. Li rele Zilmon. Li di: « Monmon map rantre pi ta jodi-a. Degaje ou pou bay timoun-yo manje. » Lè Yoneta rantre, timoun-yo te deja manje. Li mande yo : « Eske papa nou te ban nou bagay pou nou bwè ? » Yo tout reponn : « Pipi krapo ! » Zilmon pran yon galon vid ki te nan panye fatra-a. Li di : « Sa-k te bwè galon ji-sa-a ? » Yo tout di ansanm ankò : « Pipi krapo ! » Yoneta di : « Se sa nou rele pipi krapo ! Fòk mwen montre nou pale kreyòl. »*

Pipirit kou zenglen; kòd kou maro, tout moun, san eksepsyon. *Te gen yon epòk an Ayiti, depi wit è fè beng, tout moun, pipirit kou zengle, kòd kou maro dwe pare pou tande sèman o drapo.*

Pitimi san gadò, moun ki pa gen pèsonn pou okipe l. Li pou kont li nan tout sa lap fè. *Madan Gaspa gen sis pitit. Senk gason ak yon fi. Gason-yo te gwo nèg. Tout moun nan katye-a te respekte yo. Pitit fi-a te diplome nan lekòl Nòmal Siperyè. Li deside pou ale anseye nan vil provens. Yo te voye l Pòdpe. Nan lekòl kote li tap anseye-a plizyè ansyen pwofesè fè l pase anpil mizè. Yo rann tout bagay difisil pou li. Li voye rakonte frè-yo pwoblèm-nan. Frè-yo lwe yon djip. Tou le senk debake Pòdpe yon jou lendi. Yo vizite lekòl-la. Yo pale ak*

*direktè-a. Yo pale ak tout lòt pwofesè-yo. Direktè-a te
kite yo vizite kèk klas. Ti sè-a te rele Milouz. Mesye-yo fè
tout moun konnen Milouz se dènye pitit fanmiy-nan. Yo
esplike kouman yo renmen l anpil paske se yon sèl fi nan
mitan senk gason. Apre sa yo monte djip-la yo tounen
Pòtoprens. Depi lè-sa-a tout moun sispannn anbete
Milouz. Yo vin dekouvwi Milouz pa yon pitimi san gadò.*

Pitit deyò, yon pitit yon mesye marye fè ak yon lòt fi. *Silvi
fè yon pitit gason ak yon mesye marye. Li rele l
Renanvil. Papa Renanvil mete senk pitit li fè ak madanm
ni nan meyè lekòl prive nan vil-la. Apre Renanvil fin fè
sètifika, Silvi degaje l li fè Renanvil rantre lise. Apre
lise, li rantre lekòl dedwa. Renanvil vin yon gran avoka.
Lè li reyalize kouman zafè pitit deyò-sa-a make tout vi l,
li deside ekri yon liv sou sa. Li rele liv-la « Pitit Deyò :
Plaidoyer en faveur des enfants dits illégitimes »*

Pitit kay, yon moun ki fèt epi grandi nan yon zonn.
Oubyen yon moun ki rive nan yon zonn kote li pa te fèt
men ki tèlman bon moun, tout moun nan zonn-nan
konsidere l tou tankou yon pitit kay. *Te gen de kandida
pou depite nan yon distri. Yonn te fèt epi grandi nan
distri-a. Lòt-la te vin travay nan zonn-nan epi li rete la li
marye. Sak pa te fèt nan zonn-nan prezante yon bon
pwogram. Sak te fèt nan zonn-nan pa di moun yo sa li
pra l fè si li pase nan eleksyon-an. Li kouvwi tout distri-
a ak gwo ansèy ki di « VOTE PITIT KAY ». Chòz di chòz
fèt, detyè nan moun ki te vote yo vote pou li.*

Plante viv, plante bagay ki pa legim tankou patat,
manyòk, yanm, bannann, malanga elatriye. *Nou pa ka
plante viv nan tout tè-a. Se pou nou plante viv nan
mwatye epi kite rès-la pou legim. Konsa na gen tan fè
lajan nan legim pandan nap tann viv-yo grandi.*

Plen grennen, plen yon bagay nèt jouk lap debòde. *Machann-nan ba ou yon manmit plen grennen epi ou ap plenyen li pa ba ou kont diri.*

Plen ra bouch, plen jouk tan yon kantite ap tonbe. *Li pa bon pou yon moun plen yon vè ra bouch lè lap sèvi ji atab.*

Plen ra gagann, plen jouk tan yon kantite ap tonbe. *Lè ou ap bay moun dlo oubyen ji, pa plen vè-a ra gagann.*

Plenn nan kè, soufri san pale. *1) Nikola jwenn yon bon djòb. Lap menmen gran vi. Yon jou Nikòl, manman Nikola, rele l ann apate. Nikòl di: « Niko pitit, sonje sa papa ou te toujou di. » Nikola di: « Papa m te konn di anpil bagay. Ki lès nan yo ? » Nikòl kontinye : « Li te toujou di lè yon moun ap travay fòk li toujou fè epay pou omwens simwa depans pou jou li pèdi travay-la pou li pa mande prete lamenm pou peye lwaye. » Nikola di: « Sa se yonn nan bagay papa m te konn sèvi kòm eskiz pou menmen ti vi. » Nikòl reponn: « Men Nikola, fòk ou pa bliye, li te chwazi mennen ti vi pou ou te ka rive yon pwofesyonèl jounen jodi-a-a. » Apre dezan, Nikola pèdi travay-la. Li pase senk mwa li pa ka jwenn yon lòt travay. Yo sezi yon vwati mèsedès li te genyen. Bank poze sele sou yon gwo kay li te achte. Nikola ap plenn nan kè. Li pè mande manman l prete. 2) Moniklès toujou ap reprimande gason ki malad kap plwenn oubyen kriye. Li toujou di yo sa pa konpòtman gason. Yon jou Moniklès santi yon gwo doulè. Li pa ka sipòte. Mandanm ni rele lanbilans. Lè li rive lopital, doktè di Moniklès gen yon pyè nan ren. Doulè-a tèlman rèd, Moniklès pa ka manje, li pa ka dòmi. Kò l pa ka sipòte kabann. Dapre sa l te toujou ap di, li pa ka kriye, li pa ka rele. Li sere dan l. Lap plenn nan kè.*

Plim je, yon moun yon lòt moun renmen anpil epi prèt pou fè nenpòt sakrifis pou li. *Tina se plim je manman l. Yon sèl manman, yon sèl pitit.*

Plim ne gouy, tout moun dwe rete kote yo ye. Pèsonn pa deplase. *Yon bandi te rantre nan yon bank byen ame. Li monte sou yon kontwa. Li di byen fò: « Plim ne gouy. » Yonn nan anplaye yo sezi. Li tranble. Li renmèt bandi-a tout lajan ki te nan tirwa pa l anvan menm bandi-a te mande l kòb-la. Men gen yon bagay bandi-a pa te konnen. Chak anplwaye gen yon bouton bò kote pye-yo. Depi yo peze l polis kouri pote yo sekou. Bandi-a pran yon bon kou lajan. Pandan lap sòti senk polis debake. Yon polis rele « Plim ne gouy! » Anplwaye ki te pi kapon an tonbe ri.*

Plop plop, byen vit. San pedi tan. *Yon nyès Grann Nanna te sòti Okap ak fiyanse l. Yo pase wè Grann Nanna Petyonvil. Mesyedam-yo te grangou anpil. Grann Nanna Di yo : « Nou pa bezwen ale nan restoran. Map fè manje pou nou plop plop. »*

Po patat, moun lach. *Merizye di jamè li pap kite pitit fi l marye ak Nelòm. Li di li travay twòp pou pitit li pou li ta kite l marye ak yon po patat tankou Nelòm.*

Poban lank, yon ti boutèy elèv te konn sèvi lontan pou mete lank. *Vòlsi te fèt Vèrèt. Li te fè tout klas primè l nan yon ti lekòl kominal nan vil-la. Li te rive minis Edikasyon nasyonal. Li toujou gen sou biwo l menm poban lank li te konn sèvi nan ti lekòl Vèrèt-la.*

Pope twèl, yon moun ki pa gen rezistans. Yon moun tou ki kite tout moun fè sa yo vle ak li. Li vle di menm bagay ak po patat. *Jan peyi-a ye la-a nou pa ka mete yon* *prezidan pope twèl. Men sa pa vle di tou pou nou eli yon diktatè kraze zo.*

Pote ale pote vini, lè yon moun ap fè de lòt moun konnen sa yonn ap di ki mal sou lòt. Pafwa li menm fabrike koze. *Pèsonn moun pa ka rete zanmi Motan pou lontan. Se yon ekspè li ye nan pote ale pote vini.*

Pote fal, rantre yon kote oubyen nan yon konfrontasyon san reflechi sou konsekans sa ka genyen. *Antrenè ekip Gonayiv-la di jwè li yo : « Jwè lòt ekip-la gwo nèg anpil. Si nou pote fal nou ba yo, nou tou pèdi match-la. Se ak teknik pou nou genyen match-sa-a. Nou pa ka nan kòakò. »*

Pote kole, kolabore nan sa kap fèt. *Apre yon peyizan Borèl te fin koute yon emisyon radyo, li di yon group moun ki tap koute menm program-nan : « Anpil moun ap fè analiz sou kondisyon peyi-a. Analiz-yo nesesè men li tan pou nou sispann fè analiz pou tout moun pote kole pou nou sove peyi-a. »*

Pote po kase, responsab yon bagay ki rive, yon malè oubyen yon aksidan poutan moun-nan pa gen anyen pou wè ak sak te pase-a. *Madan Maklòv fè tout sa li kapab pou li grandi de pitit fi li genyen. Premye-a rele Ana. Dezyèm-nan rele Melaniz. Malgre li pa gen mari men pèsonn pa janm tande non l nan anyen dwòl. Ana fini lekòl. Li marye. Lap travay. Melaniz rive nan reto. Li ansent pou yon agronòm. Anpil moun ap pale sou koze-a. Yo bay Madan Maklòv pote po kase-a. Agronòm-nan te respekte epi renmen Madan Maklòv. Li debouye l tankou Mèt Janjak. Nan simwa li marye ak Melaniz.*

Pote ve, mete yon rad tout tan kòm yon angajman ak yon lwa oubyen yon zanj pwotektè nan relijyon vodou.

Yoneli te malad. Manman l ale kay yon oungan ak li. Oungan-an bay manman-an yon wòb plizyè koulè. Li di se pou Yoneli mete wòb-sa-a pandan simwa. Yoneli pase simwa lap pote ve.

Poto mitan, yon moun enpòtan. Lè li pa la, tout bagay bloke. *Papa yon zanmi Loryán mouri. Loryán ale nan lantèman-an. Loryán gen kè sansib anpil. Moun yo tèlman kriye nan fineray- la, dlo pa te ka rete nan je Loryán. Loryán di se premye fwa li wè moun kriye konsan nan yon fineray. Yon granmoun fanm ki te tou pre di Loryán : « Pitit mwen sa pa te ka otreman. Olivye se te poto mitan fanmiy-nan. Se te poto mitan tout kominote-a tou. Se nou tout ki pèdi. »*

Poze san, pa twò prese. *Ou pa gen dan nan gòch. Poze san ou pou manje.*

Pongongon, yon moun kap pèsekite yon lòt nèt ale. Yon moun tou kap pran avantaj sou yon lòt pandan anpil tan. *Rozland gen de pitit, yon fi yon gason. Ti fi-a fini inivèsite. Li se chèf pèsonèl nan yon lopital. Lè yon moun mande l pou ti gason-an, li reponn: « M wè pongongon-an la. Li pap travay epi li refize ale lekòl. »*

Pou granmesi, gratis oubyen san rezilta. *1) Zamò pentire tout kay-la pou ganmesi. 2) Anjeli sòti Jeremi. Li rantre Pòtoprens pou yon randevou pou yon viza ameriken. Lè li rive yo pa bay viza-a. Apre randevou-a, li rele mari l. Li di : « Cheri m fè tout efò-sa-a pou granmesi. » Mari-a di : « Sak pase ? » Anjeli reponn : « Yo ban m refi. »*

Poul mouye, 1) gason ki pè oubyen ki pa ka pran responsabilite. 2) Gason tou ki pè deklare fi oubyen ki pa konnen kouman pou deklare fi. *1) Pandan tout ane li pase nan lise, elèv-yo rele Olijèn poul mouye. Li toujou* *apa. Li pa patisipe nan anyen. Lè ansyen kondisip Olijèn-yo aprann li se yon lyetnan nan Lame ameriken yo pa te ka kwè se vre. 2) Zavye gen senkant an. Li gen anpil byen. Li pa janm ni marye ni gen mennaj. Anpil moun nan katye-a di Zavye se yon pou l mouye li pa konnen ki jan pou li deklare fi.*

Poul touse, yon moun maladi oubyen afè pa bon fè li vin piti anpil. *Mari Bèveli pati depi twa mwa. Bèveli pa ka manje. Lap mache tankou yon poul touse tank li vin piti.*

Poul zinga, yon poul plizyè koulè. *Bozilya gen yon poulaye. Yonn nan manman poul-yo bay de poul zinga. Yon mesye ki tap pase nan zonn-nan mande Bozilya achte tou de poul zinga-yo. Bozilya pa vle vann yo. Mesye-a ofri Bozilya mil goud pou de poul-yo. Bozilya dakò. Apre sa Bozilya ap esplike Meme, yon vwazen, sak pase. Meme di Bozilya: «Siman mesye-a bezwen poul zinga-yo pou seremoni.» Bozilya di : « Si m te konnen sa, m pa tap vann mesye-a poul-yo.» Meme reponn : « Se toutbon ou pa tap vann mesye-a poul-yo ? De poul zinga pou mil dola ! Si se konsa, ou vreman rayi seremoni ki pa seremoni pa ou nan peyi-sa-a. »*

Pouse dife, ankouraje moun pou fè kont oubyen joure antre yo. *Manman Loulouz toujou di l pou li pa kite lòt elèv fè li rantre nan batay nan lekòl. Li toujou raple Loulou : « Moun kap pouse dife pou fè moun rantre nan batay pap peye pou fè lage l nan prizon. »*

Pran ak de bra, resevwa yon moun trè byen, sitou lè moun ki resevwa lòt moun-nan pap espere yon rekonpans nan men moun li resevwa a. *Izmon ak Jilya gen de pitit gason, Djèf ak Keno. Djèf pati kite kay-la lè li te gen dizwit an. Yo pa janm pran nouvèl li. Apre twazan, Djèf retounen. Manman l manke pa rekonèt li* *pou jan li te mal. Li fini sou pye. Izmon di Djèf : « Ou mèt retounen kote ou sòti-a. Se legliz ki resevwa tout pechè. Se lopital ki resevwa tout maladi. Se mòg ki resevwa tout kadav. Kay-sa-a pa ni legliz, ni lopital ni mòg. » Lè Jilya tande pawòl-sa-a yo, Jilya mete de men nan tèt. Li rele anmwe. Izmon vire kite Djèf ak manman l sou galri kay-la. Jilya pase men nan kou Djèf. Li bo Djèf. Li di Djèf: « Chita la tanm mwen. M pra l pale ak papa ou. Map vini. » Li rantre nan chanm kote Izmon te ye-a. Li di: « Izmon, ou pa ka aji konsa. Djèf se pitit nou. Sa li fè-a pa bon vre. Men nou pa ka voye l jete. Li retounen. Fòk nou pran l ak de bra. » Izmon reponn : « Ou ka pran l ou menm ou gen de bra. »*

Pran alèzkò, pa prese. *Lidya ak Monès gen sis pitit. Yon gran frè Lidya kap viv Fòtlòdèdel nan Florida te ranpli papye pou rezidans pou yo. Anbasad bay tout fanmi-nan rezidans yon sèl kou. Lè yo rive Miyami, fanmiy-nan rete nan yon kay twa chanmakouche ak yon sèl twalèt. Yon dimanch maten, pi gran tifi-a pase trant minit nan douch-la. Lidya frape pòt douch-la. Li di : « Ou ap pran alèzkò ou nan douch-la. Lè legliz-la deja rive. Gen lè ou bliye si gen sèt moun kap tann douch-la pou yo benyen.»*

Pran bèt, pran konesans. *Manman Nazilda mande l : « Kote ou sòti ? » Nazilda reponn : « M sòt pran bèt. » Papa Nazilda di : « Ki moun ki tap bay konferans-la ? » Nazilda reponn : « Mèt Opon. » Papa Nazilda di : « Kantasa ! »*

Pran beton, sa vle di menm bagay ak monte beton. fè manifestasyon nan lari kont oubyen anfavè yon bagay oubyen yon moun. *Nou pap sispann pran beton jouk tan nou jwenn sa nap chache-a.*

Pran bò kote , eritye yon kalite oubyen yon defo. *Doktè Pwason fini tout etid medikal ak dezan espesyalizasyon nan peyi etranje a laj trant tan. Li retounen Okay al travay. Yon granmoun fanm ki gen katrevensèt an epi ki konnen tout fanmiy Pwason-yo trè byen di: « Gade ki jan doktè-a fè l ak tout moun. Li pran sa bò kote papa l. Men entelijans-la se bò kote manman l li pran l. »*

Pran bonnanj, pran lespri ak bon konprann yon moun pa mwayen majik nan vodou oubyen brimad sikolojik. *1) Rozalin entelijan anpil. Silvi, manman Rozalin, gen mwayen. Li toujou achte liv nèf pou Rozalin. Plizyè nan zanmi Rozalin pa gen liv. Silvi toujou di Rozalin elèv-yo mèt vin etidye lakay li. Men li pa janm kite Rozalin prete elèv liv pou yo ale lakay yo ak li. Li pa janm vle di Rozalin poukisa. Rozalin te toujou panse se paske manman l pa vle pou elèv-yo chire liv-yo. Men Silvi pa vle pou Rozalin vann timoun-yo liv li pap sèvi ankò. Sa te bay Rozalin anpil pwoblèm. Nan yon vakans ete Rozalin ale nan pwovens. Manman l se moun Laskaobas. Lap esplike grann ni sa. Grann nan reponn: « Kouman pitit, ou pa Ayisyen? Ki fè, yon timoun entelijan tankou ou, pou manman ou ta kite liv ou fin sèvi ap drive nan men tout moun tou patou. Si se konsa, ou san lè yo pran bonnanj ou. » 2) Temistòk tèlman rele sou timoun-yo, li preske pran bonnanj yo tout.*

Pran chenn, fache anpil. *« Pou sa m di la-a ou fin pran chenn. Sanble ou te deja gen yon bagay kont mwen. »*

Pran dan, kontinye malgre anpil difikilte oubyen pwoblèm. *Sa vle di menm bagay ak kenbe kè. Pafwa Klovis al lekòl san manje. Li konn fè plizyè kilomèt apye. Men li pran dan jouk li rive resevwa diplòm agronòm ni.*

Pran daso, 1) Rantre yon kote gratis nan yon pòt akote oubyen nan zanmitay lè tout lòt moun ap peye pou rantre. 2) Ranpòte yon viktwa san twòp efò. *1) Nan tout bal Velima ale li pran daso. Finalman yon polis arete l senmenn pase nan pran daso. 2) Pòsali bat Grangwav senk a zero. Se yon match ekip Pòsali-a pran daso.*

Pran dèyè pou piyay, bat yon moun anpil nan dèyè. *Jandam-nan pa menm bay prizonye-yo yon jans pou yo wè yon jij. Li pran dèyè-yo pou piyay.*

Pran elan, fè pwogrè rapid. *Wilmen pran elan. Li fenk louvwi yon dezyèm magazen.*

Pran fil, vin popilè. *Yoland pran fil nèt ale. Minis ap rele nan kay-la mande pou li.*

Pran fòtman, pran kontak ak moun kategori sosyal pi wo oubyen kondisyon ekonomik pi miyò. *Sopèl rantre sòti kay Mèt Lemyèl jan li vle. Se li ki pran swen lakou-a pou moun-yo. Yo aji ak li byen. Anpil moun katye-a tout tan ap di Lemyèl pran fòtman. Sopèl toujou di yo : « Mwen se yon travayè. M travay byen pou moun-yo. Yo peye m. M respekte tèt mwen, konsa Mèt Lemyèl ak tout fanmiy li respekte m. Se pa yon kesyon pran fòtman. »*

Pran gòl nan men, 1) Lè yon gadyenbi fin kenbe yon balon epi li kite l chape rantre nan gòl-la. 2) lè yon moun kite lòt moun pran avantaj sou li twò fasil. *1) Se gadyen-an ki fè ekip-la pèdi match-la. Si li pa te pran yon gòl nan men, nan pren jou pou ekip-la te pèdi. 2) Yon kandida fè deklarasyon-sa-a nan redyo: « M ka pèdi eleksyon-an. Men kanta pran gòl nan men-an, se bliye sa. Moun kap travay nan kanpay mwen-an pap kite ankenn magouy pase. »*

Pran ka, bay yon moun oubyen yon bagay atasyon. *Zavye rive nan reyinyon-an pèsonn pa pran ka l. Se sak fè li pa tounen.*

Pran kabann, malad anpil. *Jolivye ak Nanouch renmen depi setan. Jolivye te nan segond. Nanouch te nan twazyèm. Yo planifye maryaj yo yon senmenn apre Jolivye fin diplome nan fakilte medsin. Twa jou anvan maryaj-la yo anonse tout moun marya-la ranvwaye. Pawòl-la te fè anpil bwi. Poutan gen yon bagay yo pa te konnen. Olivye te etidye tèlman nan dènye trimès lekòl-la, twa jou apre li fin diplome li pran kabann.*

Pran kanntè, kite Ayiti pou ale nan peyi etranje sou ti bato amatè konstri pou òganize vwayaj an kachèt pou lajan. *Vilòm gen de pitit gason. Tou le de te pran kanntè. Vilòm te peye de mil dola ameriken pou chak. Sa gen dezan. Vilòm pa jan m pran nouvèl mesye-yo.*

Pran kè, pawòl moun sèvi pou enkouraje yon lòt moun nan moman difikilte. Sa vle di menm bagay ak pran dan oubyen kenbe kè. *Pran kè. Yon jou sa va miyò.*

Pran leson, 1) ale nan klas yon pwofesè oubyen yon lòt moun ki fè elèv ki gen pwoblèm ak kèk matyè peye pou ede yo; 2) Aprann nan yon bagay ki rive pou pa kite menm bagay-la rive ankò. *1) Si manman Antonyo pa te peye pou Antonyo pran leson, li pa tap pase nan bakaloreya. 2) Vonèl gen diznevan. Tout tan manman-l ap di l pou li pa pale nan telefòn pandan lap kondwi. Vonèl pa janm koute manman l. Yon jou Vonèl ap fè yon koub pandan lap pale nan telefòn ak yon zanmi. Li pèdi kontwòl machin-nan. Machin-nan tonbe nan yon kannal tèt anba. Yon pye ak yon kòt Vonèl kase. Manman Vonèl di tout moun ki vin wè Vonèl : « Kou-a di. Men m swete Vonèl ak tout jenn moun parèy li yo va pran leson. »*

Pran lwen pou vini pre, lè yon moun pale sou plizyè lòt bagay anvan li rive di sa li vle di tout bon. *Yon granmoun fanm katrevendiz an di tout moun : « Si yon moun pa m mouri, nou pa bezwen pran lwen pou vini pre. Nou mèt di m sa kareman. Nan laj m rive la-a, lanmò pap fè m tranble. »*

Pran nan adjipopo, pran nan pèlen. Lè yon moun rantre nan yon bagay sa li tap espere a se pa sa li jwenn. *Ketya gen trant an. Li pa deside marye. Se yon atis li ye. Li fè bèl tablo voye vann nan lemond antye. Li fè ekspozisyon tou nan plizyè peyi. Finalman li renmen ak yon gran mizisyen ayisyen kap viv Nouyòk. Apre si mwa yo marye. Manman Ketya te toujou ap viv Leyogán. Apre dezan, gen yon moun ki mande l pou Ketya. Li di : « Pitit, m te byen kontan Ketya te finalman marye. Men dapre sa Ketya voye di m sanble Ketya pran nan yon adjipopo. Maryaj-la preske kraze. »*

Pran nan deran, patisipe nan yon dispit oubyen yon konfli san moun nan pa responsab dispit-la oubyen konfli-a. *Bekè envite de zanmi l, Denès ak Elwima nan yon dine lakay li. Denès ak Elwima pa te nan menm pati politik. Pandan dine-a, Denès ak Elwima koumanse pale sou politik. De mesye yo te rive fache yonn ak lòt. Yonn te koumanse di lòt move pawòl. Faniz, madanm Bekè, rele yon sè-l nan telefòn. Li di sè-a : « Pitit, Bekè pran nan deran. » Sè-a di : « Sak pase ? » Faniz reponn : « Bekè envite Denès ak Elwima nan dine m te di ou m pra l fè-a. Me de mesye-yo preske goumen nan pale politik. Lè nou wè ma ba ou plis detay. Ma l wè si m ka mete dlo nan diven mesye-yo. M ale. »*

Pran nan kamouflay, pran desizyon ki chita sou move enfòmasyon moun bay ak entansyon pou fè moun ki pran desizyon-an ditò. *Kandida-a sezi wè kantite kesyon abitan nan distri-a poze-l. Moun yo di yo bouke. Yo te pran nan kamouflay deja. Pou eleksyon-sa-a yo di yo pap pran nan kamouflay ankò.*

Pran nan kraponnay, pran desizyon sou menas yon lòt moun fè. *Antrenè ekip Pòtoprens-nan fè yon bann deklarasyon nan radyo ak televizyon. Li fè konnen ekip li pral bat seleksyon Okay-la senk bi a zero. Antrenè ekip Okay-la di tout jwè l yo sa se kraponnay. Li ale nan menm radyo ak televisyon-yo pou fè tout moun konnen ekip Okay-la ak tout sipòtè l yo pap pran nan kraponnay. Yo pare pou match final-la epi yo pra l bay ekip Pòtoprens-la yon leson.*

Pran nan malachonnn, aksepte yon bagay pou verite poutan se yon manti. *Silfoniz pran nan malachonn. Li prezante Petifrè bay paran l. Petifè te fè Silfoniz konprann li te vin nan vil-la kòm yon enspektè depatmantal pou Edikasyon nasyonal. Pita, Silfoniz dekouvri Petifrè pa menm fè reto.*

Pran nan lak, menm bagay ak pran nan kamouflay

Pran nanm, 1l) è yon moun fè yon lòt aji jan li vle. 2) Oubyen lè lide yon moun tèlman sou yon bagay, li bliye konsekans tout lòt bagay ka genyen nan sa lap fè. *1) Moun-yo fè nenpòt sa dirijan yo mande yo fè san poze kesyon. Dirijan-yo fin pran nanm popilasyon-an. 2) Televizyon pran nanm timoun-yo. Chak jou se nan traka pou yo fè devwa yo.*

Pran nan mera, lè yon moun rantre nan yon bagay ki bay anpil pwoblèm moun nan pa te prevwa. Sa vle di menm bagay ak pran nan adjipopo. *Yon debouyè nan Pòtoprens mache fè anpil moun konnen li ka ede yo* *jwenn yon viza ameriken. Li rive jwenn ven moun. Chak moun bay senkmil dola. Simwa pase yo pa janm jwenn yon randevou nan abasad ameriken. Pèsonn nan yo pa ka jwenn debouyè-a. Yonn nan ven moun-yo se te Polimon, yon pèseptè kontribisyon. Yon zanmi Polimon mande l: « Polimon, kouman yon nonm entelijan tankou ou rive bay yon vakabon manje senkmil dola nan yon kondisyon konsa? » Polimon reponn: « Monchè nou tout pran nan mera. »*

Pran nan pa konprann, menm bagay ak pran nan kamouflay

Pran nan pèlen, lè yon moun trouve l nan yon sitiyasyon difisil. Li ta vle sòti nan sitiyasyon-an men li pa kapap oubyen li difisil anpil pou moun nan sòti. Sa vle di menm bagay ak pran nan mera.

Pran nan twa rwa, menm bagay ak pran nan mera

Pran pantalon long, nan tan lontan lè yon ti gason rive nan laj kote li koumanse mete pantalon long. Koutim-sa-a prèske pa la ankò. Ayisyen jodi-a mete pantalon long sou tout ti gason depi yo tou piti. *Janba fenk pran pantalon long li gen tan panse se yon gwo jennjan li ye.*

Pran poul, kopye sou yon lòt elèv pandan egzamen. *Yo te mete dis elèv deyò nan sal egzamen-an. Yo te bare yo ap pran poul.*

Pran pòz, fè enpòtan oubyen fè tankou. *1) Jorelyen ap pran pòz gran nèg. Li pa pale ak moun nan katye-a ankò. 2) Dyevilòm gen de pitit, yon ti fi ak yon ti gason. Ti fi-a renmen lekòl. Ti gason-an rayi lekòl. Chak jou ti gason an pran pòz malad pou li pa ale lekòl.*

Pran piyay, pran yon bagay fasil. *Man Lemonès gen senk pitit fi. Tout bèl jouk yo fè dlo koule nan bouch tout jenn gason kote yo pase. Gen anpil moun kap plenyen kouman Man Lemonès bay anpil nan jenn mesye-yo move jan. Yon kouzin li ap rakonte l sa li tande yo ap di sou li deyò-a. Man Lemonès di : « Se pa lòt bagay. Lè jenn mesye-yo fofile kò-yo nan lakou-a yo panse se pou m louvwi pòt ba yo san grate tèt. Si yo konprann yo ap vin bò isit la pou vin pran piyay, yo fenk koumanse di m gen move jan. »*

Pran pye mòn, kite laplenn ale nan mòn. *Yon pwofesè istwa te tou di elev li yo : « Tout mòn Ayiti ta dwe sèvi tankou se moniman listwa pou tout Ayisyen. Premye gwoup esklav ki te leve kanpe pou ranvèse rejim esklavaj nan Sendomeng-nan te konn sèvi ak mòn-yo byen. Chak fwa lame kolon-yo rapouswiv yo, yo pran pye mòn. »*

Pran rak, sove kite yon zòn akòz menas oubyen pèsikisyon. *Bri kouri Fabyen ap konspire pou jete gouvènman-an. Si li pa te pran rak, jounen jodi-a zo l pa tap bon pou fè bouton.*

Pran refwadisman, pran yon gwo grip ki vini ak yon gwo fyèv. *Godijis pran yon refwadisman. Grann ni trete l ak renmèd fèy.*

Pran sak, 1) Lè yon pwotestan pase plizyè jou nan lapriyè pou jwenn repons yon pwoblèm difisil. *Ilda ap viv Nouyòk. Li gwo vant prèt pou akouche. Yon jou vandredi, li rele manman l an Ayiti. Li di : « manman, pran sak. » Manman an di « Poukisa ? » Ilda reprann, « Si m di ou pran sak, konnen nou nan batay. Sa rèd. Otreman m ta di ou pou lapriyè. » Manman l di : « Men pitit, ou di m pran sak, fòk omwens ou di m poukisa. »*

*Ilda reponn : « M lopital depi twa jou. Doktè di m ka
pedi pitit-la. » manman l di : « Map fè sa ou di m fè. Ou
pa bezwen enkyete ou. Anyen mal pap pase. »*

Pran san, ale dousman. Pa prese. *Pran san ou pou manje.
Si ou pa byen moulen manje-a, lestonmak ou gen pou
travay pi di pou dijere l.*

Pran ve, menm bagay ak pote ve men se lè moun-nan fenk
koumanse ap pote ve-a. *Rad-sa-a ki sou Granela se pa
yon rad natirèl. Gen lè li fenk pran ve.*

Pran woulib, 1) Monte yon machin san peye. 2) Pran
avantaj yon sikonstans pou akonpli yon bagay ak mwens
efò oubyen depans. 1) *Jan sòti Okap. Li pran woulib sòti
nan yon vil rive nan yon lòt jouk tan li rive Pòtoprens
san peye. 2) Jilya achete yon flè ak yon kat pou anivèsè
grann li. Klemanso fè Jilya mete non l sou kat-la. Grann
nan rele toutmoun pou fè yo konnen de pititpitit li yo pa
bliye dat fèt-li. Klemanso tou pran woulib.*

Pran yon ti kanpo, fè yon ti repoze oubyen pran yon
konje tou kout. *Ou kraze kò ou twòp. Manyè pran yon ti
kanpo.*

Pran zikòp, lè mennaj oubyen madanm yon gason ap
banboche ak yon lòt gason. *Laman ap pran zikòp. Men
poutèt timoun-yo li refize divòse.*

Pran zoklo, menm bagay ak pran zikòb.

Priz tabak, yon ti pousyè tabakanpoud. *Mata pito bay yon
moun lajan tan pou li bay moun-nan yon priz tabak.*

Pwa enkoni, pwa nèg oubyen pwa je nwa. *Doktè mete
pwa enkoni sou lis manje ki bon pou sante.*

Pwa frans, yon ti pwa won, koulè vèt. *Orijèn fache ak mandanm li. Li di tout moun madanm-nan pa janm kuit yon ti pwa frans nan kay-la. Jou ale jou vini se pwa enkoni oubyen pwa kongo ki sou dife.*

Pwa kongo, yon pwa won ki fè yon gwo pye bwa. *Patrisya ak Patris se de jimo. Yo ap viv Tanpa. Yo fini lise. Yon kolèj Chikago aksepte tou de. Yo kontan pou kite Tanpa. Premye ti vakans, yo pran avyon retounen Tanpa. Yon vwazen mande yo: « Jan nou te kontan pou nou kite Tanpa. Nou gen tan retounen! Sak pase ? » Yo di vwazin-nan yo sonje diri ak pwa kongo manman yo. Vwazin-nan di: « Nou chak peye katsan dola pou nou vin manje diri ak pwa kongo! M pat konnen si diri ak pwa kongo te chè konsa. »*

Pwa nèg, pwa enkoni oubyen pwa je nwa

Pwa tann, pwa vèt yo koupe an long pou fè legim. *M pra l mete yon ti pwatann sou dife. M ponkò menm wè vyann.*

Pwason davril, 1) Voye moun yon kote pou yon bagay ki pa reyèl nan jou premye avril. 2) Ba moun fo espwa. *1) Yon prèt defann fidèl li yo fè moun kouri pwason davril. Li di yo: « Tout manti se manti. » 2) Apre dezan abitan yon distri vote kont yon depite. Yo voye yon lòt reprezantan lachanm. Yo di depite-a pa fè anyen pou yo. Li pase dezan ap fè yo kouri pwason davril.*

Pwason kraze nan bouyon, de oubyen plizyè moun ki sitan byen sa yonn nan yo di oubyen fè ka pase pou lòt la oubyen pou tout lòt yo. *Jojo, Mona ak Tasya grandi ansanm. Apre bakaloreya yo tou le twa ale nan lekòl nòmal siperyè pou vin pwofesè. Yon etidyan nan lekòl-la renmen Jojo. Li pale sa ak yon zanmi. Zanmi-an di l*

*fòk li chache vin zanmi Mona ak Tasya paske twa
medam-sa-a yo se pwason kraze nan bouyon.*

Pwent tèt, pati tèt ki pèmèt yon moun ka wè yon bagay.
*Bazil gen de gason yon fi. Li di yo : « M pra l travay. Yo
di m manifestasyon apremidi-a ka gen vyolans ladan l.
M vle pou nou rete andedan. Pa parèt pwent tèt nou
deyò-a. »*

Pwodij de memwa, yon moun ki gen bon memwa.
*Kandida pati SASEJA (Sekirite, Agrikilti, Sante,
Edikasyon, Jistis Alawonnbadè) se yon pwodij de
memwa. Li pa janm li diskou.*

Pye bankal, pye krochi. *Tout moun tap mande kouman
antrenè-a fè pran yon jwè pye kanbal tankou Izmelyen
pou mete l nan ekip-la. Poutan, jounen jodia-a, Izmelyen
se pi bon bitè ekip-la.*

Pye gaye, yon moun yo pa ka konte sou li. *Nou pa ka mete
Zilyen nan yon komite enpòtan konsan. Yon lè li nan
tout bagay. Yon lòt lè wa p chache l ou pa wè l. yon
moun pye gaye konsa nou pa ka bay responsabilite.*

Pye kanbral, pye krochi sòti nan jenou rive jouk anba.
Menm bagay ak pye bankral

Pye kanna, menm bagay ak pye kanbral

Pye kouna, menm bagay ak pye kanna

Pye poudre, moun ki mache anpil kay moun; ki flannen
anpil san li pa regle anyen. *Ani ak Baba se de moun
diferan. Ani pa renmen sòti. Baba se yon pye poudre.
Tout jounen li deyò.*

Pye sa m manje m pa ba ou, kouri kite yon kote pou ale nan yon lòt kote akòz danje oubyen pou rive lòt kote-a alè. *Salnav sòt lekòl. Li rete jwe domino kay Demarè ak tout inifòm-nan sou li. Li gade li wè papa l ap vini byen lwen. Li di : « Pye san m manje m pa ba ou. » Nan de tan twa mouvman, li gen tan rive lakay li. Li retire inifòm-nan. Lè papa l rantre, li jwenn li chita anba yon pye zanmann ap etidye.*

Pyès kanno, yon moun ki maton nan sa lap fè. *Mèt Damonklès se yon pyès kanno. Lè li fè yon pledwaye pou yon kliyan nan tribunal, se je wont je ki fè menm jij ba bat bwavo.*

R

Ra bòday, plen nèt. *Tout moun renmen achte diri nan men Rozalin. Li toujou plen manmit-la rabòday lè lap vann.*

Rache zèb anba pye, lè yon moun montre li an favè yon moun poutan entansyon l se pou anpeche moun nan reyisi oubyen fè pwogrè. *Poyon ak Santo se de bon zanmi. Poyon renmen yon sè Santo amò. Sè-a rele Tasyana. Poyon konte sou Santo pou ede l renmen ak Tasyana. Vana, yon kouzin Poyon ki byen ak Tasyana anpil, konnen Santo pa vle Poyon pou Tasyana. Finalman, Vana di Poyon : « Si ou vle rive renmen ak Tasyana se mete gason sou ou. Deklare Tasyana epi prepare pou simonte tout obstak. Pa konte sou Santo. Ou panse se ede lap ede ou poutan lap rache zèb anba pye ou. »*

Rad gwo po, rad ki fèt ak twal siperyè epi ki chè anpil. *Wilèm di tout moun li envite nan maryaj li pou yo abiye ak rad gwo po. Yon zanmi Pòtoprens pa te konnen sa rad gwo po-a ye. Nan jou maryaj-la, li parèt ak yon kostim gwo ble. Moun yo pa te okipe rad gwo po yo paske tout atasyon te sou Wilèm.*

Rad Kenedi, rad dezyèm men ki sòti Etazini. *Rad Kenedi anvayi Pòtoprens. Sa fè anpil magazen blije fèmen paske yo pa vann ase rad pou rete nan biznis.*

Rad pèpè, rad kenedi

Radyo vouvou, yon radyo ki te konn fonksyone an sekrè pou pale mal prezidan Duvalier ak gouvènman l. *Zilme te konn kapte Radyo Frans Entènasyonal nan yon radyo ond kout. Yon jou, de moun an inifòm debake lakay li nan yon djip. Yo ale ak Zilme. Apre senk jou, pèsonn pa konnen sak pase Zilme. Yon tonton Zilme ki te gen kontak te finalman jwenn kote yo te mete Zilme. Lè li retounen, li di tout moun yo te arete Zilme paske yo te jwen rapò Zilme tap koute radyo vouvou. Lè li bay prèv se pa te radyo vouvou se te radyo Frans Entènasyonal, yo te voye Zilme ale.*

Rale boul bòlèt, fè seremoni pou konnen ki nimewo bòlèt ki pra l sòti nan tiraj. *Tout moun tap peye Adrelyen pou Andrelyen di yo ki boul ki pra l sòti nan tiraj. Bri te kouri Andrelyen konn rale boul bòlèt. Gen yon granmoun fanm ki di : « M trouve sa byen dwòl. Si Andrelyen te kon rale boul bòlèt, si l te ka konnen ki boul ki pra l sòti, poukisa li oblije ap vann boul pou achete manje pou pote pou pitit-li ? »*

Rale kò, 1) Deplase 2) Mande yon moun pou li sispann fè yon bagay li pa ka fè oubyen pa ka fè byen. 1) *Rale kò ou. Ban m pase* 2) *Andre pase twazè nan yon machin li pa ka leve pán machin-nan. Yon gwo bòs mekanik parèt. Li di Andre : « Rale kò ou. Banm bwat zouti-a. » Nan kenz minit bòs-la leve pán-nan.*

Rale zòrèy, bay pinisyon. *Binouch se yon pwofesè klas elemantè an Ayiti. Li rantre Etazini ak rezidans. Li ponkò gen lisans pou li travay kòm pwofesè. Anpil paran Ayisyen peye l pou li bay pitit yo leson. Anpil nan timoun-yo dezòd. Binouch di yo : « Lontan ann Ayiti pwofesè te konn rale zòrèy elèv dezòd tankou nou. » Keno se te yonn nan timoun-yo ki tap fè dezòd. Mirèy, manman Keno, te yon travayè sosyal lisansye. Yo rele*

*moun konsa sosyalwòkè. Keno di manman l: « Manman,
m pap retounen kay pwofesè-a ankò. » Mirèy mande:
« Poukisa? » Keno mande manman l: « Eske pwofesè-a
pap rale zòrèy elèv ki fè dezòd? » Mirèy te sesi tande
pawòl-sa-a. Li di Keno: « non. Li pap fè sa. » Mirèy te
nan yon enpas. Li byen renmen travay Binouch ap fè ak
timoun-yo. Anmenm tan li pa ka inyore kesyon Keno te
poze l. Si li konnen Binouch ap rale zòrèy timoun-yo li
pa rapòte sa bay otorite, si leta foure bouch nan kesyon-
an, li ka pèdi lisans li kòm sosyalwòkè. Li ka menm pran
prizon. Li envite Binouch lakay li. Li di Minouch ki
kesyon Keno te poze l. Minouch esplike Mirèy nan ki
fason li te mansyonnen payòl rale zòrèy-la. Mirèy tou
pwofite pou esplike Minouch ki kalite pinisyon li ka bay
elèv epi ki kalite pinisyon li pa ka bay elèv Etazini.
Minouch te byen kontan. Li manje kay Mirèy. Li remèsye
Mirèy. Lè Minouch rive lakay li, Mari l mande l :
« Poukisa sosyalwòkè-a te bezwen ou ? » Minouch
reponn : « Enben ! Li tap esplike m kouman peyi isit se
yon peyi tèt chaje. »*

Rapido presto, byen vit. San pèdi tan. Top top. *Fofo gen
dis pitit. Tout moun ap mande kouman li fè pou li fè
manje pou yon kay très moun chak jou. Poutan menm si
li te sòti, depi li rantre li fè manje rapido presto bay tout
moun manje.*

Ras kabrit, moun ki marye oubyen fè pitit ak yon lòt
moun ki fanmiy pwòch li. *Gabon wè yon bèl demwazèl
nan kolèj Imakile Konsepsyon. Li degaje l jouk tan li
rive rankontre demwazèl-la. Li rele Ima Danton. Li
deklare Ima. Sa te koumanse mache byen pou Gabon.
Gabon te tèlman zanmi ak manman l, lap pale manman l
de Ima. Manman Gabon fouye zo nan kalalou jouk li
rive jwenn Ima Danton se pititpitit Jozafa Danton.
Jozafa Danton se kouzen soujèm granpapa Gabon. Li di*

*Gabon : « Ou konn sa k genyen ? » Danton koupe pawòl
manman l. Li mande : « Sak genyen ? » Manman Gabon
kontinye : « Enben sak genyen, ou pa ras kabrit. Ou pa
ka marye ak Ima. Ou menm ak Ima nou gen lyen
parante. » Pawòl-sa-a rantre nan kè Gabon tankou se
yon kout ponya.*

Rat mode soufle, yon moun ki montre li byen ak yon lòt
pou li jwenn fason pou fè lòt la ditò san lòt moun-nan pa
reyalize sa touswit. *Niklès rantre kò l anba Mevil. Tout
moun panse se de bon zanmi. Poutan Niklès ap ranmase
enfòmasyon nan biwo eleksyon Mevil pou pote bay lòt
kandida-a. Lè Mevil reyalize Niklès se yon rat mode
soufle, li te deja pèdi eleksyon-an.*

Ranje chita, prepare. Planifye. *Pegi gen trant an. lap
travay anpil. Li fè tout moun konnen li gen twa kostim,
yonn pou maryaj, yonn pou lantèman, twazyèm-nan pou
nenpòt lòt okazyon. Li envesti pifò kòb li fè. Li di tout
moun lap ranje chita l. Objektif li se pou li sispann
travay lè li gen senkant an. Se lajan l pou ki kontinye
travay pou li.*

Ranmase djobolobosou, lè yon moun pran de moso bagay
li genyen pou li kite yon kote byen vit. *Jouvnèl tèlman
maltrete madanm ni, yon jij bay Jouvnèl lòd pou li
ranmanse djbolobosou l yo epi pou li pa janm retounen
nan kay-la.*

Rann fou, boulvèse tèt yon moun ak anpil demand oubyen
enfòmasyon ki kontredi yonn lòt. *1)Tout sa Dyedòn wè
nan magazen li vle pou manman l achte l pou li. Li
preske rann madanm-nan fou. 2) Ou di timoun-nan
kouman pou li fè yon bagay. Li rive nan mitan ou mande
l pou li rekòmanse pou li fè l yon lòt jan. Si se konsa ou
ap anseye ou ap rann elèv-la fou.*

Rann gaz, pase gaz nan bouch. *Ou rann gaz sou moun ou pa menm di ekskize.*

Rann san souf, kontinye mande yon moun yon bagay jouk tan moun nan rive bay bagay-la. *Se mwen ki di map ba ou yon bisiklèt. Se pou tann. Ou pa bezwen rann mwen san souf.*

Rann sèvis, ede lòt moun san mande rekonpans. *Tout moun nan katye-a te ale nan lantèman Pè Dòvil. Anpil moun te kriye tou. Pè Dòvil te konn rann tout moun sèvis. Se pou sa tout moun te bay ti non Pè Dò.*

Rantre nan kokiy, lè yon moun kite yon aktivite kote li tap patisipe nan tout sa ka p fèt epi li pa nan anyen ankò. *Erizmèn travay anpil pou mete òganizasyon-an sou pye. Sibitman li bay demisyon l nan komite-a. Sa ki etone tout moun, depi lè-sa-a Erizmèn rantre nan kokiy li. Pèsonn pa konn poukisa.*

Rantre nan nannan koze, di sa ki pi enpòtan. *Pè Filip gen katrevensèt an. Te gen eleksyon pou chwazi majistra. Pè Filip sòt vote. Yon jounalis mande l : « Nan laj ou ye la-a poukisa ou vote ? » Pè Filip reponn : « Se devwa tout sitwayen pou yo vote. Mwen se yon sitwayen. » Jounalis-la di : « Pouki kandida ou vote ? » Pè Filip reponn: « M vote pou Analwiz Merijèn. » Jounalis la mande : « Poukisa ou ta renmen Mèt Merijèn kòm majistra ? » Pè Filip di : « Premye pati repons-la nan sa ou fenk di la-a. Ou blije di Mèt Merijèn. Sa vle di ou rekonnèt li gen fòmasyon pou pozisyon-an. Li gen eksperyans tou. Li koumanse yon biznis ka p byen mache apre dizan. Li grandi kat pitit. Tout sòti byen. Epitou, se sèl kandida ki pa nan fè diskou pou fè moun dòmi. Lè la p pale, li rantre nan* *nannan koze-a epi l fini. Kantite pwoblèm komin-sa-a genyen, se dirijan konsa nou bezwen. » Nan landenmen, jounalis-la pibliye yon atik sou eleksyon-an ak yon gwo foto Pè Filip.*

Rantre nan levanjil, lè yon Ayisyen konvèti epi li vin manm yon legliz pwotestan. *Eganye gen anpil pèsekisyon. Lap pale sa ak yon zanmi. Zanmi an di l : « Si m te ou, m tap rantre nan levanjil ak tout fanmi m. »*

Rele dèyè, fòse yon moun pou li fè yon bagay sitou pou byen l. *Tenès entelijan amò. Men li parese. Si manman l pa rele dèyè l tout tan, li pa tap janm fini klas segondè.*

Rele lwa, yon seremoni vodou yo fè espesyalman pou yon lwa parèt. *Biklès renmen Fofo. Li mande manman ak papa Fofo pou yo bay konsantman yo. Kenz jou pase yo pa janm di Biklès anyen. Apre yon mwa san repons, Biklès ap rakonte grann-ni sa. Grann-nan di: « Niklès, gen bagay ou pa konnen pitit. Moun-yo se sèvite. Yo pa ka lage pitit-yo nan men ou konsa konsa. Fòk yo rele lwa yo anvan yo ba ou repons. Epi yo pa ka rele lwa nenpòt ki lè. Se pou tann. »*

Restan Lanmò, yon moun maladi oubyen yon lòt kòz te preske touye men li toujou vivan. *1) Roz gen yon sèl pitit gason. Li rele Sègo. Lè Sègo te gen sizan, Roz mennen-l nan yon klinik pou vaksen. Yo bay Sègo vaksen-an. Men Roz te bliye di enfimyè-a Sègo gen grip. Konbinezon grip ak vaksen-an lakòz Sègo pase kenz jou lopital. Tout moun te pèdi espwa. Sègo te vin refè epi li te grandi nòmal. Depi lè-sa-a, yo rele Sègo restan lanmò. 2) Tomazen se yon restan lanmò. Li te nan yon aksidan. Sis moun ki te nan machin-nan mouri. Se limenm sèl ki chape.*

Rete bèkèkè, rete san pale akòz yon sezisman. *Izmèn ale Kanada. Apre dizan li retounen an Ayiti. Li pase nan yon estasyon gazolin. Li fè mete gaz pou twasan goud nan yon machin li te lwe. Lè li estat machin-nan li gade kote zegiy gaz-la ye, li rete bèkèkè.*

Retire nan kòsay, sispann zanmitay ak yon moun. *Walnè rantre Etazini. Apre senk an li voye chache Yòl, madanm ni, ak Zebon, yon sèl piti gason yo genyen. Zebon gen kenz an. Li koumanse aprann angle. Li koumanse ap fè tout sa yon pitit vwazen ki gen menm laj ak li ap fè. Pitit vwazen-an te fèt Etazini. Li rele Al. Li gen anpil mès Walnè ak Yòl pa tolere. Yon jou, Yòl rele Zebon. Li di Zebon: « M pra l koumanse yon fraz. Si ou fini l jan m tap atann, map ba ou senk dola » Zebon reponn : « An avan ! » Yòl di : « Les mauvaises moeurs... » Zebon kontinye : « Corrompent les bonnes compagnies » Yòl di : « Bravo ! Pwomès se dèt. Me senk dola-a. Men ou konn sa k genyen ?» Zebon reponn : « Sak genyen ? Ou vle m tradwi fraz-la pou ou an angle pou yon lòt senk dola ?» Yòl reprann : « Si ou pa retire Al nan kòsaj ou, ou gen pou peye sa byen chè pi devan. »*

Rèd chèch, mouri sibit yon lè pèsonn pa tap atann sa ta ka rive. *Pola fiyanse ak Romeyis. Yo se moun Okap. Twa jou anvan yo marye, Romeyis fè yon aksidan oto Pòtoprens. Yon estasyon radyo Okap mete yon repòte Pòtoprens nan lè kap bay nouvèl aksidan-an. Repòtè-a di: « Chofè-a se yon jenn gason venswit an. Li te sou wout Delma. Li ta pral pran wout nasyonal nimewo en. Yon gwo otobis frape vwati pa l la nan bò pasaje-a. Vwati-a vire tèt anba. Se siye yo siye pòt machin-nan pou mete l deyò. Sa ki pi tris, chofè-a gen pou li te marye nan twa jou. Yo jwenn bag maryj-la nan yon ti bwat benyen nan san anba volan-an. » Anonsè nan* *radyo Okap-la mande repòtè-a : « Eske ou te jwenn non chofè-a ? Repòtè-a di : « Wi. Li rele Romeyis Sentil. » Anonsè-a di : « Eske li mouri ? Repòtè-a reponn : « Sou plas. Rèd chèch » Pola tap koute radyo-a. Pola tonbe. Li pase twa jou san pawòl.*

Rèl do, zo prensipal nan mitan do yon moun. *Viktò retire chemiz li devan m. M sezi. Li tèlman piti, ou ka wè tout rèl do l.*

Ren pou ren, mwatye pou mwatye. *Amòs ak Dinès al kay grann yo. Li ba yo yon tenbal lèt ak yon gwo pen. Li di Amòs : « Se ou ki pi gran. Separe lèt-la ak pen-an ren pou ren ak Dinès. » Epi li deplase. Nan kèk minit apre, li tande Dinès ap kriye. Li retounen pou li konnen sak pase. Dlo nan je Dinès. Dinès di : « Grann, me sa Amòs ban m nan lèt-la. Me sa li ban m nan pen-an. Eske se sa ou rele separe ren pou ren ? » Grann-nan di : « M pa kwè. Men se sa Amòs li menm rele separe ren pou ren. » Gran-nan pran sa ki te nan men Amòs-la li bay Dinès epi li bay Amòs pòsyon pa Dinès-la.*

Renmen a mò, renmen anpil anpil. *Biklès renmen Fofo amò.*

Renmen zen, renmen tripotay. *Eliz gen senk pitit fi. Yon jou, de moun ap joure nan katye-a. tou le senk ti moun-yo chita sou galri kay yo ap obsève. Eliz parèt sou galria-a. Li di : « Nou renmen zen twòp, rantre. »*

Ri jouk dè zòrèy, ri anpil. *Yon gran komedyen ayisyen mouri. Tout moun te nan lapenn paske depi komedyen-sa-a te pran yon mikro se pou li te fè tout moun ri jouk dè zòrèy.*

Ri pou pa chape, ri anpil pandan yon tan byen long. *Teyat-la dire dezè. M ri pou m pa chape.*

Rive nan tobout, yon kote oubyen yon sitiyasyon pa gen fason pou vanse pi devan oubyen kontinye fè menm bagay-la. *Klojis ap pale ak Elifèt. Li di Elifit : « Depi agronòm Lemyèl rive nan plenn-nan danre peyizan-yo double. M tande Nestò vle fè agronòm-nan kite zonn-nan. Nestò rive nan tobout li. »*

Rwa minwi, gason ki renmen mache ta lannwit. *Li te onzè edmi diswa. Papa Ramo mande pou li. Manman Ramo di: « Rwa minui-an ponkò rantre. »*

S

Savon lave, yon ba savon long Ayisyen sèvi pou lave. *Manman Mona di: « Kote Mona? » Mona te gen pou etidye. Li te kite liv-la. Lap jwe oslè ak yon zanmi. Lè li tande manman l rele l li fè tankou li pa tande. Li kouri kite jwèt oslè-a. Li pran liv-la. Manman l di ankò : « Kote Mona ? Gen lè ou soud. » Mona reponn : « M la wi manman. Map etidye. » Manman Mona di : « Ale di Kamelin voye vann mwen yon ba savon lave. Ma peye l samdi. »*

Savon twalèt, savon Ayisyen sèvi pou benyen oubyen fè twalèt. *M voye ou achte savon lave ou pote savon twalèt.*

San cho, lè yon moun fache fasil. *Danklo se yon bon moun. Poutan li tèlman gen san cho, anpil moun ap eseye rete lwen l.*

San grate tèt, san pran tan. Toutswit. *M renmèt ou travay ou se pou peye m san grate tèt.*

San jèn, moun kap fè move bagay san li pa wont pou sa lòt moun panse oubyen ap di. *Jennonm-nan san jèn. Tout kondisip ki te fini lise ansanm ak li gen diplòm nan yon bagay. Li pase tout tan l ap flannen tout jounen nan vil-la san fè anyen.*

San manman, yon moun ki fè nenpòt bagay san pitye menm si li fè moun soufri. *Janvye fè anpil peyizan siyen papye pou li prete yo kòb pou fè komès oubyen jaden. Lè peyizan-yo pa ka renmèt kòb-la, li pran tè-yo. Yo te siyen pou bay Janvye tè yo san yo pa te konnen. Bagay-la rive devan yon jij. Janvye di jij-la: « Mon jij, peyizan-yo te konnen se bizismann mwen ye. Se pa sinistre m tap separe. » Jij-la di: « M ka konprann sa. Men fason ou fè bizniz-sa-a se bagay moun san manman. » Jij-la egzije Janvye pou renmèt peyizan yo tout tè li te deja pran nan men yo. Li nonmen yon reprezantan tribinal-la pou ranje yon plan peman ant peyizan-yo ak Janvye kap gen ladan manman lajan-an ak enterè. Epi pou bay yon rapò chak twa mwa.*

San pran souf, san rete. Agronòm *Elyanò travay san pran souf pou pwoteje mòn-yo. Li deja ede peyizan-yo plante plis pase senkant mil pye bwa. Li ede yo fè baraj nan tout ravin-yo. Li ekri tou twa liv sou kesyon-an. Yonn* *pou elèv klas primè ; yonn pou elèv lise epi lòt la pou elèv inivèsite ak lekòl pwofesyonèl.*

San sal, moun ki fè bagay pou fè paran l wont epi sa pa di l anyen. *Jennonm-nan gen san sal. Paran l mete l nan pi bon kolèj nan vil-la. Li pito kite lekòl pou mache banboche.*

San sipòtan, moun ki gen anpil pasyans. *Elizabèt ap pale ak yon zanmi. Li di zanmi-an: « M swete m te ka menm jan ak manman m. Li grandi sis pitit fi. Nou tout marye. Men sa nou fè l pase, nan pwen bouch pou pale. M pa sonje yon jou m te wè manman m fache. Se premye moun m konnen ki gen san sipòtan konsa. » Zanmi-an reponn: « Sis pitit fi nan yon kay epi li pa janm fache ! Viv lewa pou manman ou pitit ! Li vreman gen san sipòtan. »*

Se dat, byen lontan. *Se dat nou tout ap tann ou epi ou pa janm vini !*

Se jodi , byen lontan. *Se jodi m pa wè ou ! Ou pase nan katye-a epi ou pa menm pase di m bonjou ! Ou pa ta fè sa.*

Se koupe dwèt, fason pou di kouman yon manje bon oubyen gou. *Manman ak papa Bloudinèt te sòti nan yon dine legliz yo tap fè pou koup ki gen vennsenk an maryaj. Lè yo retounen, Bloudinèt mande yo : « Kòman manje-a te ye ? » Manman Bloudinèt reponn: « Se koupe dwèt. »*

Se pa atè isit, byen lwen. *Olijèn ap viv Miyami ak yon pitit fi l. Li gen yon gason nan Talaasi, kapital Florid. Yon frè Olijèn kap viv Ayiti mande Olijèn pou gason-an* nan telefòn. Olijèn di : « Kote msye rete-a se pa atè isit. M preske gen simwa depi m te wè l. »

Se pa de, anpil. *Se pa de kontan m kontan wè ou. Se pa de moun ki te nan manifestasyon-an.*

Se pete fyèl, yon pawoli pou fè konnen yon bagay chè anpil. *Ayisyen ap plenyen gaz chè Etazini. An Ayiti se pete fyèl.*

Sekwe kò, sa vle di menm bagay ak yaya kò. Pwan aksyon pou fè yon bagay. *Manman Pòl di Pòl : « Fòk ou manyè sekwe kò ou. Ou gen dezan depi ou fini klas segondè. Ou chita ou pap regle anyen. Laj ap rantre pitit. »*

Sele bride, yon bwason espesyal Ayisyen fè ak alkòl, sitron, lèt ak lòt eleman. Li sitou popilè nan nò. *Tout moun Pòtoprens ki sòti Okap toujou pase Odikap, zonn Breda, pou achte omwens yon boutèy sele bride ak yon boutèy kremas.*

Sere boulon, bay yon moun anpil pwoblèm. Rann yon sitiyasyon difisil pou li. *Depi yo mete Ponyon sipèvizè li koumanse sere boulon tout anplwaye ki pa zanmi l. Apre li fè mèt faktori-a pèdi de bon anplwaye, yo voye l travay sou machin.*

Sere dan, pran kouray. Reziye. *Papa Lizèt di Lizèt: « Pa gen anyen ki fasil nan lavi-a. Se sere dan ou pou fini etid-la. Tout medsen pase menm tray-la.*

Sere ti bèf, separe yon manman bèf ak pitit li pou ti bèf-la pa bwè tout lèt-la. *Ramsès gen twa machann lèt li toujou bay lèt chak jou. Yon jou maten li di tout moun li pa gen lèt paske li te bliye sere ti bèf-yo.*

Sesisela patatipatata, anpil pawòl san aksyon. *Yon
jounalis te rive Plezans. Li tap poze yon gwoup ven
peyizan kesyon. Yon granmoun mande la pawòl. Li di :
« Jennonm, m gen katrevetwazan. M deja tande anpil. M
deja wè anpil tou. M konnen metye ou kòm jounalis se
pou poze kesyon. Men maten-an wa p pèmèt mwen poze
ou detwa ti kesyon tou. Eske ou pa panse li lè pou nou ta
sispann ak tout sesisela patatipatata pou nou takle
pwoblèm peyi-a ? » Jounalis-la reponn : « M dakò ak
ou. Eske ou ka ban m yon lis pwoblèm nou dwe takle ? »
Olye granmoun-nan bay yon lis, li kontinye poze
jounalis-la kesyon. Li di : « Ki sa yon moun ki grangou
bezwen? Ki sa yon moun ki pa konn li bezwen ? Ki sa
yon moun ki malad bezwen ? Ki sa yon peyizan ki gen
yon makout zaboka oubyen yon sak kafe pou vann
bezwen ? Ki sa yon manman ki gen twa timoun kap dòmi
sou yon sèl nat nan yon ti kay de pyès bezwen? Poukisa
tout dlo mòn Plezans yo ap koule desann nan lanmè epi
pote ak yo tout sa yo jwenn sou chimen yo? Poukisa
nou menm peyizan nap sèvi menm ti lanp tèt gridap- la
depi plis pase desanzan? Poukisa se lè wap chache
enfòmasyon pou metye ou sèlman ou pase wè nou? Ayiti
se yon peyi cho. Poukisa touris pap sòti nan tout peyi
frèt yo pou vin jwi bonjan frechè peyi-a ? M kwè ou
konn sa paske se nan radyo m te tande l. Gen preske
menm kantite Jwif ak Ayisyen nan lemonn. Men nou gen
plis tè pase Jwif-yo. Poukisa yo pwodwi pou bay tout
pèp yo manje epi jwenn pou voye vann aletraje poutan
pifò tè pa nou yo ap gaspiye ?» Granmoun nan rele yon
ti gason san pantalon kap koute tou pre a ? Li mete l
kanpe nan mitan. Li kontinye pale. Li di : « Ou wè ti
gason-sa-a. Si nou pa sispann ak tout sesisela
patatipatata pou nou takle pwoblèm peyi-a, si Granmèt-
la pèmèt li rive nan menm laj akenm lap nan menm
kondisyon akenm epi li gen pou ap poze menm kesyon m
fenk poze yo. »*

Sèkèy madoulè, yon sèkèy ak planch san poli. *Silvani te gen yon sèl frè. Li te rele Molyen. Silvani te bay Molyen yon ti non Momo. Molyen te rele l Nini. Silvani te vle Momo marye ak Jevnèz, yon kondisip li. Momo pa te renmen Jevnèz. Momo marye pito ak Lwiz, yon fi Silvani pa te menm konnen. Silvani te oblije aksepte bèlsè-a men yo pa te janm rive de bon zanmi. Simwa apre maryaj-la Silvani te kite Ayiti. Li te ale Chikago. Apre senk an maryaj, doktè dekouvwi Molyen gen kansè pwostat. Apre simwa nouvèl-la, Molyen te mouri paske doktè te dekouvwi kansè-a twò ta. Lantèman-an te gen pou fèt nan samdi. Jouk vandredi Silvani pa te ka rantre paske te gen yon tanpèt nèj Chikago. Avyon pa te ka vole ni ateri. Menm jou samdi lantèman-an, Silvani rive jwenn yon avyon ki lage l Monreyal, Kanada. Li pran yon lòt avyon ki lage l Pòtopwens. Lè li rive Pòtopwens, kadav-la te deja legliz. Moun ki te vin chache l nan aeropò-a mennen l toudwat nan legliz-la. Lè li rive, yo te gen tan fèmen sèkèy-la. Silvani te tèlman enkonsolab, prèt-la te mande pou yo louvwi sèkèy-la anvan li koumanse chante lantèman-an. Lè Silvani wè kadav frè-a, li rele. Li di: « Momo cheri m nan, me Nini! Momo, me Nini! Momo, me Nini!» Pandan Silvani ap kriye, li manyen figi Momo. Li manyen sèkèy-la. Li di: « Mezanmi, Momo te travay twò di pou nou voye l ale nan sèkèy madoulè-sa-a! Nou pa ta fè Momo sa mezanmi! Non. Nou pa ta fè l sa! Nou pa ta fè m sa ! Nou pa ta fè m sa!» Silvani tonbe. De gason ranmase l. Yo mete l chita nan mitan yo. Papa Molyen te chita bò kote Lwiz. Nan moman-sa-a, Lwiz ranmase tout fòs li te ka jwenn. Li di papa Molyen : « Tanpri, monte sou lotèl-la. Di Pè Andre lè li ap pale de Molyen, pou li di tout moun se Molyen limenm ki te bay fè sèkèy-la anvan li te mouri. Epi li te di ki jan pou yo te fè l.»*

Sèl kòk chante, yon moun ki gen anpil pouvwa. Li ka fè
sa li vle kote li ye-a. *Moklès se sèl kòk chante nan zonn
Latibonit-la. Pa gen yon kandida ki ka rive depite
oubyen senatè nan depatman-an san li pa chita pale ak
Moklès.*

Sèl pap, sèl otorite. *Yon fanm Gwomòn ap pale ak yon
zanmi. Li di zanmi-an : « Nasis konprann se li ki sèl pap
nan vil-la. Gen yon bagay Nasis sanble li bliye. Tout
sitwayen gen dwa menm jan ak li pou patisipe nan sa
kap fèt. »*

Sen e sòf, san aksidan. *Mezanmi m byen kontan. M tap
enkyete anpil pou mesyedam-yo. Yo fenk rele. Yo rive
sen e sòf.*

Sen legliz, 1) Yon moun ki pa enterese nan manje. 2) Yon
moun ki pa fè anyen ki mal. *1) Ou manje tout manje-a
ou pa ban m anyen ladan l. Gen lè ou panse se yon sen
legliz m ye. 2) Anpil moun panse Natalya se yon sen
legliz. Si yo te pale ak moun ki konnen l byen yo ta
chanje lide.*

Sen Toma, yon moun ki mal pou kwè. *Ozilis se yon sen
Toma. Yo di pou tout moun deplase akòz siklòn, li refize.
Tout tan yon kout van pa pran l jete l nan lanmè li pap
kwè sa yo di l.*

Simen grennen, fè gran panpan. *Nina di: « Selya ak
Marifrans ap simen grennen. M pa ka gade sou yo. Mari
yo nan bon djòb epi yo menm tou ap travay. »*

Simen kontra, yon fèy te ki bon pou vè. Yo bwè l pou
fyèv tou. *Sezalin pi fè renmèd fèy konfyans pase renmèd
doktè. Yon pitit li ki Nouyòk te voye chache l. Premye
fwa Sezalin rantre ann Ayiti lè lap retounen Etazini li*

pote tout kalite fèy. *Ofisye Imigrasyon-an rele yon kòlèg ayisyen pou tradwi pou Sezalin epi pou di-l sa fèy-yo ye. Kòlèg-la eseye esplike ofisye-a tout fèy-yo. Lè li rive sou fèy simen kontra li pa jwenn sa pou li di. Sezalin di :* « *Poukisa ou nan tout traka-sa-a pou jwenn non angle fèy-la. ? Di ofisye-a se yon fèy pou fè dite pou timoun ki gen vè. Epi ou fini.* » *Ofisye-a di :* « *What does she say ?* »

Sipekeryen, yon manje ki pa anpil. *M pa te konnen nou tap vini. M gen yon sipekeryen sou tab-la; degaje nou.*

Sitiyasyon mangonmen, yon sitiyiasyon ki difisil anpil. Moun ki nan sitiyasyon-an preske pa konn sa pou yo fè. *Yon manifestasyon te bloke Pòtoprens. Temistòk rele manman l Piyon. Li di manman l :* « *Sitiyasyon-an mangonmen. Map voye Viktorya ak timoun yo jwenn nou Piyon.* »

So kabrit, 1) Lè yon moun tonbe sou tèt ; 2) Lè yon moun fè yon lòt moun yon bagay ki grav sitou si premye moun nan te pwòch ak lòt moun-nan. 1) *Valès bay Melandye yon so kabrit. Melandye pase senk jou lopital. 2) Listèl gen yon biznis ak Somaran. Somaran prete dimil dola sou biznis-la epi li kite peyi-a . Listèl pa janm pwan nouvèl Somaran. Depi Listèl ap rakonte yon moun koze-a, li toujou koumanse konvèsasyon-an ak pawòl-sa-a :* « *Somaran ban m yon so kabrit epi li pati.* »

Sote kòd, yon jwèp timoun fè ak yon kòd de lòt kenbe nan chak pwent epi yo ap pase l anba pye yo san yo pa touche kòd-la. *Depi yo sonnen rekreyasyon, tout timoun kouri al sote kòd. Jounen jodi-a, plis ti gason ap sote kòd tou. Se yon jwèt ki ka ede timoun ki twò gwo pedi pwa.*

Sote ponpe, nènpòt sa ki rive. *Papa Bozlè ap viv Okay.*
Bozlè ap anseye Pòtoprens. Papa Bozlè mouri sibit. Li
kite kat pitit. Li te kite tou yon karo tè andeyò vil-la.
Apre simwa, Bozlè dekoupe yon ka nan tè-a pou li
konstri yon kay. Pi gran gason-an opoze. Li di papa l te
vann ni karo tè-a anvan li mouri. Li pa gen papye paske
se te yon aranjman alamyab. Bozlè pa okipe frè-a. Li di
tout moun mèt sote ponpe, lap bati kay-li epi pa gen
akenn moun ki ka kanpe konstriksyon-an.

Son de ble, kakas ble moun sèvi pou nouri kochon ak lòt
zannimo. Minis agrikilti-a te fè yon kout pye Kazal. Yon
peyizan di l : Minis, p*a gen moun ki ka grandi kochon*
nan peyi-sa-a ankò. » Minis-la mande l : « Poukisa ? »
Peyizan-an reponn : « Son de ble koute twò chè. »

Sonde teren, chache konnen yon sitiyasyon anvan aksyon.
Ou pase twa mwa ap sonde teren-an. Li lè pou deside si
ou ap poze kandidati ou pou depite ou non.

Sou brennzeng, pran prekosyon. Menm bagay ak sou
piga. *Nan peyi-sa-a tout moun toujou sou brennzeng yo.*
Pèsonn moun pa konnen sa denmen ap pote.

Sou de ti chèz, nan tout detay. *Se yon istwa m konnen trè*
byen. Map ba ou sa sou de ti chèz.

Sou kote, yon bagay anplis sa ki esansyèl-la. *Vanesa gen*
senk an Miyami. Se tout tan lap fè yon ti djòb sou kote
pou ede paran l ann Ayiti.

Sou latè beni, lè yon moun ap pale de latè kòm tè Bondye.
Bagay kap pase sou latè beni jodia-a, pa gen bouch pou
pale.

Sou manje, lè yon moun enterese nan manje. *Depi Wanita sòt lopital li pa sou manje.*

Sou piga, menm bagay ak sou brennzeng.

Souf kout, difikilte pou respire. *Sanble se yon ti moun ki fè azma. Souf li kout.*

Soufle nan zorèy, bay yon moun yon pawòl sekrè. *Yozita ki soufle sa nan zòrèy mwen. Li pa te gen tan banm anpil detay.*

Soulye karyoka, yon sandal ki gen gwo semèl epi ak très ki pase sou pye moun-nan. *Analwiz te ale nan yon maryaj. Li te jennen anpil paske se li sèl ki te mete yon soulye karyoka.*

Soulye peyi, soulye yo fè ann Ayiti. Prezidan komès nan yonn nan gran vil ann Ayiti: *«Twòp soulye dezyèm men rantre nan peyi-a. Tout bonjan soulye peyi moun te konn jwenn lontan pa gen kont kòdonye pou fè yo ankò. »*

Soup endepandans, soup joumou premye janvye. *Yon asyosyasyon etidyan Ayisyen nan inivèsite Avad Boston, fè yon gwo bonm soup endepandans. Yo reyini elèv ak pwofesè. Yo bay tout moun soup epi pwofite pou rakonte istwa premye revolisyon esklav nan listwa dimond ki te debouche sou lendepandans Ayiti.*

Souse san, pran avantaj de yon moun nèt ale. *Zemilya gen yon sèl gason. Li souse san malèrèz-la epi li pa regle anyen ak la vi l.*

Souse yon zo, jwenn yon djòb nan yon gouvènman akòz moun pa oubyen enfliyans politik. Pafwa moun-nan pa menm gen kalifikasyon pou pozisyon-an. *Yon jenn* *etidyan te diplôme nan yonn nan fakilte-yo ki nan Pòtoprens. Li pase en an edmi ap travay nan yon depatman. Apre sa li bay demisyon l. Lè li esplike yon vwazen poukisa li kite, vwazen-an reponn :* « *Lè ou nan yon pozisyon konsa se pa pou mete nan tèt ou pra l chanje lakoloni. Ou jwenn yon chans pou souse yon zo se pou rete la jouk tan yon lòt minis vini. Lap ranplase ou kanmenm paske li pra l bezwen pozisyon-an pou moun pa l souse yon zo tou.* » *Jennonm-nan di,* « *Ak tout respè m gen pou ou, m pa panse menm jan ak ou. M pa te ale lekòl pou mache chache kote m ka souse yon zo. Dayè lè tout moun ap souse menm zo-a, yon jou mwèl la gen pou fini.* »

Sousou pannan, yon moun kap pwofite pran tout sa yon lòt genyen san li pa pwodwi anyen. Li tounen yon sansi pou moun lap pran avantaj sou li-a. *Merizye gen twa pitit. Li di lap travay di pou ede yo pran kantite edikasyon yo vle. Li di sak pa vle rete lekòl ap oblije travay pou pran endepandans yo. Li di li renmen tout piti li men li pap kite ankenn nan yo tounen yon sousou pannan pou li.*

Swete larezonnen (larezannen), mache di moun bòn ane premye janvye. *Tout timoun nan katye Twa Chimen pase tout jounen premye janvye ap swete larezannen. Nan apre midi, yo tout reyini pou yonn di lòt sa yo te jwenn. Yo pale tou sou granmoun chich ki pa te ba yo anyen. Yo fè yon lis granmoun chich pou yo pase di larezannen an dènye lane prochenn.*

Swivi swivi, yonn apre lòt. *Ekip-la genyen senk match swivi swivi.*

T

Tab gani, yon tap nan fèt ki gen tout kalite manje sou li. Adriyèn di yon kouzin-ni : « Yon asosyasion te *envite m nan yon fèt tab gani. Fòk m di ou tab-la te vreman gani. Men m retounen san manje paske yo sèvi manje-a twò ta. Fèt-la te koumanse a setè. Yo bay manje a dizè. Anpil moun te ale anvan yo te sèvi manje. Anpil lòt tou te la men yo pa te manje paske yo pa ka manje ta konsa. »*

Talon kikit, yon soulye ak yon talon long byen fen pou fi. *Silvinya ak Moro marye samdi pase. Silvinya te mete yon soulye talon kikit. Se pote Moro te preske pote l paske li pa te ka mache ak talon kikit-la. Lè yonn nan fidonè-yo wè sa, li di: « Mwen lè map marye, map gen de soulye nan maryaj-la : yon talon kikit pou lè map rantre legliz ak fè foto epi yon soulye derechany pou lè m bouki ak talon kikit-la. » Yon lòt fidonè ki tap koute, reponn: « Ou ponkò menm jwenn yon matcho ou koumanse pale de soulye maryaj. » Premye fidonè-a kontinye. Li di : «Gen yon bagay ou pa konnen. Se mwen ki pra l chwazi ak ki gason pou m marye. » Tout lòt fidonè-yo ri koze-a.*

Talon pen, pwent pen. Pen pwent yo fen tankou talon soulye fi. *Nelya di tout moun kote l pase li travay di pou bay pitit-li bonjan pen. Li pa vle pou zizi-yo kanpe lè yo talon pen nan men moun.»*

Tape kat, bat kat. *Tape kat-la vit. Nou pa gen tan pou pèdi.*

Tape nan sòs, fè yon manje byen vit. *Zanèt gen kat pitit. Yo sòt lekòl. Yo di Zanèt yo pa ka etidye paske yo grangou. Zanèt di yo: « Nou mèt koumanse etidye. M pra l ban nou manje san pèdi tan. Se tape nan sòs. »*

Taye banda, fè pedan. Fè chèlbè. *Sacha gen senk pitit fi. Dènye-a gen kenz an. Depi yon moun mande l pou yo li toujou reponn: « M wè medam-yo la. Yap taye banda. »*

Tan malouk, move tan, tan difisil. *Kaptenn bato-a ranvwaye vwayaj Jeremi-an. Li di li pa ka pran lanmè nan tan malouk-sa-a. Anpil machann te fache, men gen lòt ki di : « Lavi miyò pase byen. »*

Tan mare, tan montre lapli pra l tonbe. *Yon jennonm tap voye yon imel bay mennaj-li. Li di l lap vin wè l nan lasware. Li kontinye pou di l jan li renmen l. Ni loraj, ni lapli, ni inondasyon, ni siklòn, ni sechrès, ni bon tan, ni move tan pa ka anpeche l kontinye renmen l. Anvan li fin ekri imel-la, tan an mare. Radyo anonse pra l gen yon gwo lapli ak anpil loraj nan aswè. Nan fen imel-la li ekri: « Cheri yo fenk anonse yon move tan. Sanble m pap ka vini aswè-a. Si nou pa wè, na wè denmen. » Li gen tan bliye pwomès ak tout bèl pawòl li te ekri nan koumansman imel-la. Tan mare; li pa ka sòti.*

Tanbou batan, sou premye avètisman. *Vwayaj-la long epi wout-la move. Yo di tou pra l gen move tan. Demen fòk nou pati byen bonnen. Tanbou batan tout moun dwe reponn prezan.*

Tanbou de bouda, yon moun ki dakò ak yon bagay apre sa li di oubyen fè yon bagay ki kontrè nèt ak sa li te di anvan an. Moun pa ka konte sou yon moun konsa. *Jolivye te renmen Marilya. Marilya mande manman l* konsèy. Manman Marilya di : « Pitit mwen m konen ou gen tèt ou sou zèpòl ou. Se ou pouki chwazi ak ki moun ou vle marye. Men m pa panse Jolivye ap fè yon bon mari pou ou. Li gen edikasyon. Li gen yon pwofesyon. Men Olivye se yon tanbou de bouda. Pèsonn moun pa konnen kote l kanpe ni nan relijyon, ni nan politik ni nan biznis. Sa li di jodi, se pa sa li fè denmen. »

Tanbou de dèyè, menm bagay ak tanbou de bouda.

Tann rad, mete rad nan solèy sou yon liy. Manman Jozefin fin lave rad. Li rele Jozefin. Li di : « Jozefin, ou pa wè si m fin rense. Ki sa wa p tann pou vin tann rad-yo ? »

Tann yale, yon bòl yon madanm sèvi pou mete manje apa pou mari l pou mari-a manje apre tout vizitè fin ale. Plizyè moun pase kay Antwanèt nan lè manje. Antwanèt mete manje sou tab pou tout moun. Chal, mari Antwanèt, pran yon ti pòsyon tou piti. Lè tout moun ale, Chal ap chache kote tann yale-a ye. Malerèzman, jou-sa-a, Antwanèt te bliye mete manje nan bòl tann yale-a pou Chal. Chal move. Chal grangou. Chal di Antwanèt : « Si m pa te gen krentif pou Bondye, se mwen ki konnen sa m ta fè aswè-a. »

Tcheke grenn, yon gason kap mache chache fi pou li deklare. Banav pase tout tan l ap tcheke grenn. Medam-yo pa okipe l. Yo tout konnen se manman Banav kap travay pou bay Banav manje.

Teke pye, anpeche yon moun vanse nan sa lap fè. Si ou pa ka ede madanm-nan ak konmès-la, pa teke pye l.

Tete doubout, gwo tete byen kanpe. Dam-nan wo epi li gen tete doubout.

Tè tif, *Zavye ap pale ak Kabonèl. Li ap esplike Kabonèl ki sa li pra l fè ak de karo tè li genyen. Kabonèl reponn : « Yon tè tif konsa se kabrit pou grandi ladan l. Ou pa ka plante viv sou li. Yo pap pran. » Zavye di Kabonèl : « Ou bezwen ale ann Izrayèl pou wè mezi sa Jwif-yo fè ak tè tif. »*

Tèt bika, gwo tèt. *Danyela di manman l Gaboton enterese nan li. Manman Danyela di : « Jennonm tèt bika-sa-a, ou pa menm bezwen mennen l bay papa ou. Ou deja konnen li pap dakò. »*

Tèt bòbèch, 1) Yon kalite lanp gaz. 2) yon gason ki pa ka aprann. *1) Yomelyen rive yon gran enjenyè nan Pòtoprens. Li te grandi Desalin. Chak fwa li ale Desalin, li pase wè Sò Molina. Li te konn vann manman Yomelyen gaz kredi pou mete nan lanp tèt bòbèch Yomelyen te konn sèvi pou etidye. 2) Nèg tèt bòbèch-sa-a pap janm rive fè yon bon ebenis.*

Tèt chaje, 1) Pwoblèm. 2) Yon moun ki bay anpil pwoblèm. *1) Nan tèt chaje madan-nan ye la-a pou gen kouray ap mande l lajan prete. 2) Tifii-sa-a se yon tèt chaje.*

Tèt cho, yon moun ki gen anpil pwoblèm kap boulvèse tèt li; oubyen yon moun ki pa ka panse byen oubyen aji byen akòz yon pwoblèm sikolojik. *1) Maryaj-la fè tèt pitit-la cho. Se limenm sèl kap planifye tout bagay. Kèk fwa li kriye. Li di li sonje manman l plis nan yon moman konsa. 2) Jennonm-nan nataralize ameriken men li pa te fèt Etazini. Li di li pra l kandida pou prezidan Etazini. M kwè fòk nou wè se ak yon moun tèt cho nou an afè.*

Tèt di, 1) Moun ki mal pou aprann. 2) Moun ki refize tande lè yo pale ak yo. 1) *Jan Zamò te gen tèt di pa gen yon moun ki te panse li tap rive fini klas segondè. 2) Ou pa ka gen tèt di konsa. Otorite-yo anonse pou moun pa sòti. Poukisa ou pa rete lakay ou?*

Tè glise, moun ou pa ka konte sou li. Jodi-a li ak yon moun denmen li kite moun-nan. Oubyen li pran pòz li ak yon moun poutan lap sipòte yon lòt. *Ilyans pwomèt Jozye tout sipò l pou eleksyon-an. Poutan Ilyans ap ankouraje tout moun pou bay lòt kandida-a lajan. Ilyans mete Josye deyò nan kanpay-nan paske li dekouvri Ilyans se yon tè glise.*

Tèt gridap, 1) yon tèt ki gen cheve kout epi cheve-yo fè grenn; 2) yon ti lanp gaz yo fè ak tòl. *1) Jaklin se yon pwofesè nan fakilte etnoloji. Tout moun ap mande poukisa li pa depanse plis kòb pou pran swen cheve l. Li kite tèt li tounen yon tèt gridap. Men li toujou di tout moun li se yon fanm Lafrik. Gran zansèt li pa te sòti Lewòp. 2) Jan Kleròn te travay di se pa ak yon lanp tèt gridap pou yo te chante vèy li.*

Tèt kokolo, tèt san chive. *Doktè Mona Plesy gen tèt kokolo. Anpil moun ki pa konnen l pa menm panse se yon doktè. Poutan se li ki medsen an chèf nan lopital-la.*

Tèt koupe, de moun ki sanble anpil. *Silvi ak manman l se tèt koupe.*

Tèt kwòt, tèt fi ki pa gen anpil cheve. Jèmèn ap rele Felanj tèt kwòt.Yon zanmi Felanj di Jèmèn : « *Menm si ou wè Felanj gen tèt kwòt, ou pa bezwen enkyete ou. Lap jwenn nenpòt gason pou li marye paske tèt li kwòt men li pa vid.* »

Tèt mare, fanm ki pa eklere. *Lè Olivya kite Ayiti li te ka siyen non l malman. Anpil moun di Romeyo marye ak yon tèt mare. Men yo tout te sezi tande apre dizan Nan Etazini Olivya te nan inivèsite.*

Tèt mato, yon moun ki pa konn kondwi byen. *Ak tèt mato-sa-a ou pra l Pòtoprens ! Ou mèt tou bay fè sèkèy ou.*

Tèt nèg, yon bagay ki chè anpil. *Yon kasav ann Ayiti kounye-a se tèt nèg.*

Tèt vire, toudlin, toudisman. *Se tout tan ou ap plenyen ak yon tèt vire. Li lè pou chache chimen doktè.*

Ti banben, yon moun ki pa gen anpil laj ak eksperyans. *Yon ti banben konsa pou li gen kouraj deklare yon fi byen fòme tankou Joujou.*

Ti Biblo, yon moun ki enpòtan anpil pou yon lòt epi lòt moun-nan fè plis pase sa li ta dwe fè pou pwoteje l. *Jozefin se yon ti biblo pou manman l.*

Ti boubout, yon fi yon gason renmen anpil. *Salnav te jwenn yon ti boubout depi li te nan lise. Mesyedam-yo gen trantsenk an maryaj. Yo gen twa pitit ak sis pititpitit.*

Ti Chouchou, menm bagay ak ti boubout

Ti choukèt, yon moun kout. *Yon ti choukèt gason.*

Ti granmoun, yon timoun ki aji tankou granmoun oubyen ki sanble yon ti granmoun. *Ou pa ka mete yon rad konsa sou pitit-la wa fè l sanble yon ti granmoun.*

Ti joupa, yon kay tou piti ki pa fèt ak bon jan materyo. *Eklès ak madanm ni bati yon gwo kay nan bouk-la.*

Poutan yo ap mache di tout moun yo bati yon ti joupa. Tankou yo konprann pèsonn nan bouk-la pa konnen sa yo rele yon ti joupa.

Ti katkat, yon timoun piti. *Depi Merilis te yon ti katkat li te renmen li. Sa pa etone m si jodi-a li yon direktè lise.*

Ti kokorat, yon timoun ki pa byen grandi. *Pitit Fidelya-a sanble yon ti kokorat. Men se yon kanno li ye. Li toujou premye nan klas li.*

Ti kounouk, menm bagay ak yon ti joupa. Yon ti kay tou piti. *Foli viv nan Pòtoprens monte nan tèt Ganton ak mandanm ni. Yo vann yon gwo kay Gantye. Yo achte yon ti kounouk Pòtoprens.*

Ti kriye, timoun kap kriye oubyen plyenyen tout tan. *Pèsonn pa te panse Janèt te ka vin yon gwo jounalis konsa. Lè li te piti tout moun te rele l Ti kriye.*

Ti Mari pap monte ti Mari pap desann, yon moun di sa pou montre anyen pa ka fèt san limenm oubyen yon lòt moun pa bay pèmisyon pou l fèt. *Anpil moun te òganize yon mouvman pou fè direktè yon òganizasyon bay demisyon l. Direktè-a konvoke yon reyinyon. Nan reyinyon-an li di tout manm yo : « Nou te eli m pou katran. M konnen gen kèk moun kap menmen mannigèt anbachal pou fòse m demisyone. Men me mesaj m genyen pou moun sa-a yo epi pou nou tout kap sipòte m. M vle fè l klè pou nou tout : Ti Mari pap monte. Ti mari pap desann. »*

Ti non gate, sa vle di menm bagay ak non jwèt

Ti nouris, yon fanm ki fenk akouche. *Madanm Olijèn ti nouris.Olijèn fè touye yon kabrit pou li.*

Timoun gate, bebe ki kriye anpil sitou lannwit. *Namoniz fè yon dezyèm pitit. Mari l ap travay aswè. Piske premye pitit-la pa te kriye lannwit, Namoniz di mari l li pa bezwen mande konje. Li konprann dezyèm-nan pra l menm jan. Poutan dezyèm-nan te yon timoun gate. Apre Namoniz pase twa jou san dòmi, li mande mari l pou li degaje l mande detwa jou konje pou bay li yon kout men.*

Timoun malvini, yon timoun ki twò piti parapò laj li. *Dikni gen kenz an. Si ou wè l sanble yon timoun dizan, se malvini li malvini.*

Ti pa ti pa, ale dousman. *Jan m wè ou ap mache ti pa ti pa ou pap janm rive.*

Ti pan, yon timoun ki jwenn tout sa li bezwen. *Elonj gen yon sèl pitit ak madan m ni. Mesyedam-yo trete pitit-sa-a tankou yon ti pan.*

Ti pijon, penis ti gason. *Fito gen yon enfeksyon nan ti pijon l.*

Ti pil gwo pil, *medizans. M pap rete nan asosyasyon-sa-a. Gen twòp ti pil gwo pil.*

Ti revenan, yon moun ki mèg anpil. *Ti revenan-sa-a konprann li ka bat tout moun nan katye-a.*

Ti sourit, yon moun ki piti anpil. *Janmelyen peze 200 liv men madanm li se yon ti sourit jan li piti.*

Ti sousou, moun ki toujou ap flate yon lòt moun menm lè lòt moun-nan pa merite sa. *Si nou ap fòme yon sendika nan travay-la, nou pa ka konte sou Poklemon. Msye se ti sousou konpayi-an. Si nou mete l nan komite* *òganizasyon-an anvan anplwaye-yo gen chans pou vote, bòs-la ap deja gen kont enfòmasyon pou dekouraje mouvman-an.*

Tire pye, lè de moun oubyen de zannimo ap frape yonn lòt ak pye. *Nou pa milèt ; sispann tire pye nan kay-la.*

Tiye tèt ak ri, sa vle di menm bagay ak « ri pou pa chape ». *M wè wa p tiye tèt ou ak ri. Sa ki enteresan konsa ?*

Toke kòn, bay repons. Lè yon mounn atake yon moun ki atake l anvan. Yo di sa tou lè de ekip ki fò ap jwe. *1) Lè de fanmiy ap toke kòn-yo, pa mele. Apre se ou ka wont. 2) Ekip Senmak-la ak ekip Okay-la pra l toke kòn yo samdi nan Estad Silvyo Katò.*

Top top, byen vit. San pedi tan. *Franje achte yon kay yon mwa anvan li marye. Kay-la bezwen anpil reparasyon. Li rele yon konpayi pou gade kay-la. Bòs-la di l kantite travay li bezwen fè nan kay-la. Franje pa kwè kay-la ap gen tan pare anvan maryaj-la. Bòs-la di Franje: « Pa gen pwoblèm. Depi ou gen lajan map fè travay la top top. »*

Toro gronde, 1) bandi, ròklò. 2) Jenn moun ki refize obeyi paran yo. *1) Bontansye tounen yon toro gronde nan katye-a. Menm posil bouke ak li. 2) Anatid gen disèt an. Manman l about ak li. Li tounen yon toro gronde nan kay-la.*

Tonbe an debanday, 1) Kondisyon yon bagay yo abandone. 2) Kondisyon yon moun kap viv yon fason ki pa fè onè paran l oubyen zanmi l. *1) Depi Obasandjo ak madanm li mouri, kay yo tonbe an debanday. 2) Jan* *papa Amo se moun debyen. Amo tonbe an debanday. Li menm kite lekòl.*

Tonbe an degraba, 1) Kondisyon yon bagay ki deteryore. Li pèdi valè l. 2) Lè zafè yon moun pa bon menm epi tout moun ka wè sa. *1) Depi premye jenerasyon abitan vil-la fin mouri oubyen pati nan peyi etranje, vil-la tonbe an degraba. 2) Lemyèl te refize pran asirans vi. Li te di tout moun lajan yon moun peye konpayi asirans pou asirans vi se lajan jete. Li tonbe mouri sibit. Apre simwa madanm li ak senk timoun li kite dèyè tonbe an degraba.*

Tonbe daplon, moun di sa lè yon bagay tonbe egzateman kote yo te vle mete l oubyen pou montre yo dakò ak pawòl yon lòt moun di. *1) Twa chapantye tap mete twati sou yon kay. Yo te mete yon madriye. Pi gro bòs-la gade li di : « Mesye nap retire madriye-a. » Yon lòt mande l : « Poukisa ? » Li reponn : « Madriye-a pa tonbe daplon. » 2) Likès gen simwa depi li rive Etazini. Se te epòk eleksyon. Politik se pasyon Likès. Yon jou Likès di yon zanmi : « Si m te ka vote, m ta p vote pou Pit. » Pit se yonn nan kandida demokrat-yo. Zanmi-an di : « Poukisa ? » Likès reponn : « Pit se sèl kandida lè li pale pawòl li tonbe dablon. » Zanmi-an pete yon gwo kout ri. Li rele lòt moun pou vin tande. Lè moun-yo mande sak genyen, li di yo : « Likès gen simwa nan peyi-a. Li ponkò menm konnen kont angle pou chache travay. Li deja konnen pawòl ki kandida ki tonbe daplon. »*

Tonbe leve, yon jou bon, yon jou mal ; yon lè sa byen, yon lè sa mal. *Papa Makila gen katrevendouz an. Yon jou Makila rele l nan telefòn. Makila mande l : « Papa kouman ou ye ? » Li di Makila : « Enben pitit ou konnen kouman kò-a ye. Se tonbe leve. Senmenn-sa-a sa pi mal.*

Makila di : « Sak pase ? » Papa l kontinye : « Enben pitit, m pa konnen sak pase. M te konn manje de grenn bannann. Kounye-a se nan goumen m manje yonn. » Makila di : « Papa ou mèt kontinye nan tonbe leve. Ou pi bon pase m. Mwen se nan goumen m manje mwatye grenn bannann. »

Tonbe nan tchouboum, abouti yon kote oubyen yon kondisyon dezagreyab akòz move desizyon. *Tout moun te di Anèt pou li pa marye ak mesye tèt chaje-sa-a. Li pa te vle koute. Kounye-a li twò ta. Li deja tonbe nan tchouboum.*

Tonbe ri, ri sanzatann, byen fò epi kontinye pou yon bon ti tan. *Nelyo fenk rive Chikago nan mwa janvye. Nan dimanch, li gen randevou ak yon zanmi kap vin chache l pou mennen l lamès. Lè zanmi-an rive ak tout madanm ni, li jwenn Nelyo deja fin abiye ap tann ni. Depi Nelyo wè yo, li kanpe pou li sòti ak yo. Zanmi-an ak madanm ni tonbe ri. Nelyo mande yo : « Poukisa kou m kanpe pou nou sòti nou tou de tonbe ri ? » Zanmi-an di : « Kote ou prale ak soulye italyen klere-sa-a ki nan pye ou la ? Nèj ki deyò-a ap preske rive nan jenou tout moun. Ou pa wè sa ki nan pye m ak madanm mwen ? » Li gade li wè ni zanmi-an, ni madanm ni ak de gwo bòt nan pye yo ki rive jouk nan jenou.*

Tonnè boule, yon sèman moun fè pou montre yon pawòl li fin di oubyen li pra l di se laverite. *Jan ak Alan te de bon zanmi. Alan te gen yon pwoblèm ak Jan. Anvan chak pawòl Jan se pou li di tonnè boule. Tout sa Alan fè pou li fè Jan kite abitid-la, li pa reyisi. Li sèvi ak relijyon. Li sèvi ak filozofi. Li sèvi ak levasyon fanmiy. Li eksplike kouman lavi yon moun ap viv dwe pèmèt lòt moun kwè sa li di san li pa bezwen ap di tonnè boule l. Jan pa janm chanje. Yon jou te gen yon kout tan. Loray* *ap gronde. Kout zeklè adwat agòch. De zanmi-yo te chita anba yon gwo pye chèn ap jwe domino. Alan sonje depi li te piti granpapa l te toujou di l pou moun pa janm rete anba gwo pyebwa lè gen loray ak zeklè. Alan di Jan: « Monchè annou rantre andedan. Kalite kout zeklè-sa-a-yo, li pa bon pou nou rete anba gwo pye chèn-sa-a. » Apenn yo deplase, yon gwo kout loray tire : goudou ! goudo ! Goou ! Nan yon segond, yon kout zeklè frape pye chèn-nan. Kout zeklè-a pa te pran mesye yo. Men fòs-la te sitan fò, tou de te tonbe. Yonn preske pa te ka wè lòt. Jan te pi mal. Se Alan ki bay Jan lebra pou li leve kanpe. Lè yo gade, zeklè-a boule pye chèn nan rapyetè. Li fouye yon gwo trou toutotou dèyè pyebwa-a. Jan tap tranble. Lè li reprann fòs, li di Alan: « Monchè Alan, ou konn sak pase ? » Alan di : « Sak pase ? » Jan di : « Dapre sak rive la-a, tonnè boule m, m pap janm di tonnè boule ankò. » Alan ri. Li di : « M bay legen. M pèdi batay-la. »*

Tonton makout, yon moun Ayisyen di ap vin fè timoun pè oubyen vin pran yo lè yo pa vle fè yon bagay. 2) Manm kò paramilitè nan gouvènman Divalye. *1) Manman Jojo di Jojo pou li kouche dousman jouk li dòmi. Si li pa fè sa yon tontonmakout ki gwosè kay-la ap vin pran l. Joujou kouvwi tèt-li. dòmi pote Joujou ale. 2) Yon pwofesè istwa di elèv sètifika yo : « Te gen tonton makout nan tout kouch sosyete-a. Anpil nan yo se te pou pwoteje tèt yo, fanmiy-yo ak byen yo. »*

Tonton nwèl, 1) Yon moun ki abiye tankou Sen Nikola kap mache bay timoun kado nan sezon nwèl. 2) Yon moun lòt moun ap atann pra l pote kichòy pou yo oubyen pra l fè yon bagay pou yo poutan moun-nan pa egziste vre oubyen li pap janm vini vre. *1) Depi desanm rive, tout timoun kontan. Yo konnen Tonton Nwèl pra l pote kado pou yo. 2) Li lè pou nou sispann chita ap tann*

Tonton Nwèl pou vin rezoud pwoblèm inondasyon kap ravaje zonn-nan. Nou tout dwe touse ponyèt nou pou nou fè baraj epi bati sitèn pou nou ankese dlo lapli.

Tou cho tou bouke, lè yon moun parèt yon kote oubyen rantre nan yon bagay san avètisman epi li koumanse pran pòz chèf nan kote-a oubyen nan bagay-la. 1) *Jennonm-nan sòti kote l sòti tou cho tou bouke epi li koumanse ap mete dezòd nan katye-a. 2) Madanm-nan parèt tou cho tou bouke nan òganizasyon-an epi li konprann tout sa manm-yo te fè anvan pa vo anyen.*

Toufe diri, kouvri yon diri ka p kwit anvan dlo-a fini nèt yon fason pou pa kite lè sòti nan chodyè-a. *Pandan Silfina te renmen ak Lwinèl, Lwinèl te di Silfina li konn fè manje. Jouk yo marye, Silfina pa janm wè kote Lwinèl ap fè manje. Li pa janm manje yon manje Lwinèl fè. Apre twa mwa maryaj, Silfina ap plyenyen bay manman Lwinèl. Li di Manman Lwinèl: «Manmi, pandan tout tan m pase renmen ak Lwinèl, li te toujou di m li konn fè manje. Poutan menm yon diri Lwinèl pa konn kwit. Chak fwa li kwit yon diri, li pa menm toufe diri-a li mete l sou tab. » Nanouz, yon ti sè Lwinèl ki tap koute konvèsasyon-an, pete yon gwo kout ri. Lè manman l mande l sak fè kè l kontan konsa, li reponn : « Bèlsè m fenk banm yon bòn nouvèl. Lwinèl konn fè manje ! Ka se vre. Jounen jodi-a yon moun ka peze yon bouton konpitè oubyen òdinatè epi li aprann tout bagay la pou la. Sa Lwinèl te di ou la ka vre tou paske gen fè manje ak fè manje.»*

Tounen an kòboy, yon bagay ki te byen koumanse epi ki fini mal. *Pandan tout premye mitan-an tout bagay te byen kalm nan match-la. Ekip lokal-la pran yon gòl nan dènye minit dezyèm mitan-an epi tout bagay tounen an kòboy. Se gras a antrenè-yo ki fè jwè-yo pa goumen.*

Tout lasent jounen, tout tan. *Pitit-la pa grangou ; li pa malad. Poutan lap kriye tout la sent jounen.*

Touye rache, fè yon bagay magre obstak oubyen difikilte. *Anòl di touye rache fòk li bati yon kay kanmenm.*

Trap de, byen vit. Sa vle di menm bagay ak top top. *Ou pa bezwen pè ban m yon avalwa sou travay-la . Map renmèt ou travay ou trap de.*

Trase egzanp, fè yon bagay pou fè lòt moun sispann aji yon jan oubyen koumanse fè sa yo vle yo fè. *Nou pa ka kite bandi pran zonn-nan. Se pou nou sèvi ak plizyè mwayen pou jwenn bonjan enfòmasyon sou yo epi fè arete tout mete nan prizon. Fòk nou trase yon egzanp nan katye-a.*

Travay demwatye, travay nan tè yon lòt moun ak kondisyon pou bay mèt tè-a mwatye oubyen yon ka nan rekòt-la. *Yon etidyan fakilte agronomi ekri yon gwo liv pou montre kouman travay demwatye lakòz tè pèdi valè yo epi kouman li ankouraje debwazman.*

Travay pou bontan, travay pou granmesi. Travay san touche oubyen pou yon kòb ki pi ba pase sa travay-la vo. *Yon jou yon pastè tap preche. Li di : « Tit mesaj mwen jodi-a se « Pa Gen Moun Kap Travay Pou Bondye pou Bontan. » Yon jenn gason dizuit an ki te fèt epi grandi Kalifòni te nan vakans an Ayiti. Li te nan legliz-la ak grann ni. Paran-l nan Kalifòni te montre-l pale kreyòl. Lè li fin tande tit mesaj-la, li di grann ni : « Grann, m pa konprann pawòl sa-a. Si moun pap travay pou Bondye pou bon tan, sa vle di moun kap travay pou Bondye ap toujou nan move tan. Poutan m konnen anpil moun kap travay pou Bondye kap byen mennen. » Grann nan ri.*

Grann nan di : « Ou vrèman pa konprann. Bontan sa-a vle di gratis, travay san touche. Tankou noumenm gason nou pa renmen fè travay lakay paske se travay pou bontan. »

Triye pwa, retire pay oubyen wòch nan yon pwa anvan yo mete pwa-a sou dife. Yo triye diri ak pitimi tou. *Joze tap file Eliz. Eliz mande Joze : « Eske m ka poze ou yon kesyon ? » Joze di : « San pwoblèm. Ou mèt poze m nenpòt kesyon an kreyòl, an franse, an angle epi menm an espayòl » Eliz di : « Eske ou konn fè manje ? » Trant segond pase Joze pa di anyen. Eliz di « A pa ou pa reponn. Kouman se an franse ou vle m poze ou kesyon ? » Joze pa te ka konprann pou yon fi ayisyen poze yon gason kap file l yon kesyon konsa. « Joze di : « Mis si m di ou m konn fè manje se manti map ba ou. Sèl sa m fè pou moun lakay lè yo ap fè manje se triye pwa. » Eliz di : « Si se konsa ou pa bezwen pèdi tan ou paske m pap marye ak yon gason ki pa konn fè manje. Ou mèt rete triye pwa pou manman ou. »*

Trou nan manch, lè yon moun ap depanse lajan san kontròl. *Yon koup tap viv Chikago. Yo gen de pitit fi. Chak ane yo voye yo fè vakans Jakmèl ak grann yo. Sa fè yo te rive konn pale kreyòl. Yon jou yo mande papa yo pou achte yon bagay pou yo. Papa a di li pa gen lajan. Yo di eske nou ka mande manmi. Papa yo di : « Manman nou pi mal. Li gen trou nan manch. » Yo pa te konprann sa papa yo te vle di. Ni papa yo pa te esplike yo sa sa vle di. Kou pi piti a rive lakay-la li kouri kote manman l. Li di : « Manmi, papi di ou gen trou nan manch. Eske se vre ? »*

Twa pye dife, twa wòf Ayisyen sèvi pou mete chodye chita lè yo ap fè manje ak dife bwa. *Yon gwo siklòn te devaste pati sid Florid. Pa te gen kouran. Pa te gen*

gaz. Pèsonn moun pa te ka limen fou pou fè manje. Yon
manman ki te gen wit pitit di : « m gen lakou. Se Ayisyen
m ye. Depi m jwenn twa wòch dife map bay pitit mwen
manje. » Mari-a te chache sis blòk. Yo limen de fouye
dife. Yonn pou kwit diri ak pwa kole. Lòt-la pou legim.
Nan de tan twa mouvman, tout moun te manje vant
deboutonnen. Yo te bay menm moun nan vwazinaj
manje. Kèk nan yo se te Ameriken. Twa pye dife pa te
yon sipriz pou yo. Men se premye fwa yo te goute manje
ayisyen.

Twal chanbre, yon twal byen di koulè ble Ayisyen te
konn sèvi pou fè wòb ak chemiz. *Vilmen se yon jounalis*
fotograf pou yon jounal yonn nan gwo peyi Lewòp-yo. Li
gen senk chemiz chanbre. Li di chemiz-yo bon pou
travay lap fè-a epi yo ede l sonje tout moun zonn kote l
te sòti ki te konn ede l lè il tap grandi.

Twoke kòn, sa vle di menm bagay ak « toke kòn »

V

Vale teren, ogmante, pran fòs, elaji. *Siklòn-nan ap vale teren.*

Vap menni, yon pafen san valè. *Petris renmen Rita. Rita pa enterese nan Petris. Men manman Rita ta byen renmen Petris kòm bofis. Yon jou Petris vin lakay-la. Li pote yon gwo boutèy pafen pou Rita. Lè Petris ale, Rita debouche pafen-an. Li pote l bay manman l. Rita di manman l : « Me yon boutèy vap menni bofis ou pote pou ou. »*

Vare sou yon moun, joure yon moun san moun-nan pa tap atann. *Silvi se madanm Vòlma. Yon jou Silvi ale kay Yoland, yon ti sè Vòlma. Depi Silvi rive li koumanse joure Yoland. Yoland di Silvi : « Rete, sa kap pase ou konsa ? Jan ou ap pale ou sanble yon moun tèt-li ap pati. Si se yon pwoblèm ou gen ak Vòlma, al regle koze ou ak Vòlman. Ou pa ka vini bò isit-la pou koumanse vare sou tout moun. »*

Vann jounen, lè yon moun travay pou yon lòt pandan yon jounen epi lòt moun nan peye l pou jounen travay-la. *Danyèl rive Miyami. Nan de jou, yon frè l ki te Etazini byen lontan sòti ak li. Yo pase nan yon bout kwen. Danyèl wè yon bann moun kanpe devan yon biwo. Danyèl mande frè-a : « Sa tout moun-sa-a yo ap fè la granm maten-an? » Frè-a di Danyèl, « Sa se moun ki pra l vann jounen. » Danyèl di : « Kisa ! Moun nan vann jounen Etazini tou ! »*

Vann kou, yon pwofesè nan segondè oubyen nan inivèsite kap anseye nan plizyè etablisman. Li pa gen yon salè fiks. Sa li touche depann sou kantite kou li anseye. *Mèt Chemelan pase tout vi-l nan ansèyman. Li gen swasantkenz an. Li pa ka anseye ankò. Pandan tout tan li te pase nan ansèyman-an li tap vann kou. Li pa te yon anplwaye. Li pa gen ankenn pansyon.*

Vannen anban chaplèt, bat yon moun anpil. *Jennonmnan vòlò yon ti bannann gròsbòt. Chèf seksyon-an vannen l anba chaplèt.*

Vant kouri, *dyare. Sa fè senk fwa Odalis sòti kite reyinyon-an. Gen lè li gen yon vant kouri.*

Vant mennen, dyare. *Emanèz pase twa jou ak yon vant mennen.*

Vant pase, dyare. *Frank gen yon vant pase san rete. Li pèdi senk liv.*

Vant rakbwa, yon vant ki bay anpil pitit. Enpe sòti moun debyen. Enpe pa sòti moun debyen.. *Pòl di : « Vant man Ramo se yon rakbwa. Li bay tout kalite pitit. » Simon reponn : « M pa dakò. Se sosyete-a ki gate kèk nan timoun-yo. Se manke konpasyon ak respè lè ou di vant madanm-nan se yon vant rakbwa. »*

Veritab branlba, anpil dezòd. Anpil melimelo. *Ansenyo di manman l li pra l nan yon fèt. Apre trant minit Ansenyo retounen. Manman l mande: « Sak pase? Ou chanje lide ? » Asenyo reponn : « M pa rete. Lè m rive m wè se yon veritab branlba. M vire do m. »*

Venn foule, yon venn ki anfle apre yon bagay te frape yon moun oubyen apre moun-nan te tonbe. *Pye Zildò anfle. Wanita, manman Zildò, deside pou mennen l lopital. Granpapa Zildò manyen pye-a. Li di Wanita : « Ou pa bezwen mennen Zildò lopital. Ou mèt renmèt mwen pye-a. Pa gen anyen ki kase. Se yon venn foule. Map tretre l. »*

Vire do, sòti kite yon bagay oubyen yon kote nan yon fason ki montre mekontantman. Metèk, yon pwofesè inivèsite, te *gen yon gwo pozisyon nan yon inivèsite Towonto. Li kite l pou vin anseye nan yon Inivèsite Etazi. Apre en an, li vire do l. Tout kòlèg li yo te sezi paske yo te byen renmen l. Sa ki te etone yo plis, Metèk pa di yo poukisa li kite. Motèk retounen Towonto magre inivèsite Etazini-an peye l plis pase inivèsite Towonto-a. Yonn nan pwofesè-yo ale Towonto. Li te vle konnen sa Motèk jwenn nan inivèsite Towonto-a li pa te ka jwenn nan inivèsite Etazini-an. Apre de senmenn Towonto, pwofesè-a te dekouvri poukisa Motèk vire do-l epii retounen Towonto. Pwofesè-a jwenn Motèk gen yon dam Towonto li renmen anpil. Li vle marye ak dam-nan. Dam-nan di Motèk li pap kite Towonto. Lè pwofesè-a retounen, tout kòlèg li yo reyini pou tande sa l jwenn. Li louvwi konvèsasyon-an konsa : « Mesyedam, lanmou pi fò pase lajan ak pwomosyon. Sa vre menm pou pwofesè inivèsite. »*

Vire lang, di yon bagay nan yon fason ki montre bagay-la pa verite oubyen moun kap di bagay-la pa konnen sa lap di-a byen. Oubyen moun nan ka konnen bagay-la byen men li pa vle di tout verite-a. 1) *fason Ansèl ap vire lang li lè lap reponn kesyon ofisye eta sivil-la sanble se li ki vòlò bisiklèt-la vre.* 2) Jan elèv-la ap vire lang li la-a, sanble li pa konn leson-an. 3) *Majistra-a se yon moun onèt. Nou tout konn sa. Men jan lap vire lang li nan*

konvèsasyon ak komèsan-yo sanble gen bagay li pa vle
yo konnen.

Vire tounen, tanzantan. *Vire tounen ou ap bay pitit-la
manje. Li pa bon pou sante l.*

Viv sante, gen bon sante pandan yon tan byen long. Pa
malad fasil. *Analwiz mande Silvi : « Tout tan se ou
menm sèl m wè nan reyinyon-yo. Kote mari ou ? » Silvi
reponn : « Remon pa sòti souvan. Li pa moun ki viv
sante.»*

Vizit doktè, yon ti vizit tou kout. *Ou fenk vini epi ou leve
pou ale. Sa se vrèman yon vizit doktè.*

Vle pa vle, fè yon bagay magre difikilte oubyen
opozisyon. *Banav ak Charite gen vennsenk an maryaj.
Yo gen yon sèl pitit fi. Li rele Vana. Yon jou yo ap sòti
Jeremi nan yon pikòp pou ale Tibiron. Lè yo rive zonn
Lèzirwa, Pikòp-la chavire. Ni Banav ni Charite mouri.
Jou lantèman-an lè yo fin mete tou de sèkèy-yo nan
menm kavo, Vana kanpe nan simetyè-a ap rele. Li refize
deplase. Tout gason gen deran dlo nan je. Joze, fiyanse
Vana, anbrase Vana. Li di Vana « M konnen kou-a di
pou ou. Li di pou nou tout. Men vle pa vle fòk nou kite
simetyè-a. » Pandan lap di sa, Vana endispoze nan bra
l. Joze pote Vana. Li mete l nan yon vwati. Yon medsen
ki te la kouri al jwenn yo.*

Vole gagè, lè yon moun sispann fè yon bagay li te
koumanse akòz pwoblèm, difikilte oubyen pèsekisyon.
*Yon agronòm achte senk karo tè. Li plante legim nan
mwatye. Nan rès-la li plante tout kalite viv. Li vann
medam zonn-nan tout pwodwi-yo nan yon pri byen ba
pou pèmèt yo fè pwofi lè yo revann yo. De jenn gason ki
pa menm moun zonn-nan koumanse pèsikite agronòn*

*nan. Fanm-yo di se sou kadav-yo pou jenn gason-yo ta
pase anvan yo ta rive fè agronòm-nan anyen. Medam-yo
tèlman mete presyon sou mesye-yo, mesye yo te oblije
vole gagè. Yo te kite zonn nan.*

Voye ale, 1) Revoke. 2) Ranvwaye yon move lespwi. 3)
Antere yon mò. *1) Simon pap travay. Depi desenmenn
bòs-la voye l ale. 2) Tout lannwit, Nikòl tande yon gwo
bwi nan lakou kay li. Li pase toutnwit-la san dòmi. Nan
landemenmaten lap rakonte yon tonton l sa. Tonton-an
rele Milyen. Milyen ale lakay li. Li retounen ak yon
danmijann. Li souke danmijan-nan. Li leve-l nan
direksyon solèy leve. Li di yon bann pawòl pèsonn moun
pa konprann. Li kanpe devan pòt kay-la. Li voye enpe
likid nan danmijann-nan nan lakou kay-la. Pandan lap
jete likid-la, li di: « Sa kap fè enpètinans nan lakou kay-
sa-a, m voye l ale. M voye l ale kote li te sòti-a. » 3) Yon
agronòm pase dizan ap travay nan tout depatman sid-la.
Tout moun te rele l agronòm Loulou. Anpil lòt te rele l
senpman Agro. Loulou mouri sibit ak yon kriz kadyak.
Li te gen karant an. Yo te chante lantèman-an Okay.
Delegasyon te sòti tou patou pou asiste lantèman-an :
Kanperen, Aken, Manich, Tòbèk, Chantal, Tibiwon,
Senjandisid, Kavayon, Bònfen, Ilavach elatriye.
Delegasyon te sòti nan tout zonn Grandans ak lòt
depatman peyi-a tou. Plizyè pastè, plizyè prèt, yon
monsenyè katolik ak yon evèv pannkotis te sou
pwogram-nan. Apre twazè edmi nan legliz-la, evèk
pannkotis-la di moun-yo: « M konnnen lanmou nou
genyen pou Loulou. M konnen lapenn ki nan kè nou tout.
Men fòk nou voye l ale. Nap mande direktè mezon finèb-
la pou fèmen sèkèy-la. » Man Loulou ki te gen
tranntwazan rele anmwe. Yo bay lebwa pou li kite legliz-
la. Tout tan lap sòti, lap rele : « Voye l ale ! Voye m ale
tou ! Voye l ale ! Voye m ale tou ! Voye Loulou
ale ! Voye m ale tou.» Nan moman-sa-a dlo tap kouri*

nan je tout moun, fanm kou gason, timoun kou granmoun.

Voye chaplèt, bat moun nan yon foul pou retabli lòd oubyen pou evite dega. *Lapolis sèvi ak yon pòtvwa pou di moun-yo pou yo pa travèse limit lapolis make ak yon kòd pou manifestasyon-an. Moun yo pa obeyi. Yo travèse kòd-la pou rantre nan lakou kay majistra-a. Lapolis voye chaplèt devan dèye jouk tout moun dispèse.*

Voye flè, fè bwòdè. Taye banda. *Yon moun mande Man Edmon : « Ban m nouvèl de pitit fi ou yo non. M pa wè yo menm. » Man Edmon reponn : « Medam yo la. Yo ap voye flè. »*

Voye gawòt, bat moun ak yon baton. *Manifestasyon-an te koumanse byen pezib. Yon gwoup vakabon koumanse voye wòch sou polis. Polis-yo mande ranfò. Yo voye gawòt devan dèyè. Tout foul-la dispèse.*

Voye je, siveye pou yon ti bout tan. *Map fè yon kout pye lavil. Tanpwi, voye je sou timoun-yo pou mwen.*

Voye mò, voye yon movezespwi sou yon moun pou fè l ditò. *Jan ti gason vwazin-nan se yon jennonm saj, byen janti. Janm wè li ap aji-la-a sanble yo voye yon mò sou li.*

Voye monte, pale san kontwòl, san bonjan enfòmasyon. Lè yon moun ap pale sou yon bagay san li pa gen konesans ni eksperyans nan domèn-nan. *Jounenjodia-a, gen twòp moun prepare nan peyi-a. Nou pa ka chwazi yon bann moun kap voye monte pou reprezante nou.*

Voye pwen oubyen voye prent, voye toya. Joure yon moun san nonmen non l men nan yon fason pou moun-nan konnen se ak li moun kap joure-a ap pale. *Yo te nonmen yon nouvo direktè nan yon sèvis depatman sosyal. Direktè-a te deside pou chanje jan sèvis-la tap fonksyone. Li kòmanse ak anplwaye-yo. Li egzije pou tout anplwaye rive alè epi rete travay jouk lè yo dwe ale-a rive. Li kreye tavay tou bay tout moun. Chanjman-yo te bay yonn nan sekretè-yo anpil pwoblèm. Yon jou sekretè-a koumanse chante byen fò nan sèvis-la. Me pawòl chante-a : « Travay pou kouròn-nan. Travay pou kouròn-nan. Bèl kouròn annò-a. » Yon resepsyonis di sekretè-a : « Se pa chante wa p chante. Yo rele sa voye pwen. »*

Voye pye, fache anpil epi aji yon fason pou montre sa. *Gouvènman-an kraze yon bann ti kay tou pre lanmè-a paske yo te reprezante yon danje pou sekirite moun-yo. Propriyetè-yo voye pye. Men yo pa te ka anpeche sa fèt.*

Voye ranvwa, voye yon move lespri sou moun pou fè moun-nan soufri. *Yo vòlò yon gwo kabrit yon peyizan. Peyizan-an voye yon ranvwa dèyè vòlè-a.*

Voye toya, voye pwen. Joure yon moun san nonmen non moun-nan. *Monèl se mari Janèt. Ketlèn di Janèt : « Sanble Monèl gen yon lèy sou* Lwiz.*» Yon jou Lwiz al larivyè. Lè li rive, li jwenn Janèt nan rivyè-a. Li salye Janèt. Li salye tout lòt medam-yo. Janèt reponn malman. Vè pita, Janèt koumanse ap di yon bann koze dwòl. Pèsonn pa konnen ak ki moun lap pale. Janèt di : « Gen yon seri fanm depi mari yon moun pase bò kote yo, yo tou prèt pou anvlope l tankou se yon twal zarenyen ki anvlope yon bèl papiyon. Yo prèt pou kouvri l tankou se yon pèlen yo tann pou zwazo. Yo ap kajole l tankou se yon vòlò kap lage grenn mayi bay yon kòk jouk tan li rive mete men sou kòk-la.» Nazilya, yon lòt dam ki te nan larivyè-a, reponn. Li di : « Janèt, sa se*

lachte. Depi maten wa p voye toya. Si ou gen pwoblèm
ak yon moun se pou pale kare ak moun-nan ou pa
bezwen ap voye toya. » Janèt di Nazilya, « Ou pa
bezwen fatige ou. Mèt koze-a konnen se ak li map pale. »

Voye wè, lè yon moun voye lòt moun al kay oungan
oubyen kay manbo pou li. *Jwenvil al wè pitit yon konpè*
l ki malad. Lè Jwenvil fin gade piti-la, li sòti. Li rele
konpè-a. Li di: « Mon konpè, m konnen kwayans ou.
Gen bagay menm si m di ou yo ou pap vle kwè m. Men
nan ka-sa-a m pa ka fè silans. *Ou pa ka gen yon sèl pitit*
gason pou kite l ap mouri nan kondisyon-sa-a. Si ou pap
sòti, men fòk omwens ou voye wè sa kap pase konsa. »
Monkonpè-a di Jwenvil : « Monkonpè sa Bondye vle fè
la fè. M paprale ni m pap voye wè. » Monkonpè-a di :
« Monkonpè, gen bagay je ou pa ka wè. Gen bagay
zorèy ou pa ka tande. M ba ou mesaj-la. Omwens
konsyans mwen klè. »

Vyann kote kou, moun yo pa bay anpil atansyon malgre li
enpòtan. *Silvi di : « Sa fè m mal anpil. Ketya travay san*
pran souf pou fè asosyasyon-an grandi. Malgre sa, nan
tout reyinyon dirijan yo gade l tankou vyan kote kou. »

Vyann sesin, vyan sale yo seche. *Man Klè ap pale ak yon*
vwazin. Li di vwazin-nan: « Pandan twa jou ki pase yo,
si m pa te gen de moso vyann sesin nan kay-la, timoun-
yo pa ta-p konnen sa yo rele vyann. »

Vyann soupoudre, yon vyan yo byen asezonnen ki ka rete
yon bon bout tan menm si yo pa cheche l. *Goda vanm*
tout kalite vyann : vyann fre, taso, tisale, sesin, vyan
moulen, vyan soupoudre elatriye.

Vye jou, vyeyès. 1) *Li bon pou yon moun toujou fè byen*
nan lavi-a. Nan vye jou, ou pa konnen ki moun ou pra l

bezwen pou pote ou sekou. 2) Depi laj vennsenkan tout moun ta dwe koumanse fè epay pou vye jou yo.

Vye rat, yon moun ki gen anpil esperyans nan sa lap fè. *Pa gen yon tayè ki ka rive fè yon vès menm jan ak bòs Valde. Li gen trantsenk an depi lap taye vès. Se yon vye rat li ye nan metye-a.*

Vyèj mirak, yon pisans envizib byenfetè nan mitan danje, malè oubyen gran bezwen. *Fofo se fanm ki gen chans. Menn si li nan yon bato kap koule, yon vyèj mirak ap pase men pran l kanmenm.*

Wa chat, yon gwo vòlò. *Msye se yon wa chat. Pa rantre nan biznis ak yon nonm konsa.*

W

Wa gen tan konn Jòj, pare tann sa yon moun pra l fè. Reyaksyon moun nan ka vini sou fòm yon pinisyon oubyen revanj. *Natalya di Monik : « Sèlman, manman m sòti. Li di ou pou lave veso-yo ou pito ap jwe. Ou konnen byen jodi-a se jou pa ou pou lave yo. Lè manman m vini, wa gen tan konn Jòj. »*

Wa gen tan konnen, yon avètisman pou yon malè oubyen yon pinisyon. *Polis mande pou tout moun deplase ou rete chita kè pòpòz. Wa gen tan konnen !*

Wete chwal, batize, nan relijyon katolik. *Eliz gen katrevendizan. Depi yon timoun ap fè dezòd, Eliz toujou mande : « Kouman l fè dezòd konsa ? Kouman, yo pa te janm retire chwal li? »*

Wete nan kòsaj oubyen wete nan kòsay, koupe zanmitay ak yon moun. *Yo ponkò menm marye Bozil tounen yon sousoupannan pou Danya. Danya ki yon fanm entelijan, li retire Bozil nan kòsay li anvan sa rive pi lwen.*

Wè pa wè, magre difikilte oubyen pwoblèm. *Ou pa bezwen enkyete ou. Depi Apolon di lap vini ou mèt chita kè pòpòz tann li. Wè pa wè lap vini.*

Wi pip !, yon kri yon moun fè pou montre kontantman, satisfaksyon oubyen etònman. *Lè lamarye-a sòti nan machin-nan, mesye-a tèlman kontan, li pa jwenn anyen pou di. Li rele : « Wi pip ! »*

Wòch dife, 1) yonn nan twa wòch yo sèvi pou mete chodyè chita lè moun ap fè manje ak dife bwa ; 2) yon moun ki pa pè difikilte oubyen danje. 1) *Se twa wòf dife ki kreve pwa. 2) Se wòf dife m ye. M pa pè chalè.*

Wòb talatán, yon wòb ak yon twal fen yo te rele talatán. *Twa medam ayisyen tap pale. Yo tap rakonte kalite wòb yo te konn mete lè yo te jenn fi. Wòb manch krimono, wòb syanm, wòb plise, wòb taftaf, wòb talatán. Yon mesye ki tap koute di medam-yo: « Si nou vle, m ka di apeprè ki laj nou tout genyen » Tout medam-yo te tonbe ri.*

Wòch galèt, wòch ki bò rivyè. *Mete rad yo sou wòch galèt yo.*

Wòch karyann, yon wòch ki di anpil. *Tè sa-a chaje ak wòch karyann. Se pa yon kote pou plante bannann.*

Wòch nan dlo, moun afè bon. Medam-sa-yo se wòch nan dlo. Depi yo fèt yo pa konn sak rele grangou.

Wòch nan solèy, moun afè pa bon. *Wòch nan dlo pa konn mizè wòch nan solèy.*

Won kon bika, egzat. *Li dizè won kon bika.*

Wou bremann, yon gwo wou laj byen long peyizan-yo sèvi ann Ayiti. *Meteye envite tout gason ki gen wou bremann nan konbit-la. Li konnen de kout wou ak yon wou brenamm kont pou yon twou bannann.*

Woule balon, jwe footbòl. *Se nan woule balon Etyèn fè tout kòb li.*

Woule chaplè oubyen woule chaple, lapriyè nan relijyon katolik. *Pitit-la gen lontan depi lap woule chaplè. Lap jwenn yon moun serye kanmenm pou li marye.*

Woule de bò, lè yon moun pa pran yon pozisyon sou yon bagay. Yon lè li dakò. Yon lè li pa dakò. Lè bagay-la bon li pou li. Lè bagay-la pa bon li pa ladan l. Li toujou nan kan kote l jwenn avantaj pa l. *Senksan peyizan nan Latibonit te reyini pou mete sou pye yon kooperatif diri. Apre anpil diskisyon, yo te chwazi yon komite pou planifye pwojè-a. Yonn nan pitit peyizan-yo ki te yon gran avoka nan Pòtoprens te ofri pou li ede yo san yo pa bezwen peye l. Moun zonn-nan te rele l Mèt Pepe. Yonn nan yo te mande la pawòl. Li di: « Pandan swasant an*

*Granmèt-la pèmèt mwen viv la mwen wè anpil bagay.
Mwen wè anpil mouvman ki koumanse ki pa kontinye.
Depi nou renmèt pwojè-sa-a bay mesye save Pòtoprens
yo gen anpil chans pou li mouri nan pasaj. » Gen yon
oungan nan zonn-nan ki di : « M konprann byen sa ou
di la-a. Nou tout fè move eksperyans nan aktivite
kominotè. Men nou mèt fè Mèt Pepe konfyans. Se yon
nonm ki pa janm nan woule de bò. Si li di wi se wi. Si li
di non se non. » Gen yon pastè batis ki di : « Sa msye di
la-a se vre. Mèt Pepe se pitit zonn-nan. Nou tout konnen
l. Li pa janm nan woule de bò. Se yon nonm nou ka
konte sou li pou ban nou direksyon. Dayè nan yon bagay
enpòtan konsa nou bezwen moun ki gen konesans pou
gide nou. » Yon fanm ki te mare tèt li ak yon mouchwa
plizye koulè mande lapawòl. Li di : « Mesyedam, si yon
oungan ak yon pastè batis dakò sou yon bagay nan
Latibonit, nou pa bezwen fè plis diskisyon sou li. » Tout
moun te ri. Yo te vote pou Mèt Pepe ekri konstitisyon
kooperatif-la. Menm fanm-nan te mande pou Mèt Pepe
prepare dokiman-an nan twa lang : kreyòl, franse ak
angle. Tout moun te dakò ak lide-a. Mèt Pepe te dakò
pou pote dokiman-an bay yo nan twa lang nan yon delè
tou kout.*

Woule dous, byen mennen. Afè bon. *Dirijan asosyason-
an ap woule dous. Li konprann afè tout moun bon menm
jan ak li. Se sak fè li mande pou yo double kotizasyon
chak manm dwe peye-a.*

Woule kò, lè yon moun rete tou dousman yon kote pou li
jwenn sa li ap chache. *Woule kò ou nan depatman-an.
Yon jou wap jwenn yon promosyon kanmenm.*

Woulo konpresè, yon bann moun ki pran lari kont yon
moun yo panse ki responsab moye sò yo. Yon roulo
konpresè ka pran lari tou pou sipòte yon moun oubyen

yon mouvman. *1) Yon woulo konpresè te pran lari pou mande Minis Komès-la pou di yon mo sou lavi chè ki blayi nan peyi-a ; 2) Yon roulo konpresè sòti chak jou pou sipòte de kandida yo ta vle ki pase nan eleksyon lejislatif yo.*

Wousi vyann, lè yon moun ajoute engredyen nan yon vyann li koumanse fri. *Pepe konn tranpe vyann byen. Men depi lè rive pou li wousi vyann-nan se madanm ni li rele.*

Y

Yanm ginen, yon yanm jòn. *Yon agwonòm te deside ekri yon liv sou yanm an Ayiti. Li ale jouk nan Ginen pou chache enfòmasyon sou yanm ginen.*

Yaya kò, fè dilijans. Avanse pi vit ak yon bagay oubyen mache pi vit. 1) Pou depi tan ou koumanse netwaye kay-sa-a li lè pou fini. Manyè yaya kò ou. 2) *Si ou pa yaya kò ou tout moun ap kite ou dèyè.*

Yanm sigin, yon yanm blan. *Chak dimanch man Dareyis kuit yanm sigin lakay li.*

Yon awoze, yon diri yo vide yon sòs vyann sou li. *Boniklès rantre nan yon restoran sou boulva Janjak Desalin, Pòtoprens. Li di byen fò: « Tanpwi, ban m yon* *awoze.* » *Dam-nan nan kizin-nan mande:* « *Ki sòs ou vle?* » *Boniklès reponn:* « *Sòs pwason.* » *Lè Boniklès fin kòmande manje-a, li gade nan kwen restoran-an, li wè manman Estefani. Estefani se yon elèv nan segond nan lise Petyon Boniklès ap file. Boniklès te nan filo. Boniklès konnen manman Estefani te deja konnen li enterese nan Estafi. Boniklès sòti. Li pa tann Awoze-a. Boniklès pa vle pou manman Estafani panse afè l si tan pa bon li pa ka achte diri ak vyann. Li oblije mande yon awoze.*

Yon bèk yon swèl, vanse nan lavi-a ak anpil difikilte san bay legen. *De zanmi tap viv Nouyòk. Yo te pase anpil tan yonn pa te wè lòt. Yon jou yo rankontre nan yon maryaj yon ansyen kondisip lekòl. Yonn nan zanmi-yo mande lòt-la :* « *Sak pase ? Nou gen lontan nou pa wè. Sa ou regle?* » *Lòt zanmi-an senpman reponn:* « *Nou la. Yon bèk yon swèl.* »

Yon dal, anpil. *Yon dal moun.*

Yon katafal, gwo anpil. *Yon katafal kay.*

Yon latriye, anpil. *Anvan yon moun fè yon latriye timoun li ta dwe garanti li gen omwens yon bon kay pou yo dòmi.*

Yon pa niga yon pa nago, lè yon moun oubyen yon gwoup moun ap fè anpil efò nan yon bagay men anyen pa mache. Chak fwa yo fè yon ti pwogrè, gen yon bagay ki fè yo fè bak. *Li klè se tan nou nap gaspiye. Nou pa ka rete nan yon pa niga yon pa nago. Oubyen nou sispann oubyen nou chache rezoud pwoblèm ki anpeche nou vanse ak pwojè-a.*

Yon rado, anpil. Sa vle di menm bagay ak yon dal oubyen yon latriye. *Madan-nan ban m yon rado rad pou ma l lave. Li ban m sèlman yon demi ba savon.*

Yon ti kraze, yon ti kòb. *Zèt ak Melan gen dizan maryaj. Yo fè yon sèl gason. Li rele Edi. Yo ap viv Òlando. Manman Zèt montre Edi pale kreyòl. Edi mache di tout moun li pale tout kreyòl. Yon jou Zèt ap sòti pou li ale travay. Pandan lap sòti li di Melan: « Cheri m wè ou te gen yon ti kraze nan chanm nan, m pran yon bagay ladan. » Edi mande papa l: « Dad, sa yon ti kraze ye? » Melan reponn: « Ou ap mache di tout moun ou pale tout kreyòl epi ou pa konnen sa yon ti kraze vle di? » Sa vle di yon ti kòb. M te gen ven dola. Manman ou pran dis. Li kite dis. » Edi di: « Sa se yon ti kraze moun pòv. Ki sa ki yon ti kraze pou prezidan-an? »*

Yon ti mouton, yon moun ki pa bay pèsonn pwoblèm konsa pa gen pèsonn moun ki pè l. *Anpil moun katye-a pa te vle yon ti mouton tankou Loulouz te marye ak yon toro gronde tankou Leknò. Poutan apre dizan maryaj mesyedam-yo pa janm gen kont yon jou. Yo ap viv tankou de ti pijon.*

Yon ti tchotcho, yon ti kòb tou piti. Yon salè ki pa gro. *Nan peyi Etazini, pito yon moun ap travay pou yon ti tchotcho tan pou li chita san fè anyen.*

Yon ti zong, yon ti pati tou piti. *Nemolèn pote premye pri nan fè chich. Menm si lap sere manje li pap ofri moun. Si yon moun mande l, li toujou bay moun nan yon ti zong.*

Yon ti zòtolan, yon moun ki piti anpil. Li ka yon granmoun. Li ka yon timoun. *Woza te al enskri yon pitit gason l nan yon lise. Lè li rive, li mande Simòn, yon lòt*

*paran, « Kote direktè lise-a? » Simòn reponn: « Ou wè
dam ki kanpe nan mitan tout pwofesè-yo nan sal
konferans-la, se li ki direktè-a. Ou sezi. Ou wè li sanble
yon ti zòtolan. Kite m di ou, li la depi setan. Li vle kite
pou li pran yon pi gwo pòs nan biwo santral. Pa gen yon
paran, pa gen yon pwofesè ki vle kite l ale. »*

Yon vire won, yon deplasman oubyen yon vwayaj tou
kout. *Melina ak Deniz se de vwazen. Melina mande
Deniz: « Depi yon senmenn m pa wè Antonyo, sak
pase? » Antonyo se mari Deniz. Deniz reponn:
« Antonyo fè yon vire won lòt bò dlo. Lap tounen nan
twa mwa. » Melina di: « Twa mwa, epi ou rele sa yon
vire won. Yo di afè nèg se mistè se pa manti. »*

Z

Zavironn dede, fè anpil aktivite san regle anyen. *Li pase
tout jounen-an ap fè zavironn dede. Menm yon gode diri
li pa pote pou kay-la.*

Zanmi kanmarad, sa ka yon moun ki bon zanmi yon lòt.
Yo sèvi l tou pou yon moun konsa konsa. *1) Mwen
menm ak zanmi kanmarad-sa-a nou ansanm depi nou de*

jenn ti gason nan lise. 2) Zanmi kanmarad, ban m de twa nan mango-sa-a yo non.

Ze fele, moun ki malad souvan oubyen moun ki fache fasil pou bagay san enpòtans. *1) Tata se yon ze fele. Chak senmen li pèdi de jou lekòl akòz kondisyon sante l. 2) Si ou vle byen ak Zanta se pou veye byen tout sa wa p di. Li fache fasil. Li yon bon moun, men se yon ze fele. Fòk ou kenbe l ak anpil prekosyon.*

Zetwal file, lè yon bagay tou limen sòti yon zonn nan syèl-la epi disparèt nan yon lòt zonn a tout vitès nan aswè. Tout moun panse se yon zetwal. *Yon jou swa, yon granmoun te chita ak yon gwoup timoun ap tire kont. Toudenkou li di : « Yon premye zetwal file. Yon dezyèm zetwal file lamenm. Sa pa yon bon siy. Nou ka pèdi de moun anvan lontan. »*

Zèl chemiz, chemiz ki sou yon moun . *Jennonm-nan ap louvwi zèl chemiz-li sou mwen tankou se mwen ki te fè yo revoke l nan travay-la.*

Zo bouke chen, moun kap fè move bagay epi pèsonn pa ka korije l. Anpil moun esyeye ede l chanje men li rete menm jan. *Temelis te gen dizwit an. Li tap viv Miyami ak papa l. Papa a te about ak li. Li te tounen yon zo bouke chen. Men papa l pa te janm pèdi espwa. Lè li te gen venndezan, Temelis te fè yon aksidan machin. Li te manke mouri. Depi lè-sa-a li deside pou sispann viv tankou yon moun fou. Li te vin yo pwofesè matematik. Jouk jounen jodi-a li gen yon gwo zo sou biwo l. Tout moun ki mande l poukisa li kite yon gwo zo konsa sou biwo l, li reponn : « Sa se yon zo bouke chen. Sa se mwen anvan m te manke mouri nan yon aksidan machin. »*

Zo bwa tèt, tèt yon gason ki pa gen cheve. *Gade zo bwa tèt jennonm-nan. Poutan li konprann se li ki jenn jan pi byen kanpe nan katye-a.*

Zo kòt, yon moun ki gen yon zanmi oubyen yon fanmiy li kole sitan ak li li konsidere zanmi sa-a oubyen fanmiy-sa-a tankou se yon pati nan kò l. *Anyès se zo kòt Nennsi. Kote ou wè yonn se pou wè lòt la. Lè yonn marye epi li pati ak mari l, m ta renmen konnen ki sa lòt la pra l fè.*

Zo pa bon pou fè bouton, se fason pou di yon moun gen lontan depi l mouri. *Polijèn gen kenz an depi li kite Ayiti. Li vwayaje nan lemonnantye ap montre moun grandi ak kiltive kafe kòm yon ekspè Nasyonzini. Li finalman deside vizite zonn kote li te grandi ann Ayiti. Premye moun la l mande pou li se yon mesye ki te montre l keyi kafe lè li te piti. Lè Polijèn te pati, mesye-a te gen senkantan. Gen yon granmoun fanm ki tande lè Polijèn mande pou mesye-a, li di: « A Popo, non sèlman ou ale ou pa jann tounen men gen lè menm nouvèl nou ou pa mande. Ou ap mande pou yon moun zo l pa bon pou fè bouton ! »*

Zo pwason nan gòj, yon moun ki rann lavi yon lòt difisil anpil. Yon bagay yon moun ap fè ki difisil anpil. *1) Tout moun te di Silòt pou li pa fè maryaj-la. Li te renmen mennaj li tèlman li pa te koute pèsonn. Mesye-a gen mwayen se vre, men li tounen yon zo pwason nan gòj Silòt. 2) Yon gwoup elèv filo nan diferan lekòl tap travay matematik ansanm. Yon jou, yon pwoblèm matematik te tounen yon zo pwason nan gòj-yo. Pèsonn pa te ka jwenn solisyon pwoblèm-nan. Finalman yon elèv Lise Petyon mande lakrè a. Li rezoud pwoblèm-nan epi yo tout bat bravo.*

Zo salyè, zo ki sòti nan chak zèpòl pou rive devan lestonmak yon moun. *Sonya rantre Nouyòk. Li debouye l li aprann oksilyè. Sonya fè yon sèl pitit. Yon fi. Li rele l Ona. Sonya te vle Ona etidye enfimyè. Ona chwazi pou li etidye istwa. Ona pase wit an ap etidye. Yon jou, Sonya rele Ona. Li di : « Bon pitit, jan nou travay di. Jan nou pran brimad nan Nouyòk, pou rive nan kolèj ou pa wè lòt bagay pou pase tout tan sa-a ap etidye se istwa. Moun ki etidye istwa ka fè etalaj konesans men se yon bann malere yo tout ye. Epi nan zafè fè doktora nan istwa-sa-a, ou pa wè si wa p fini sou pye. Tout zo salyè ou deyò. Ki gason ki pra l pran yon fi ak tout zo salyè l deyò konsa mezanmi ! » Ona pwoche pi pre Sonya. Li di : Manmi cheri m nan, ou pa bezwen enkyete ou pou zo salyè-yo. Se mwen ki chwazi pou m pa mete grès sou yo. Epi si yon gason pa renmen zo salyè se pou l al chache gwo lachè. Pou zafè travay-la, yon gwo inivèsite Masachòsèt deja ofri m yon pòs pwofesè. Pou zafè lajan-an, ou konnen map ekri yon liv, pa vre ? » Sonya di : « M konn sa. Toujou travay pou laglwa ak repitasyon. Depi ki lè Ayisyen te konn achte kay ak yon bonjan otomobil nan ekri liv ? » Ona kontinye : « Bon m gen nouvèl pou ou. M preske fini liv-la. Yon konpayi deja ban m yon avalwa senksan mil dola sou liv-la. » Sonya ri byen fò. Li di: « Senksanmil dola nan ponyèt yon Ayisyen pou yon liv li ponkò menm fin ekri! Apa yon sèl pitit fi m nan ap pèdi tèt-li mezanmi! » Ona di: « M pra l montre ou. » Ona limen yon konpitè. Li di manman l: « Manmi gade, konpayi-an fenk transfere kòb-la nan kont mwen. Konbe ou wè sa ye?» Sonya gade. Li rete bèkèkè. Ona di: « Apa ou pa di anyen? » Sonya reponn: « En ben, tande ak wè se de. Kontinye fè sa ou ap fè. Yon jou wa kouvwi zo salyè-yo. »*

Zòrèy fen, yon moun ki ka tanke sa lòt moun ap di menm si yo pale byen ba. *Granpapa m gen ktrevendizan. Li pa* *wè byen. Men fòk tout moun veye sa yo ap di bò kote l. Li gen zòrèy fen.*

Zòrèy pi long pase tèt, lè yon moun renmen tande lè yo pale ak li. *Otorite mande pou nou deplase. Zòrèy pi long pase tèt. Mwen m ale.*

Zonbi dou, moun ki aksepte pou lòt moun fè yo nenpòt bagay san li pa janm defann tèt li. *Jilmeyis konn li malman. Li di fòk tout pitit li rive nan inivèsite. Tout tan Jilmeyis ap repete pawòl-sa-a yo : « Depi yon moun konn kijan pou chache konesans nan liv, pèson moun pa ka fè moun-sa-a tounen yon zonbi dou. »*

Zwazo menm plim menm plimay, moun ki gen menm kondisyon sosyal oubyen ekonomik. Moun tou ki te fèt epi grandi menm kote. Sa prèske vle di menm bagay ak kabrit Tomazo. *Apre yon deba ant de kandida, yon jounalis mande yon granmoun swasantdizan sa l panse de deba-a. Granmoun nan reponn : « De mesye-sa-a yo te diplome nan menm inivèsite. Papa-yo tou de diplome nan menm inivèsite-a. Dapre dokiman lalwa mande pou yo depoze pou di konbe kòb yo genyen, yo tou de se milyonè. Dapre mwenmenm yo tou de se zwazo menm plim menm plimay. »*